결혼식 말씀, 몰라주는 사랑

예수의 생명 체험과 생명의 복음

결혼식 말씀, 몰라주는 사랑
예수의 생명 체험과 생명의 복음

지은이·박재순
꾸민이·성상건
편집디자인·자연DPS

펴낸날·2024년 7월 25일
펴낸곳·도서출판 나눔사
주소·(우) 10270 경기도 고양시 덕양구 푸른마을로 15
　　　301동 1505호
전화·02)359-3429　팩스 02)355-3429
등록번호·2-489호(1988년 2월 16일)
이메일·nanumsa@hanmail.net

ⓒ 박재순, 2024

ISBN 978-89-7027-920-6 03230

값 16,000원

잘못된 책은 바꾸어 드립니다.

결혼식 말씀, 몰라주는 사랑

예수의 생명 체험과 생명의 복음

박재순 지음

나눔사

'나는 곧 나'(야훼)인 하나님을 진리와 영으로 예배할 때

민주주의와 생활 공동체가 무너지고 있다

오늘 민주공화(民主共和)의 이념을 내걸고 시작한 민주주의가 무너지는 소리가 세계 곳곳에서 들린다. 민주국가로 시작한 미국은 건국정신과 이념을 잃고 국제정치와 경제에서 합의된 관행과 질서를 깨트리고 자국 중심주의로 후퇴하고 있다. 미국의 샌프란시스코와 로스앤젤레스 같은 큰 도시들이 혼란과 무질서, 약탈과 파괴로 무정부상태로 빠지고 있다. 근현대의 민주주의가 시작되었던 유럽의 대표적인 국가인 프랑스와 독일에서도 극우 세력이 정치의 중심과 전면에 등장하고 있다. 중국과 러시아에서는 독재적인 권력이 강화되고 있으며 일본에서도 보수정당인 자민당이 극우 세력과 결탁하여 오랜 세월 권력을 확고하게 지켜오고 있다. 민주화운동의 전통이 확립된 한국에서도 정치 세력뿐 아니라 국민들조차 적대세력으로 양분되어 대립과 갈등이 갈수록 깊어져서 심리적 내전 상태로 빠져들고 있다.

학교에서는 인간교육이 불가능하게 된 지 오래인데 최근에는 중학생들 사이에 신종 마약인 펜타넬이 무섭게 퍼지고 있다. 마약에 중독되면 뇌세포가 녹아버리고 지능이 80 이하로 떨어진다고 한다. 부부 사이, 부모 자식 사이에 신뢰와 존중의 관계가 깨지고 있다. 우리 사회를 지탱할 수 있는 토대가 사라지고 있다. 삶과 생활 공동체가 무너지고 있는데 무슨 희망과 기대를 가지고 살 것인가?

왜 이렇게 민주주의가 허약해지고 사회가 불안정해졌는가? 서양에서 확립된 민주주의는 국민의 삶과 주권에 뿌리를 박고 시작한 것이 아니라 권력투쟁과 계급투쟁을 거쳐 확보된 권리와 사회적 계약에 토대를 둔 민주주의다. 그 동안 서양의 민주 국가들에서는 권리(rights)가 곧 법(rights)이고 정의(righteousness)였다. 권리는 인간 삶의 작고 피상적인 부분일 뿐 삶의 주체와 전체를 드러내지 못한다. 서로 권리만 주장하는 사회는 자치와 협동의 민주 공화 국가를 형성할 수 없다.

민주공화국을 지향하는 헌법의 목적은 국민의 주권과 존엄과 행복을 실현하는 것이다. 국민의 자치와 협동을 통하여 국민의 주권과 존엄과 행복을 이루려면 권리와 권리 주장만으로는 부족하다. 국민의 생명에 대한 깊은 성찰과 철학이 요구된다. 생명은 권리가 아니다. 생명은 권리 이전에 권리보다 훨씬 깊은 자리에 있다. 다른 사람이 내게 살 권리를 주거나 인정해서 내가 사는 것이 아니다. 생명은 권리나 계약관계를 넘어서 살아야 할 근거와 사명을 제 속에 가진 것이다. 생명은 생명 자체 속에 깊은 진리와 가치와 보람을 가진 것이다. 생명의 진리와 가치 위에 사회와 민주주의를 세우지 않으면 언제든 사회와 민주주의는 무너질 수밖에 없다. 국민이 생명의 진리를 깊이 체험하고 깨닫고 실천하지 못하면 민주사회는 존립할 수 없다.

오늘 인공지능의 발달로 인공지능과 로봇이 인간의 노동을 대체하고 산업기술 사회에서 인간을 몰아내고 있다. 앞으로 인공지능과 로봇은 이전과는 크게 다른 새로운 세계를 만들어낼 것이다. 오늘 우리 사회는 급격하고 근본적인 변화를 앞두고 있다. 인공지능과 로봇에 인간이 예속되지 않는 인간다운 사회를 만들려면 인간의 생명과 영을 존중하고 앞세우는 존재와 가치의 체계를 확립해야 한다. 앞으로 인공지능이 많은 기능과 영역에서 인간을 능가하겠지만 생명과 영의 세계에서는 결코 인간을 능가하거나 대체할 수 없다. 따라서 인간이 인공지능과 로봇의 주인으로 살기 위해서는 반드시 생명과 영의 진리를 탐구하고 배워야 한다.

예수와 성경이 가르치는 생명의 진리

예수와 성경이 가르치는 진리는 생명의 진리다. 예수의 하나님 나라 복음은 우리를 권리 이전의 삶으로 부른다. 하나님의 사랑과 정의가 생명의 실체이고 진리이며 믿음과 사랑과 희망이 생명을 살리고 키우고 높이는 덕이다. 예수와 성경이 가르치는 하나님 나라와 생명의 복음을 살펴보고 배워보자.

생명의 복음서인 요한복음서에서 내가 주목한 것은 8장 24절, 28절과 13장 19절의 번역과 풀이다. 원문은 ὅτι ἐγώ εἰμι 인데 한국어 번역본들은 '내가 그라는 것', '내가 그임을'로 번역했다. 원문을 그대로 옮기면 '내가 곧 나라는 것' 또는 '나는 나다'로 옮겨야 한다. 한국어 번역본에서도 몇 해 전부터 '새 번역'에서는 '내가 곧 나'로 옮기고 있다. 나는 이 번역이 성경에서 하나님과 예수의 생명과 복음의 진리를 드러내는 열쇠라고 생각한다. 그 동안 한국어 번역본들이 '내가 그이'라고 번역한 것은 기독교 교리, 기독론과 삼위일체론을 따라서 예수가 그리스도, 하나님임을 주장한 것이다. 기독론과 삼위일체론은 예수의 생명(하나님) 체험과 생명(하나님 나라)의 복음을 그리스철학의 관념적인 언어로 설명한 것이다. 따라서 기독교 교리는 성경의 진리가 생명과 역사의 진리임을 왜곡하고 은폐하기 쉽다.

예수의 정체와 비밀 '나는 곧 나'

　　교리에 매이지 말고 성경에서 말하는 하나님과 예수의 생명 이야기를 살펴보자. 출애굽기 3장에서 모세가 하나님의 이름을 물었을 때 하나님은 '나는 나다!'(에흐예 아셸 에흐예, 야훼)의 하나님이라고 선언한다. '나'를 잃고 종살이하는 이스라엘 민족을 해방하고 구원하는 하나님은 '나는 나다'고 선언하는 하나님이다. 해방과 구원은 비슷하면서 다른 말이다. 해방은 억압하고 가두고 얽어매는 압제와 감옥과 사슬에서 벗어나게 하는 것이다. 구원은 나 자신과 사회역사의 상황과 조건을 변화시켜 새로운 인간으로서 새로운 상황과 조건에서 살게 하는 것이다. '나는 나다'라고 하는 하나님은 해방자이면서 구원자다.

　　'나는 나다'(I am who I am)의 야훼 하나님은 '나는 곧 나', '나는 나다'(ἐγώ εἰμι)의 예수와 같다. '예수'라는 이름 자체가 '옛수아, 여호수아' 인데 '야훼가 구원하신다'는 뜻을 담고 있다. '나는 나다'의 하나님/예수는 생명과 역사의 본성과 목적을 실현하고 완성하는 진리의 하나님/그리스도이며, 인간의 생명과 영혼을 구원하고 해방하는 진리의 하나님/그리스도다. 그 점에서 예수와 하나님은 동일시될 수 있으며 기독론과 삼위일체론도 성립할 수 있을 것이다.

예수의 하나님 나라 운동은 생명 회복 운동이고 생명의 본성과 진리를 체험하고 실현하는 운동이었다. 생명의 본성과 진리를 체험하고 실현하는 것은 '나'를 체험하고 새롭게 하고 실현하는 것이다. 예수는 요한복음 8장 24, 28절, 13장 19절에서 자신의 정체와 비밀을 '나는 곧 나'(ἐγώ εἰμι)라고 밝혔다. 요한복음 6장 20절에서도 "나다. 두려워하지 말아라"는 문구가 나온다. 14장 6절 "예수께서 그에게 말씀하셨다. '나는 길이요, 진리요, 생명이다. 나를 거치지 않고서는, 아무도 아버지께로 갈 사람이 없다.'"는 예수가 생명과 진리와 길의 주체와 근원임을 나타내고 더 나아가서 예수와 하나님의 직접적 일치를 나타낸다. 복음서들의 다른 구절들에서도 예수는 '나는~이다.'(ἐγώ εἰμι)는 표현을 자주 쓴다. 이것은 하나님의 존재와 본성을 나타내는 말이다. '야훼'(나는 나다)란 하나님의 이름이 신약성서에서는 '나는 곧 나'(ἐγώ εἰμι)로 나타난다. '나는 곧 나'란 표현은 야훼 하나님과 예수의 존재와 본성, 정체와 비밀을 나타낸다.

'나는 곧 나'(I am!)는 하나님과 예수의 존재와 본성을 드러낼 뿐 아니라 생명 그 자체의 본성과 원리를 드러낸다. 생명철학과 생명신학에 비추어보면 생명의 핵심과 진리, 본성과 목적은 '나'로 귀결된다. 생명의 세 가지 본성과 원리는 스스로 하는 자발적 주체, 하나로 통합하고 통일하는 전체, 성장하고 향상하는 진화다. 생명의 주체성과 전체성과 진화성을 관통하는 하나의 원리는 '나'다. '나'는 스스로 하는 자발적 생명의 주체이며, 전체 생명의 통일과 통합이 이루어지는 중심과 초점이다. 또한 '나'는 생명의 진화와 향상, 초월과 고양을 이루는 주체와 동인이고 진화와 향상, 초월과 고양이 이루어지는 대상과 목적이다.

'나'는 생명의 창조적 근원과 원리이고 주체와 목적이다. 하나님의 아들 예수는 자신에 대하여 '나는 곧 나'라고 했을 뿐 아니라 다른 사람들에 대해서도 하나님의 자녀(하나님의 형상)라고 했으며 늘 "너(너희)는 ~이다"고 함으로써 사람은 누구나 저마다 '나'임을 확인하고 '나'로서 살도록 가르쳤다. 참되고 영원한 '나'인 예수는 모든 사람을 참되고 영원한 생명의 '나', '얼의 나'로 이끌었다.

하나님과 예수는 '나'를 잃은 인간들을 참된 '나'로 이끄는, 참된 '나'가 되게 하는 참된 구원자와 해방자다, 그런 눈으로 보면 신약성경에서 예수는 늘 '나는 나다', '나는~이다'고 말하는 분이다. 또 다른 사람들, 세리와 창녀 같은 민중에게도 하나님의 자녀라면서 '너(너희)는~이다'고 선언하는 참된 구원자다. '나는 나다'는 생명의 근본 진리이면서 하나님의 존재와 활동을 드러내는 사건이다. 인간들이 서로 주체(나)로서 서로 사랑하면서 '나는 나'임을 인정하고 '나는 나'로서 존중되고 실현될 때 하나님은 우리와 함께 계신다.

예수의 생명(하나님) 체험과 생명(하나님 나라)의 복음

예수는 누구보다 자신의 삶 속에서 하나님의 존재와 진리를 깊고 철저하게 체험하고 깨닫고 체화하고 구현하고 실현한 분이다. 성경의 하나님은 생명의 창조적 근원과 목적이고 참된 주체와 전체이며, 참된 거룩과 초월이다. 그러므로 예수의 하나님 체험은 생명 체험이다. 그의 생명 체험은 생명의 가장 깊고 높은 차원인 얼, 영, 신의 체험이다. 예수의 하나님 체험이 너무 깊고 철저했으므로 예수와 하나님은 뗄 수 없는 하나가 되었다. 하나님과 하나로 되는 생명 체험에서 예수는 인간과 세상을 해방하고 구원하는 거룩한 영의 힘을 얻었다. 예수의 생명 체험에서 생명 운동과 생명의 복음이 나왔다. 예수를 통해서 하나님이 누구이고 생명이 무엇인지 제대로 알게 되었다.

오늘 우리의 삶과 믿음은 예수의 하나님(생명) 체험과 멀리 떨어져 있다. 우리의 삶과 예수의 하나님 체험 사이에 중개하는 다리들도 많지만, 그 다리들이 예수의 생명 체험으로 이끌지 못하고 장애와 장벽이 되기도 한다. 기독교 신학, 교리, 성경은 예수의 하나님 체험으로 이끄는 다리도 되지만 예수의 하나님(생명, 진리) 체험을 왜곡하고 가로막는 장벽이 될 수 있다.

맨 먼저 예수의 하나님 체험과 하나님 나라 운동이 있었다. 그것은 이스라엘 민족의 신앙과 전통과 역사, 구약성경의 율법과 예언서와 지혜서들, 그리고 시대정신과 상황에 대한 예수의 신앙과 신학적 성찰과 체험적 깨달음을 거쳐서 생겨난 것이다. 예수의 제자들과 그 영향을 받은 이들이 예수의 삶과 믿음, 가르침과 하나님 나라 운동에 대한 믿음과 신학적 성찰을 통해서 신약성경을 만들었다. 예수의 제자들과 신자들의 믿음과 삶, 신학적 성찰과 깨달음을 통해서 예수의 삶과 믿음, 가르침과 하나님 나라 운동이 자라고 커지고 깊어지고 높아져서 더 풍성해졌다. 예수의 삶과 인격은 마치 하나의 나무처럼, 인류의 역사와 사회 속에서 성장하고 완성되어갔다.

그 다음에 로마제국의 황제와 고대의 교부들과 신학자들이 예수와 신약성경에 대한 믿음과 신학적 성찰을 통하여 그리고 종교회의를 거쳐서 교리들을 만들어냈다. 그 후에 많은 기독교 신학자들이 예수와 신약성경과 교리에 대한 신앙과 신학적 성찰을 통해 이러저러한 신학들을 지어냈다.

오늘 21세기에 이르러 기독교를 포함한 모든 종교들의 껍질이 벗겨지고 있다. 종교라는 껍질, 교회의 제도와 체제, 교리와 신학들이 빛을 잃고 깨지고 부서지고 있다. 50년 후에는 기독교의 모든 종교적 껍질이 벗겨지고 생명과 역사, 정신과 영혼의 알맹이만 남을지 모른다. 2천 년 전에 이미 예수는 '진리와 영'으로 예배할 때가 오는데 "지금이 그때"라고 했다. 진리와 영은 생명과 역사, 믿음과 정신의 알맹이다. 생명의 알맹이인 하나님과 예수의 진리는 지성과 영성으로만 붙잡을 수 있을 것이다.

생명신학과 생명철학에 대한 관심이 적은 것으로 미루어보면 아직도 '진리와 영'으로 예배할 때가 오지 않았는지 모르겠다. 그러나 언젠가는 그때가 올 것이라고 확신한다. 아브라함의 때부터 거의 2천 년의 세월이 지나고 수많은 예언자들과 믿음의 조상들이 간절하고 사무치게 믿고 기다린 끝에 하나님은 예수를 통하여 온전하고 깊고 높이 자신을 드러내고 보여주었다. 하나님은 다시 생명과 역사, 정신과 영혼의 진리와 실상을 사람들이 보고 듣고 깨달아 알 수 있도록 우리 시대에 알맞게 드러내고 보여줄 날이 올 것이라고 믿는다.

나는 이 책에서 예수와 신약성경이 말하는 생명의 진리와 복음을 밝혔다. 이 책은 아브라함과 구약성경이 믿고 기다린 하나님 나라와 해방의 진리를 밝힌 '과학주의와 국가주의를 넘어서'와 짝을 이룬 것이다. 함께 읽어주면 고맙겠다.

차례

3부 예수의 복음을 체화한 기독교인의 믿음과 삶

1부

예수의 생명 체험과 깨달음

1부 예수의 생명 체험과 깨달음

하나님을 체험하고 하나님의 뜻을 이룬 예수

산골 소년 예수는 가난한 목수의 아들이었다. 아버지가 일찍 죽어 아비 없는 자식으로 어머니와 동생들과 함께 어렵게 살았다. 그가 살았던 갈릴리는 비옥한 지역이었으나 로마제국, 헤롯왕, 유대교 종교 지도자들, 예루살렘의 대지주들의 억압과 수탈이 집중된 곳이었다. 갈릴리 지역의 많은 사람이 절망과 고난 속에서 가난과 질병에 내몰렸다. 로마제국의 식민지 백성으로서 산골 나사렛 소년 예수는 외롭고 쓸쓸했으며 힘없음을 깊이 느꼈다. 세상에서 하나님의 사랑과 정의를 볼 수 없었고 절망과 죽음의 그늘이 짙게 드리워 있었다.

하나님 없는 세상에서 예수는 간절하고 사무치게 하나님을 찾고 만났다. 예수는 하나님을 깊이 체험하고 온전히 받아들였다. 아버지 없는 소년 예수는 하나님을 사랑과 자비의 아버지로 가까이 느끼고 받아들였다. 예수의 가슴 속에서 하나님이 아버지로 살아있었고 예수는 하나님의 품속에서 아들로 살았다. 하나님 아버지의 품속으로 사무쳐 들어간 예수는 하나님의 뜻과 말씀을 깊이 체험하고 깨달았다. 누구보다 하나님과 가까이 지냈고 하나님 아버지의 말씀과 뜻대로 살고 그 뜻을 이루려 했다.

예수의 하나님 체험, 하나님을 아버지로 삼은 예수

오랜 세월 강대국들의 침략과 지배, 불의한 왕들의 억압과 수탈 속에서 이스라엘 민족은 고난을 당해 왔다. 불의한 역사의 억압과 고난 속에서 이스라엘 민족은 하나님이 직접 다스리는 나라, 정의롭고 사랑에 넘치는 나라에 대한 믿음, 희망, 열망을 천 년 이상 지켜왔다. 갈릴리 나사렛 산골에서 살았던 예수의 부모는 아브라함, 모세, 예언자들을 통해 전해진 이스라엘의 신앙과 삶을 간직하고 있었다. 예수는 믿음 깊은 어머니와 아버지에게서 이스라엘 민족의 깊은 믿음을 물려받았다. 예수의 이름도 형제들의 이름도 이스라엘 민족의 경건한 신앙을 나타낸다. '예수'는 '옛수아, 여호수아'인데 '야훼가 구원하신다'는 의미를 담고 있다. 예수는 자신의 이름을 깊이 생각했고 자신의 이름대로 세상의 구원을 위해 살려고 했다.

예수가 살던 때 갈릴리와 유대는 로마의 식민지였고 그가 살던 갈릴리는 정치·경제·종교적으로 억압받고 착취당하고 소외 받는 땅이었다. 로마제국뿐 아니라 예루살렘 성전 종교를 주도한 대제사장과 사두개파, 율법을 앞세운 바리새파와 율법학자들 그리고 예루살렘의 부유한 귀족들의 억압과 착취가 갈릴리의 민중에게 집중되었다. 율법과 성전의 종교인 유대교의 지도자들은 가난하고 병든 민중을 죄인으로 낙인찍고 멸시했다. 억압받고 착취당하며 죄인으로 낙인찍힌 민중은 절대적인 가난 속에서 굶주리고 온갖 질병에 시달렸고 절망 속에서 죽어갔다.

가난과 절망, 굶주림과 질병 속에서 죽어가는 민중을 보면서 예수는 하나님의 구원과 사랑을 간절히 원했다. 가난과 절망, 굶주림과 질병 속에서 신음하며 죽어가는 민중에게 가장 필요한 것은 아버지 같은 하나님의 사랑과 구원이었다. 예수는 구원하고 사랑하는 하나님을 아버지로 가까이 느끼고 체험했다. 10대 소년 시절에 그는 하나님을 깊고 사무치게 체험했다. 그는 자신의 몸, 맘, 얼 속에서 자신의 욕망과 감정, 생각과 뜻, 영혼과 정신 속에서 하나님을 사랑과 구원의 아버지로 깊이 느끼고 체험하였다.

그리하여 예수는 아버지 하나님과 하나님의 아들인 자신을 분리할 수 없을 정도로 하나님을 생생하고 확실하게 느끼고 절절하게 체험하였다. 그는 하나님의 품 안에 자신이 있다고 여겼으며, 자신의 몸과 맘과 얼 속에 자신의 감정과 생각, 삶과 행동과 말 속에 하나님이 살아 있다고 느끼고 믿었다. 하나님은 그의 존재와 삶 속에, 정신과 영혼 속에 살아서 활동하는 존재였다. 그는 하나님 아버지와의 깊은 만남과 사귐 속에서 하나님의 뜻과 힘, 사랑과 구원을 사람들에게 알리고 실현할 사명을 받았다.

예수는 자신의 이름에 담긴 뜻, '하나님의 구원과 나라'가 이루어지기를 간절히 바랐고 그것을 자신의 사명으로 삼았다. 하나님 아버지의 아들로서 아버지의 일을 했다. 한 아버지 하나님을 모시고 온 인류가 형제자매로 한 가족을 이루는 집(하나님 나라)을 이루려 했다. 하나님의 말씀과 뜻대로 하나님 나라를 이루기 위하여 예수는 독신 생활을 선택했던 것 같다. 마태복음 19장 12절 "모태로부터 그렇게 태어난 고자도 있고, 사람이 고자로 만들어서 된 고자도 있고, 또 하늘 나라 때문에 스스로 고자가 된 사람도 있다. 이 말을 받아들일 수 있는 사람은 받아들여라."에서 "하늘 나라 때문에 스스로 고자가 된 사람"은 예수 자신을 가리키는 말로 생각된다. 예수가 하늘 나라 운동을 시작했을 때 하늘 나라 때문에 스스로 고자처럼 독신생활을 선택한 사람이 예수밖에 누가 있었겠는가?

예수의 하나님 체험을 통해서 예수는 하나님과 직결되고 분리할 수 없는 하나로 되었다. 하나님은 예수를 통하여 땅 위로 사람들 사이로 내려왔다. 그리하여 예수 안에서 그리고 예수의 삶과 행동, 말과 사건을 통해서 하나님은 보고 듣고 만질 수 있을 정도로 구체적이고 분명하게 존재하고 활동하고 살아 있게 되었다. 나사렛 산골의 청년 예수가 하나님을 '나의 아버지'라 부르고 자신이 '하나님의 아들'이라고 선언함으로써 하나님은 땅 위에 사는 인간들의 일상생활 속으로 내려오게 되었다.

이러한 예수의 하나님 체험과 이해는 히브리 유대교의 하나님 신앙에 혁신적이고 혁명적인 변화를 가져왔다. 당시 히브리 유대인들은 하나님을 거룩하고 초월적이며 멀리 계신 분으로 생각하였다. 인간에게 하나님은 가까이할 수 없는 존재여서 '야훼'라는 신의 이름을 소리 내어 읽지도 못했다. 오랜 세월 신의 이름을 부르지도 못하고 읽지도 못하다 보니, 그 이름의 발음조차 잃어버리게 되었다. 예수가 하나님을 나의 아버지라고 부르며 자신과 하나님을 직결시키고 자신이 하나님의 아들이라고 한 것은 전통적인 유대교인들에게는 신성모독이었다. 그것은 거룩한 하나님을 세속적 존재로 끌어내리는 짓이었다. 예수는 하나님을 인간의 삶 속으로 끌어내려 속된 존재로 만든 이였다.

나는 하나님의 아들(딸)이다

서양에서는 황제를 신의 아들이라 했고 동양에서는 천자(天子, 하늘의 아들)라고 했다. 종교적인 망상가나 야심가가 스스로 신의 아들이라고 했으나 끝이 좋은 경우가 없었다. 스스로 하나님의 아들로 자처한 인간들은 자신을 독점적이고 배타적인 특권을 가진 존재, 남다른 힘과 지혜를 가진 존재로 자처하며 남 위에 군림하고 남을 지배했다. 구약에서도 하나님이 왕을 '나의 아들'이라고 부르기도 했으나 스스로 하나님의 아들로 자처한 왕은 없었다. 이스라엘 백성을 하나님이 '나의 아들'이라고 하기도 했으나 이스라엘 백성은 하나님과 인간의 거리를 무한히 벌려 놓았고 감히 하나님의 이름을 부르지도 못했다.

그러나 예수는 참으로 달랐다. 예수는 자신이 하나님의 아들임을 깨달았다. 하나님의 가슴에 깊이 들어가 하나님의 사랑과 뜻을 체험하고 알았다. 예수는 하나님을 '아빠'라 불렀고 늘 '나의 아버지'라고 친밀하게 불렀다. 예수처럼 하나님을 친밀하게 '아버지'라고 부른 이는 이스라엘 역사에서 아무도 없었다. 구약성경에서 하나님은 주로 주님, 창조자, 거룩한 초월자로 나타난다. 그러나 예수에게 하나님은 인간의 의식주, 생계를 돌보시는 아버지(마태복음 7장 9~11절.), 머리털까지 헤아리며 눈동자처럼 사랑하는 아버지(마태복음 10장 30절), 잃어버린 탕자를 기다리고 용서와 사랑으로 맞아주는 아버지(누가복음 15장)다.

창조자 하나님의 아들은 창조된 세상의 주인이고 초월자이며 해방자였다. 하나님의 아들 예수는 자유인이었다. 그는 우주의 주인이고 우주를 초월해서 우주를 품에 안고 살았다. 아무런 벽도 경계도 없는 자유를 누렸다. 그러나 하나님의 아들 예수는 사랑으로 섬기는 자였다. 그는 티끌처럼 낮아져서 스스로 종이 되어 가난하고 힘없는 이들을 하나님의 아들과 딸로 알아주고 섬겼다. 자신을 사람의 아들로 부르고 오직 사랑과 참으로 불타는 삶을 살았다.

예수는 '우리'가 하나님의 딸이고 아들임을 일깨워 주었다. 그러면 '나'도 하나님의 아들이다. 하나님의 아들이면 아들답게 살아야 하지 않을까? 교회에서 하나님의 아들, 하나님의 자녀라는 말은 빈말이 된 것 같다. 창조자 하나님의 딸, 아들이라는 것이 얼마나 엄청난 일인가! 만물을 넘어서 우주를 넘어서 유와 무를 넘어서 빔과 절대의 세계를 품고 참과 사랑으로 살아야 하지 않을까? 밉고 고운 것, 크고 작은 것, 깨끗하고 더러운 것을 따지지 말고 모두 하나가 되는 전체의 자리에서 살아야 하지 않을까? 감옥에 갇혀도 나락에 떨어져도 하나님의 아들이면 겁날 것 없고 자유롭고 당당할 수 있을 것이다.

하나님 나라와 예수의 소명

예수는 "때가 찼고 하나님 나라가 가까웠으니 회개하고 복음을 믿으라"고 했다. 이 짧은 말속에 2천 년 이스라엘 역사의 무게가 실려 있고 우주의 개벽과 영혼의 근본적 변화와 새 삶의 기쁨이 담겨 있다. 아브라함이 새 나라를 이루기 위해 믿음의 순례를 시작한 때부터 이집트와 바벨론의 종살이를 거쳐 로마의 식민 통치에 이르기까지, 얼마나 많은 예언자들과 시인들이 그 나라를 기다렸던가! 불의한 고난으로 몸부림치던 욥은 하나님의 의를 보기를 얼마나 간절히 사모했던가! 나라를 잃고 헤매며 고통 속에서 하나님의 정의로운 나라 보기를 갈망했던 이스라엘 백성의 간절한 기다림 끝에 예수가 온 것이다.

그 오랜 기다림 속에서 이스라엘 백성은 하나님을 부르며 간절하게 물었다. "정의와 사랑의 하나님! 언제 오시렵니까?" 예수는 2천 년 이스라엘 역사 속에 사무쳐 있는 이스라엘 백성의 고통과 한숨과 눈물을 보고 느꼈다. 예수의 몸과 영혼 속에서 이스라엘 역사의 부르짖음이 하늘과 땅에 사무치게 울렸다. 사랑과 정의의 하나님이 언제까지 이스라엘 백성의 고통을 지켜보고만 있을 수 있겠는가? 하나님의 심정은 상처받고 고통 속에서 신음하며 죽어가는 자녀를 보는 부모의 마음과 같았다. 하나님의 이러한 심정을 예수는 온몸과 맘으로 절절히 느꼈다. 예수는 하나님을 육친의 아버지처럼 가까이 느꼈고 하나님 아버지의 가슴 속에 사무쳐 들어가서 하나님의 생각과 뜻을 보고 느끼며 체험하고 깨달았다. 하나님의 마음속에서 예수는 하나님의 아들로서 이스라엘 백성을 구원하라는 하나님의 말씀과 명령을 들었다.

이스라엘 역사를 뚫어보고 우주와 역사의 주인이며 주재자인 하나님의 뜻을 체험하고 명령을 받은 순간, 예수는 악한 세력을 허물고 우주와 역사를 새롭게 하는 힘을 얻었다. 하나님의 아들이 되는 체험을 하는 순간에 악마의 세력을 물리치고 어둠의 세력을 몰아낼 힘을 받았다. 예수는 하나님 나라의 능력을 얻은 것이다.

1. 예수는 누구인가?

1) 이스라엘 역사와 신앙을 구현한 이

히브리 역사와 희생양

예수는 이스라엘 역사와 신앙을 삶 속에 구현한 인물이다. 복음서에서 예수는 이스라엘 역사와 신앙을 투영한 희생양, 메시아 같은 상징과 관념으로 그려져 있다. 역사적 예수의 존재를 알리는 구체적인 사실은 기록되지 않았다. 어떻게 생겼는지, 무엇을 좋아하는지 알 수 없다. 현대의 유대인들은 백인처럼 생겼지만 2천 년 전의 유대인은 아프리카 흑인처럼 까맣지는 않아도 거무스레한 피부를 가졌던 것으로 추정된다. 예수가 갈릴리 나사렛에서 살았던 요셉과 마리아의 아들이고, 소외된 이들과 하나님 나라 운동을 하다가 대제사장과 로마 총독에 의해 십자가에 달려 죽었다는 것 이외에 그에 대하여 알려진 사실이 없다. 다만 이스라엘 역사와 종교에서 형성된 정신과 신앙의 전통, 상징, 관념이 예수에게 투영되어 있다. 예수는 민족과 인류를 살리기 위해 희생당하는 어린양이고, 전체를 살리기 위해 대신 고난과 질병의 짐을 졌던 고난의 종 메시아였다.

서구교회에서는 십자가와 고난을 말하기 어렵게 된 지 오래다. 한국교회에서도 십자가와 고난을 말하는 것이 어렵게 되고 있다. 일제 식민 통치, 남북전쟁, 군사독재 시절에는 고난을 말하는 것이 자연스러웠다. 부흥회 시간에는 말할 것 없고 새벽기도회 시간에도 슬피 울며 통곡하는 소리가 났다. 교회는 우는 곳이었는데 이제는 교회에서 울음이 사라졌다. 고난을 외면하는 교회가 성경과 예수의 고난, 희생양, 십자가를 이해할 수 있을까?

현대문명의 위기는 고난의 감수성을 잃은 데 있다. 자신의 고난도 남의 고난도 제대로 보고 느낄 수 없게 되었다. 남의 아픔을 헤아릴 수 없게 된 것이다. 남의 심정과 아픔을 헤아리는 것이 인간사회의 교양이고 상식이다. 그것이 도덕과 종교의 기본이다. 다석 유영모는 주기도문 풀이를 하면서 "우리에게 죄지은 이를 용서하게 하옵시고"를 "우리가 서로 역지사지(易地思之)하게 하옵시고"로 바꾸었다. 용서는 어렵고 실감 나지 않는데 "입장을 바꿔 생각한다"는 말은 구체적으로 와닿는다는 것이다. 남의 고난을 헤아리지 못하는 사회는 망하는 사회다.

오늘 우리 사회는 고난에 대한 감수성을 잃었다. 오늘날 고난이 없는 것은 아니다. 고난은 더 깊고 일반화되었다. 약자를 희생시키고 약자에게 폭력을 휘두르는 일이 여전히 사회 속에서 은밀히 또는 공개적으로 일어나고 있다. 초등학교와 중학교에서 왕따시키고 폭력을 휘두르는 일이 자주 일어난다. 묻지마살인도 일어난다. 영화나 드라마에서만이 아니라 현실에서도 변태심리를 가진 사람이 이유 없이 약한 사람들을 잡아다가 괴롭히고 죽인다. 오늘도 어디서나 약자를 괴롭히고 희생시키는 일이 일어난다. 남을 희생시키고 사는 사람들, 고통에 짓눌려 사는 사람들이 많다.

고난과 희생을 통해 열리는 구원의 길

사람들이 우리 사회의 이런 생명의 진실을 보려고 하지 않는다. 고난과 희생의 진실을 보려 하지 않기 때문에 쉽게 살인을 하고 자살을 한다. 오늘 우리 사회가 구원을 받으려면 고난과 희생의 진실을 보아야 한다. 남을 희생시키는 우리의 삶을 돌이켜 보고, 고통 속에서 신음하고 절규하는 사람들의 진실을 보아야 살길이 열린다. 성경의 하나님은 고난 속에서 고난을 통해 구원의 길을 열어갔다. 성경에서는 고난과 희생이 구원과 직결되었다. 어느 종교문화권에서도 곡식과 짐승을 불살라 제사하는 전통은 있었다. 그러나 제물인 희생양의 이미지와 상징을 구원자와 직결시키고 신앙과 가르침의 핵심 내용으로 만든 경우는 성경밖에 없다. 적어도 고등종교와 경전 가운데는 이스라엘 종교와 기독교밖에 없다. 이스라엘 민족이 고난의 백성이었기 때문에 그랬을 것이다. 그들은 역사 속에서 스스로 희생양의 지위에 있었기 때문에 희생양의 상징과 의미를 놓치지 않고 품고 발전 승화시킬 수 있었다.

성경에는 희생양이 중요한 의미를 가진다. 예수의 희생양 이미지는 히브리 성경에서 왔다. 아브라함이 백세에 얻은 외아들 이삭을 제물로 바치는 이야기가 나온다. 역사 속에서 새 나라를 이루기 위해서 아브라함은 아들을 희생양으로 바쳐야 했다. 이스라엘 백성이 4백 년 이상 종살이하던 이집트를 탈출하기 전날 밤에 해방과 구원의 상징으로 문설주에 양의 피를 발랐다.

생명과 역사의 갱신과 변혁을 위해서는 희생이 필요하다. 새 나라를 이루고 새 역사를 짓기 위해서는 희생이 있어야 했다. 또한 생명 자체가 희생을 요구한다. 희생 없는 삶, 먹지 않는 삶은 없다. 모든 생명 세계는 희생 위에 서 있다. 모든 생명체는 남의 목숨을 밥으로 먹고 산다. 생명은 남의 목숨에 빚지고 사는 존재다. 생명은 스스로 하는 것, 자발적이고 주체적인 존재다. 또한 생명은 천지의 자연 생명 세계에 의존하고 빚지고 사는 존재요 자연 만물과 더불어 사는 존재다.

스스로 하는 자발적 주체이면서 다른 생명의 희생으로 살아야 한다는 이것이 생명의 모순이고 역설이다. 생명의 깊이와 높이에서만 이 모순과 역설이 풀린다. 과거와 현재의 삶을 불태워야 미래의 삶이 아름답고 빛난다. 자식이 살기 위해서는 부모의 정성과 희생이 필요하다. 생의 주체이고 영혼인 '내'가 살기 위해서는 육체적 욕망과 감정의 절제와 자기부정, 비움과 정화가 요구된다. 내 성질대로 기분대로 살 수 없다. 먹고 싶다고 다 먹으면 죽는다. 권력과 소유도 적당히 누려야지 무한대로 누리려 들면 자기뿐 아니라 공동체 전체를 파멸에 빠트린다. 개인뿐 아니라 공동체의 생존을 위해서는 절제와 희생이 요구된다. 살기 위해서는 희생이 필요하다는 절실한 의식을 고대인들은 가졌다. 그래서 가장 소중한 것을 바쳐야 살 수 있다고 생각했다.

　참된 생명의 창조적 근원과 목적은 초월자이며 창조자인 신에게 있다. 신 앞에 서려면 모든 상대적인 것을 다 버려야 한다. 아끼는 것이 하나도 없어야 한다. 내 목숨까지도 버려야 한다. 그래야 전체 생명과 절대 자유의 영원한 생명에 이른다. 생은 과거와 현재에 머물 수 없다. 과거와 현재의 삶을 버리고 떠나야 새 삶을 살 수 있다. 새로운 삶에 이르려면 낡은 것은 다 버려야 한다. 새로운 삶을 위해 낡은 것을 희생하고 바쳐야 한다. 길을 가려면 길을 밟고 가야 한다. 지나가는 길을 밟아서 버림으로써 길을 가는 것이다. 길에 달라붙으면 한 걸음도 못 간다. 아무리 소중하고 맛난 음식도 먹었으면 뒤로 버려야 한다. 먹은 음식이 아깝다고 몸속에 간직하면 죽고 만다. 아낌없이 바치고 버려야 한다.

　생명의 진화와 향상은 개체의 죽음과 신생을 통해서만 이루어졌다. 죽음과 태어남, 죽고 다시 삶을 통해서 생명은 진화와 고양을 이루어왔다. 역사는 가장 소중한 것의 희생으로 살아간다. 역사의 상속자(주체, 담지자)의 희생으로 역사는 끊어지지 않고 이어갈 수 있으며 진보와 혁신을 이룰 수 있다. 죽어야 산다는 것은 생명과 역사의 진리다. 목숨 걸고 모험하지 않으면, 목숨을 버리고 바치지 않으면 제대로 살 수 없고, 뜻 있게 살 수 없고, 바른 역사를 지어갈 수 없다.

아브라함의 희생 제사와 새로운 나라의 약속

아브라함이 아들 이삭을 희생제물로 바치는 이야기는 이러한 역사의 깊은 진리를 보여준다. 이 이야기는 예수의 죽음과 부활에 관한 기독교 신앙과 직결된다. 아브라함이 자신의 상속자 이삭을 제물로 바치려고 했던 이야기를 자세히 살펴보자.

아브라함은 100세 때 아들 이삭을 얻어서 매우 행복했다. 비로소 자신의 상속자가 생긴 것이다. 아브라함은 죽을 날이 가까이 다가오고, 생활은 안정되고 자신의 믿음과 희망, 가정과 사업을 이어갈 아들 이삭은 무럭무럭 자랐다. 아브라함이 이제 모든 것을 아들 이삭에게 넘겨주고 세상을 떠날 때가 된 것이다. 그러나 역사는 순탄하게 계승되지 않는다. 큰 사명을 가지고 새 역사를 창조하는 일은 그렇게 쉽게 이루어지지 않는다.

어느 날 하나님이 아브라함을 시험하기 위해서 아브라함에게 외아들 이삭을 제물로 바치라고 명령했다. 아브라함은 말없이 하나님의 명령을 따랐다. 성경은 아브라함의 심리상태에 대해서 아무런 말이 없다. 아브라함의 절망감과 좌절감은 얼마나 깊었을까! 차라리 자기가 죽고 싶은 마음이 얼마나 간절했을까! 이삭을 살리고 대신 자기가 죽을 수만 있다면 백 번, 천 번 자신이 죽고 싶었을 것이다. 그러나 대신할 수 없는 것이 역사다.

역사 속에서 얼마나 많은 어머니와 아버지가 젊은 아들, 딸의 죽음을 경험했던가! 얼마나 많은 어린 자식이 병들어 죽었던가! 얼마나 많은 젊은 자식이 전쟁터에서 죽고 연애하다 자살하고 민주화운동하다가 죽었던가! 이 세상에서 이것만은 절대 포기할 수 없다고 붙잡고 매달릴 수 있는 것은 아무것도 없다. 어떤 것도 잃어버릴 수 있다. 어떤 것도 버려야 할 때가 있다. 어떤 것도 그 누구도 죽을 수 있고 무너질 수 있다. 내 목숨보다 소중한 것을 잃더라도 생명의 역사가 멈추어 서지는 않는다. 어떤 끔찍하고 고통스러운 일이 일어나도 역사는 제 갈 길을 가고 만다.

하나님을 믿는다는 것은 무엇을 뜻하는가? 창조자 하나님은 절대 초월이고, 전체 하나인 분이며 우주 대생명(大生命)의 주님이다. 초월자이며 창조자인 '하나님의 앞'은 상대 세계, 물질세계의 모든 것이 끊어지고 초월 되는 자리다. 창조자 하나님을 믿는다는 것은 창조된 모든 것을 버리고 떠날 수 있다는 것이다. 지극히 작은 것이라도 또 아무리 소중하고 큰 것이라도 사정없이 서슴없이 내버릴 수 없으면 하나님을 믿는 것이 아니다. 모든 집착과 탐욕을 버릴 때 자유롭게 되는데, 하나님 앞에서만 모든 것을 버리고 놓을 수 있다.

모든 것을 놓고 버림으로써 자유로운 주인과 주체가 된다. 모든 것을 놓고 버릴 때 모든 것의 주인과 주체가 될 수 있다. 역사의 자유롭고 책임적인 주인과 주체가 되어 하늘나라의 유업을 받으려면 모든 것을 버리고 떠날 수 있어야 한다. 100세에 얻은 외아들 이삭일지라도 버리고 떠날 수 있지 않으면 새 나라의 유업을 받을 수 없다.

아브라함은 아들 이삭과 종 둘을 데리고 하나님이 명령한 모리아 땅으로 길을 떠난다. 모리아는 예루살렘 지역이라는 말이 있으나 위치를 알 수 없다. 사흘 길을 걸었다니 꽤 먼 거리에 있음을 알 수 있다. 모리아 땅에 가까이 왔을 때 아브라함은 종들에게 기다리라고 말하고 이삭에게 장작 짐을 지우고 모리아로 갔다. 제사 지낼 때 불태울 장작 짐을 지고 가는 희생양 이삭을 보는 아브라함의 심정은 어떠했을까? 이삭이 아버지 아브라함에게 물었다. "아버지! 불과 장작은 여기에 있습니다마는 번제로 바칠 어린양은 어디에 있습니까?" 아브라함이 대답한다. "얘야, 번제로 바칠 어린양은 하나님이 손수 마련하여 주실 것이다." 그리고는 "두 사람이 함께 걸었다."

하나님이 말씀하신 그곳에 이르러서 아브라함은 제단을 쌓고 제단 위에 장작을 올려놓았다. 그리고는 손에 칼을 들고 아들을 잡으려고 하였다. 그때 주의 천사가 하늘에서 말했다. "그 아이에게 손을 대지 말아라!…네가 너의 아들, 너의 외아들까지도 나에게 아끼지 아니하니, 네가 하나님 두려워하는 줄을 내가 이제 알았다." 아브라함이 고개를 들고 살피니 양 한 마리가 뿔이 수풀에 걸려 있었다. 그 양을 잡아 아들 대신에 번제를 드렸다. 아브라함은 그 곳 이름을 '여호와께서 준비하심'이라는 뜻으로 '여호와 이레'라고 하였다. (창세기 22장 1~18절)

여기서 '하나님을 두려워한다'는 말은 '역사를 두려워한다', '삶을 두려워한다'는 말로 바꿀 수 있다. 역사는 그렇게 준엄하고 삶은 그렇게 엄숙한 것이다. 역사와 삶 속에 하나님이 계시기 때문이다. 외아들까지 번제로 드려야 할 만큼 역사는 치열하고 삶은 처절하다. 그것이 진실이다. 역사와 사회, 인생은 그렇게 흘러왔다. 역사와 인생의 아프고 엄숙한 진실을 정면으로 보기 어렵다.

100세에 얻은 외아들을 번제로 바치라는 이야기는 인신(人身)제사를 하던 원시종교의 풍습이 희생양 제사로 바뀌는 과정을 보여주는 이야기라고 말하는 학자들도 있다. 그뿐인가? 아니다. 인류 역사와 사회는 가장 순결하고 소중한 것을 잡아 바치고, 희생하고서야 살아갈 수 있었다. 가족은 부모의 희생으로 살고, 어머니와 아내의 희생과 봉사로 지탱된다. 역사와 사회도 희생당하는 이들이 있어서 살아간다. 일제 식민 통치 때 자신과 가족을 희생한 독립열사들이 있어서 민족이 살았고, 민중의 희생과 수고가 있어서 오늘의 번영이 있다. 3·1운동, 4·19혁명, 민주화운동, 5·18민주항쟁에서 희생된 이들이 있어서 오늘 이만큼 숨 쉬고 살 수 있다. 이들의 희생이 없었다면 이 나라는 일찍이 곪고 썩어 문드러졌을 것이다.

다른 모든 것을 희생해서라도 아브라함이 자기와 아들의 목숨을 지키려 했다면 그는 믿음의 조상이 되지 못했을 것이다. 그러면 성경에 기록되지도 못하고 예수도 없고 기독교도 없었을 것이다. 모든 것을 버릴 수 있을 때 세상에서 가장 소중한 외아들까지 버릴 수 있을 때 그때 비로소 영원한 전체의 생명인 하나님이 드러난다.

생명의 진리는 죽어야 산다는 것이다. 씨울은 깨지고 죽어야 산다. "죽기 전에 죽으면 죽어도 죽지 않는다." 목숨을 걸고 사는 사람, 목숨을 내놓고 일하는 사람에게는 하나님이 참된 생명을 준비해 주신다. 자신을 죽이고 버리고 떠날 수 있었기 때문에 예수는 영원한 생명의 약속을 받고 이어갈 수 있었다. 자기를 낮추어 희생하고 섬기고 죽었기 때문에, 예수는 스스로 하나님 나라가 될 수 있었다. 예수의 삶과 행동, 생각과 말씀, 관계와 사건이 곧 하나님의 사랑과 의를 드러내고 구원과 해방을 일으키는 하나님 나라였다. 그러므로 고대의 신학자 오리게네스는 예수 그리스도를 아우토바실레이아(Autobasileia)

라고 했다. 예수 자신이 하나님 나라 그 자체라는 것이다. 예수가 바로 영원한 생명의 나라, 하나님 나라다. 누구나 예수처럼 아브라함처럼 세상에서 가장 소중한 것을 버리고 떠날 수 있다면 새 나라의 주인이 될 수 있고 새 나라 자체가 될 것이다.

2) 전체를 살리는 고난의 종--너의 아픔이 나를 낫게 한다.
나를 대신 앓는 이

'너'는 '나'다

세상에서 가장 먼 길이 무엇일까? 몸에서 맘까지, 맘에서 몸까지 가는 길이 가장 멀다. 내 몸을 내 맘대로 하기 어렵고 내 맘이 내 몸을 따라가기도 어렵다. 겨자씨만한 믿음이 있으면 산을 바다로 옮길 수 있다고 했지만, 내 몸을 움직이는 일은 산을 움직이는 것보다 어렵다. 물질적 육체, 욕망, 감정에 박힌 내 몸의 뿌리가 히말라야 산보다 더 깊고 내 몸이 백두산보다 더 무겁다. 인생의 목적과 보람이 있다면 내 몸과 맘이 하나로 통일되는 것이다. 맘은 맘대로 자유롭고, 몸은 몸대로 몸의 본성과 이치에 따라 실현되고 완성되는 경지에 이르는 것이 인생의 참된 목적이고 보람이다. 몸과 맘이 하나로 통일되면 구원받은 것이고 해탈한 것이고 해방된 것이다.

또 세상에서 가장 먼 길이 무엇인가? 사람과 사람 사이, 나와 너, 나와 타자 사이의 간격이고 길이다. 부부 사이, 부모 자식 사이, 친구 사이에도 한없이 먼 길이 있다. 아무리 애써도 하나로 만날 수 없는 간격과 벽이 있다. 아무리 가까워도 내 속의 속에 있는 사정을 사람에게는 털어놓을 수 있는 게 있다. 하나님께만 호소하고 털어놓을 수 있는 일이나 사정이 있다. 시편에는 자신의 억울하고 괴로운 맘을 털어놓을 데가 없어서 하나님께 호소하고 탄식하는 내용이 많이 나온다. 남의 아픔을 내가 함께 느끼고 아파할 수 있을까? 남의 아픔을 내가 함께 느끼고 아파할 수 있는 것이 인생의 보람이고 기쁨 아닐까? 세상에 나서 나와 무관한 사람, 나와 멀리 떨어져 있는 사람의 아픔을 나의 아픔으로 알고 그 아픔 속에서 하나로 될 수 있다면 태어난 보람과 기쁨을 누릴 수 있을 것이다.

예수는 몸과 맘의 하나 됨, 사람과 사람의 하나 됨에 이르고 그것을 잘 보여준 이다. 가장 몸(육체)적이고 가장 영적이면서 몸과 영혼의 벽을 넘어서 '너'를 '나'라고 한 이다. 세상에서 버림받고 소외된 세리와 창녀, 사마리아 사람의 '나'를 예수는 '나'로 알아주고 느껴 주었다. 예수는 개인의 깊이와 공동체의 영성, 역사 현실과 개인 영성의 깊이를 함께 드러냈다. 그는 세상 안에서 세상을 초월했다. 누구보다 세상적이면서 누구보다 세상에 대하여 자유롭고 누구보다 세상을 넘어서 있다. 예수의 복음에서 하늘나라가 가까이 왔다는 역사의 개벽 선언과 회개하고 복음을 믿으라는 실존적이고 인격적인 자아혁신의 요청이 결합되어 있다. 사랑과 정의를 내세우면서도 권리포기를 함께 말한다. 예수는 천하보다 소중한 신의 아들이면서 스스로를 다 바치고 버리는 희생양이다.

홀로 있음과 더불어 있음

　예수는 인간의 홀로 있음과 더불어 있음을 가장 알뜰하게 드러냈다. 누구보다 홀로 있음의 실존적 영적 깊이를 잘 나타낸다. 온종일 사람들과 어울리고 병자들, 시비꾼들에게 시달리다가도 밤에는 홀로 산에서 하나님께 기도했다. 이른 새벽에도 홀로 하나님께 기도하는 시간을 자주 가졌다. 그렇게 홀로 하나님과 함께 있었다. 아무도 이해하지 못하고 심지어 가까운 제자들도 늘 예수를 오해했지만, 예수는 홀로 꿋꿋이 하나님과 함께 하나님의 뜻을 이루려고 주어진 길을 갔다.

　그러나 예수는 하나님 안에서 늘 이웃과 더불어 있었다. 죄인들의 친구가 되었고 밥상공동체의 생명 잔치를 베풀고 세상의 죄와 짐을 짊어지고 고난과 죽음의 잔을 마셨다. 밥을 나누고 생각을 나누고 뜻을 나누다가 결국 자신의 살과 피도 나누었다. 예수는 어린 희생양이고 고난의 종이고 더불어 있음의 전형이었다.

　생명과 정신의 기본원리는 스스로 함이다. 숨을 대신 쉴 수 없고 밥을 대신 먹을 수 없고 생각을 대신할 수 없다. 대신 앓아줄 수도 없다. 내 손가락을 다치면 내가 아프지 남이 아프지 않다. 몸과 맘이 하나라고 하지만 빈말일 때가 많다. 너는 너고 나는 나다. 하나님 앞에 설 때 남이 대신 서 줄 수 없다. 하나님 앞에 가는데 남을 대신 보낼 수 없다. 하나님밖에 모르는 내 속사정이 있다. 다른 사람에게는 말할 수 없고 남이 이해할 수도 없는 그런 것이 있다. 내 속사정, 아픔과 고민, 상처를 남에게 털어놓았는데 남이 몰라주면 더 외롭지 않을까? 그래서 하나님에게만 말할 수 있는 속사정이 있을 수 있다. 남이 알아줄 수 없는 남에게 말할 수 없는 차원과 영역이 있다.

서양의 언어와 정신에서는 인식하는 나와 인식되는 타자가 엄격히 구분된다. 나와 남 사이에는 깊은 간격과 차이가 있다. 그래서 '하나', '하나 됨'에 대한 불신과 두려움이 있다. 서양에도 플로티누스와 위 디오니시우스, 마이스터 에크하르트로 이어지는 신비주의전통이 있다. 모든 종교의 심층에는 '하나', '하나님'과 하나로 되는 깨달음과 영적 체험의 차원이 있다. 하나에 이르고 하나로 되는 것이 최고의 깨달음이고 체험이다. 그러나 소수의 사람만이 하나를 깨닫고 하나로 되는 체험을 하지 보통 사람은 남의 가르침을 믿고 따를 뿐이다. 하나, 하나 됨에 대한 불신과 두려움을 지닌 서구의 주류 철학과 신학에서는 신비주의를 비난하는 경우가 많다. 대중의 종교적 열광과 맹신이 신비주의로 포장되는 경우도 있다. 독일의 신학자 본회퍼도 인격과 품위를 지니려면 '거리감'을 가져야 한다고 했다.

성경에는 홀로 있음과 더불어 있음의 두 가지 차원이 함께 있다. 하나님 앞에 홀로 서고 하나님에게만 호소하고 속사정과 마음을 털어놓는 신앙전통이 있다. 시편에 보면 아무에게도 호소할 수 없어서 하나님께만 호소하고 속맘을 드러낸다. 하나님 앞에서 '나'는 대신할 수 없는 존귀한 존재다. 나는 세상에 하나밖에 없는 영혼이다. 그러나 이스라엘 사람은 언제나 개인이 아니라 이스라엘 민족으로 존재한다. 또 이스라엘의 율법과 신앙은 맘과 뜻과 힘을 다해 하나님을 사랑하고 이웃을 네 몸처럼 사랑하라고 할 때는 나를 다 바치고 녹여서 하나님과 이웃과 하나로 될 것을 강조한다. 이웃을 내 몸처럼 사랑하려면 나와 이웃 사이에 아무 간격도 없어야 한다.

전체의 생명을 치유하고 살리는 고난의 종

성경에서 더불어 있음은 희생양, 고난의 종에 잘 나타난다. 이스라엘 역사에서 영적 깨달음의 절정은 이사야 53장 고난의 종 대목이다. 아브라함으로부터 천 년 동안 이스라엘 민족이 역사 속에서 고난을 겪으면서 깨달은 최고의 진리가 여기 담겨 있다. 여기서 이스라엘 민족은 고난당하는 사람의 고난이 '나'와 '우리'의 질병을 치유하고 나와 우리의 죄와 허물을 씻어주며 우리의 불행과 슬픔을 없애고 건강하고 풍성한 삶을 누리게 하기 위한 것이라는 깨달음에 이르렀다. 고난의 종이 겪는 고난은 나와 우리를 치유하고 구원하고 해방하는 힘을 가지고 있다.

아프기는 저 사람이 아픈데 낫기는 내가 낫는다. 저 사람이 나를 대신해서 내가 당할 아픔을 대신 겪는 것이다. 불교의 유마 거사는 중생이 병들어 앓으니까 나도 앓는다고 했다. 중생의 병을 함께 앓는다는 것이다. 남의 아픔을 공감하고 더 나아가서 함께 아픔을 겪는 것이다. 이것은 고난의 종과 비슷하면서도 다르다. 유마 거사의 경우에는 남의 아픔을 '내'가 아파한다는 데 초점이 있다. 고난의 종에서는 남의 아픔에 초점이 있고 남의 아픔이 구원과 치유의 능력을 가지고 있다. 보다 사회적이고 역사적인 차원이 담겨 있다.

고난의 종은 사회역사의 차원이 담겨 있으면서 영적인 하나 됨에 이른다. 사회와 역사의 현장에서 지금 고난당하는 이들과 함께 이들

속에서 전체 생명, 하나님의 신적 생명이 고난을 당하고 있다. 또 전체 생명과 함께 '나'도 그 고난을 함께 겪고 있다. 저들이 고난을 당할 때 내 속의 속에서 신적 생명이 함께 아픔을 느낀다. 이것은 인류역사에서 가장 위대한 영적 깨달음이다. 인간의 고통을 역사와 사회의 바닥에서 그리고 전체 생명의 자리에서 하나님의 자리에서 느끼고 이해한 것이다.

흔히 고대의 종교와 국가에서 고난은 열등한 패배자와 죄인의 운명이고 표시였다. 고난받는 자 자신이 무능하고 못났기 때문에, 죄와 허물을 지었기 때문에 또는 운명이 나쁘기 때문에 고난을 당한 것이라고 여겼다. 실제로 사회와 역사 속에서 겪는 고난은 강하고 부유하고 권력을 가진 자들이 약한 사람들에게 강요한 것이다. 가해자가 있어서 피해자가 희생양이 되고 고난과 죽음을 당하게 된다. 자연재해나 질병, 사고로 고난과 시련을 겪는 경우에도 안락하게 사는 강자들이, 사회와 국가가 돌보지 않았기 때문에 그들이 고난과 시련을 겪는 것이다.

전체 생명의 자리에서 보면 역사와 사회 속에서 고난과 희생을 당하는 사람들의 고난과 희생은 우리 자신의 허물과 죄 때문에, 우리의 사랑과 의가 부족하기 때문에 일어난 것이다. 나와 우리 전체의 허물과 죄를 씻고 질병을 치유하여 나와 우리가 온전한 삶과 정신에 이르게 하고, 우리가 온전한 나라를 이루게 하려고 그들이 고난과 희생을 겪는 것이다. 이것은 나와 너와 그를 넘어서 전체 생명의 심정과 자리에서 그리고 인간의 실존적이고 영적인 깊이와 높이에서 고난을 생각한 것이다.

지금 고난 받는 자가 '나'와 전체 생명의 치유와 평화를 가져온다. 고난받고 신음하는 이의 눈동자를 보면 그 눈동자에 내 모습이 비치는 데 이것을 눈부처라고 한다. 내 모습 뒤에 또는 내 모습을 너머서 신의 형상이 있다. 신의 형상은 신의 본성인 사랑과 정의이며 그 사랑과 정의를 실현하는 나라가 하나님의 나라다.

캐나다 브리티시 컬럼비아 대학교 연구팀은 실험 참가자들에게 감기 환자의 사진, 천연두에 걸린 사람의 사진, 자신에게 총을 겨누고 있는 사람의 사진 등을 보여 준 뒤에 혈액을 채취했다. 그리고 채취한 혈액에 박테리아를 노출시켜 면역력에 어떤 변화가 있었는지를 살폈다. 총을 겨눈 사진을 봤을 때보다 병든 사람의 사진을 봤을 때, 면역력이 훨씬 더 높은 것으로 나타났다. 연구팀은 병든 사람을 마주했을 때 자신도 모르게 몸을 보호해야 한다는 본능이 면역력을 높이는 원인이라고 분석했다. 이것도 전형적인 개인적 현상적 해석이다. 병든 사람을 보고 생의 위협을 느껴서 면역력이 높아진다면, 왜 총을 겨눈 사진을 보고는 면역력이 증대되지 않았을까? 총으로 몸의 생명을 위협하는데 왜 면역력이 높아지지 않는 걸까? 단순히 내 몸이 위협을 느껴서 내 몸의 면역력이 상승되는 것은 아니다. 그러나 남이 병들어 고통당하는 것을 보면 면역력이 높아진다는 것은 진실이다.

원(院)이나 둘러보게

고통당하는 사람을 보면 왜 내 몸의 면역력이 높아질까? 한국에서도 조상들은 삶의 의욕을 잃고 맥이 풀린 사람에게 "원(院)이나 둘러보게" 하고 말했다. 당시에 원(院)은 의지할 데 없는 병든 자들을 가두어 놓은 수용시설이었다. 행려병자, 문둥병자, 전염병자, 죽을 병에 걸렸는데 의지할 데 없는 사람들, 세상에서 쓰레기 취급을 받고 버려진 사람들이 갇혀 있는 곳이다. 세상에서 가장 불행하고 고통스러운 사람들이 사는 곳이다. 거기서 살 이유도 희망도 없어 보이는 사람들이 생명을 유지해 가고 있다. 이들에 비해서 살아야 이유와 희망이 넘치고 풍요로운 조건 속에 사는 사람들이 낙심하고 절망하다가도, 살아야 할 삶의 이유와 희망이 없는 것처럼 보이는 이들이 꿈틀거리며 사는 모습을 보면 삶의 깊은 속에서 삶의 의욕과 힘이 솟아난다.

흔히 사람들은 이런 현상을 비교의식으로 설명한다. 나보다 더 불행한 사람들도 저렇게 사는데 나는 저들보다 나은 조건에 있으니까 더 잘 살아야 한다는 생각이 생긴다는 것이다. 이것은 개인주의적인 생각이다. 원에 갇혀서 처절하게 하루하루 사는 사람들과 아무 의욕도 활력도 없이 하루하루 사는 우리 사이에는 하나의 전체 생명이 흐르고 있다. 보이지 않는 생명과 정신의 끈이 이어져 있다. 죽음과 절망을 딛고 살아가는 저들의 생명이 우리의 속 밑바닥에도 살아 있는 것이다. 병들어 앓고 있는 사람들의 삶은 우리의 삶과 하나로 이어져 있다. 죽음과 절망을 뚫고 일어서는 전체 생명의 생명력이 내 속에서도 살아나서 나를 살리는 것이다.

고난의 종 이야기에서 고난당하는 사람들의 고난은 그들만의 것이 아니라 우리 자신의 고난이기도 하다는 자각은 생명과 영의 진리에서 나온 것이다. 전체 생명의 자리에서, 하나님의 자리에서 보면 저들의 고난이 우리의 고난이고 우리를 위해 우리를 살리고 치유하고 풍성하게 하기 위해 겪는 고난이다. 고난당하는 이들과 우리(나)는 뗄 수 없이 하나로 이어져 있고 결합되어 있다. 저들의 고난은 우리 몸, 맘, 얼 속에 있는 생명과 영혼에 직접 영향을 준다. 마치 양자역학에서 말하는 양자 얽힘처럼 한쪽의 조건과 상태는 다른 쪽에 곧장 영향을 준다. 서울에서 한 사람이 술을 먹으면 부산에 있는 소가 취한다. 북한 사람이 굶주림과 억눌림으로 괴로우면 남한 사람의 위장이 꼬이고 마음이 뒤틀린다.

꼭대기의 겸허

전체의 자리에서 보면 나, 너, 그는 뗄 수 없이 이어져 있고 결합되어 있지만 스스로 하는 자발적 주체의 자리에서 보면 모든 존재자들과 생명체들의 '나'는 저마다 대체할 수 없고 대신할 수 없는 존재다. 따라서 나는 나고 너는 너라는 것을 늘 자각해야 한다. 남의 속을 들여다보려고 해서는 안 된다. 하나님과 나만이 알 수 있고 느낄 수 있는 것을 남이 아는 체해서는 안 된다. 투시의 능력이 있다면서 남의 속맘을 훤히 볼 수 있다는 사람들이 있다. 매우 위험하고 건방진 생각이다.

인간은 어느 정도 남의 심리를 꿰뚫어 보고 헤아릴 수 있다. 점쟁이처럼 남의 속맘을 알아맞힐 수도 있다. 그러나 남의 속의 속에 있는 영혼, 하나님의 형상은 아무도 볼 수 없고 보아서도 안 된다. 하나님을 보면 죽는다고 하지 않았나? 남의 속의 속을 들여다본 사람은 다 죽는다. 적어도 영적인 관계는 파탄이 나고 만다. 남의 속의 속을 들여다본 사람도 자신의 속을 내보인 사람도 실존적으로 영적으로는 죽은 것과 같다.

하나님의 형상으로 창조된 인간의 생명과 영혼은, 그 생명과 영혼의 깊이와 높이는 볼 수도 없고 알 수도 없다. 안다고 생각하면 모르는 것이다. 오히려 몰라야 아는 것이다. 몰라주어야 알아주는 것이다. 어떤 행동이나 말을 보고 저 사람은 이런 사람이라고 아는 체하는 것보다 저 사람이 무슨 일을 할지 어떤 귀한 생각을 할지 앞으로 어떤 사람이 될지, 모른다고 생각하는 것이 그 사람을 하나님께 맡기는 것이고 하나님을 믿고 그 사람을 믿어주는 것이 된다.

내가 저 사람을 다 안다고 생각하는 것은 건방진 생각이다. 무슨 일이나 문제를 다 아는 것처럼 생각하고 결론을 내리는 것도 교만한 생각이다. 그런 사람은 하나님을 믿는 사람이 아니다. 나는 불가능하지만, 하나님은 가능할 수 있다. 그러므로 어떤 경우에도 마지막 말, 마지막 결정, 결론은 하나님을 위해, 남을 위해 후세의 사람들을 위해 남겨두어야 한다.

'꼭대기의 겸허'라는 말이 있다. 나무 꼭대기에 있는 가지의 잎사귀는 햇빛을 가리지 않기 위해 옆으로 비켜선다. 꼭대기에 있는 가지와 잎새가 꼿꼿하게 자신을 펼치고 서면 아래에 있는 가지와 잎새가 햇빛을 못 받으니까 꼭대기의 잎새는 옆으로 비켜서는 것이다. 사람도 어디서든 꼭대기에 서려고 해서는 안 되고 꼭대기에 서면 비켜설 줄 알아야 한다. 그래야 전체 하나의 생명에 충실하게 살 수 있다.

3) 생명을 고치고 살리는 예수의 바라봄

죄인의 친구, 예수

예수 시대에 지중해 지역의 가장 중요한 가치는 수치와 명예였다. 더러움과 죄는 수치스러운 것이었다. 명예를 잃는 것은 목숨을 잃는 것보다 고통스러운 것이었다. 명예를 잃으면 사회에서 매장당하기 마련이었다. 명예로운 사람들은 명예로운 사람들끼리 사귀었다. 예수 시대에 죄인은 수치스러운 존재였다. 창녀는 수치스럽고 더러운 죄인이었고, 세리는 불의한 매국도, 사욕을 취하는 착취자였다. 이들은 당시에 가장 천대받고 미움받는 인간들이었다. 예수는 그런 이들의 친구였다. 그들과 함께 먹고 어울리고 사귀었다.

사람들은 죄와 더러움이 옮는다고 생각했는데 예수는 하나님의 사랑과 의, 거룩함이 옮는다고 생각했다. 예수와의 사귐 속에서 죄와 더러움은 씻어지고 하나님의 사랑과 의가 채워졌다. 예수는 죄와 더러움이 없는 것처럼 죄인을 대했고 예수와의 사귐을 통해서 죄인은 곧바로 하나님의 자녀, 의인이 되었다. 하나님의 사랑 안에서는 죄와 더러움이 눈 녹듯 사라졌다.

언제나 좋은 놈, 언제나 나쁜 놈은 없다

갈수록 세상이 악해지고, 나쁜 놈들이 늘어나는 것 같다. 그러나 인류 역사에서 불의하고 악한 인간들이 없었던 때가 있을까? 또 따지고 보면 나쁜 놈, 좋은 놈이 따로 있다고는 생각되지 않는다. 그 때 그 상황에서 그런 생각을 했고 그런 맘을 먹었고 그런 행동을 했을 뿐이지 나쁜 놈이라고 딱지를 붙여놓고 언제나 나쁜 놈이라고 할 그런 사람은 없다. 세상에서 아무리 흉악한 죄악도 내가 결코 저지를 수 없는 그런 죄악은 없다.

삶은 늘 바뀌는데 한번 붙여놓은 나쁜 놈 표 딱지는 바뀌지 않는다. 고정관념이나 이름표는 삶이나 마음과 일치하지 않는다. 삶이나 마음은 변하기 마련이고 변할 수 있는 것이다. 또 남을 나쁜 놈이나 좋은 놈으로 갈라보는 사람은 남에 대한 심판자 노릇만 하고 자기는 판단의 대상으로 삼지 않는다. 그러다 보면 위선자가 되고 독선적으로 되기 쉽다. 그래서 파당이 생기고 일은 꼬이고 삶은 지저분해진다.

바리새파는 늘 좋은 놈, 나쁜 놈을 가렸다. 선을 추구한다면서 결과적으로는 나쁜 놈을 많이 만들어내고, 저 자신도 위선적인 나쁜 놈이 되고 말았다. 예수는 달랐다. 그에게는 언제나 선한 놈도 없고 언제나 나쁜 놈도 따로 없었다. 그래서 그에게 '선한 선생님'이라고 부르는 이에게 "선한 분은 하나님밖에 없다."고 잘라 말했다. 그리고 죄인의 낙인이 찍힌 사람들의 낙인을 벗겨주고 "네 죄가 사함을 받았다."고 선언하였다. 그는 언제나 사람의 속마음을 보고 생명을 보고 혼을 보았지, 겉으로 드러난 말이나 행실만 보지 않았다.

예수는 늘 생명을 살리고 혼을 일으켜 세우는 일만 하였다. 서로 미워하고 해치고 죽이는 세상에서 삶을 보고 삶을 살리는 일만 한 예수야말로 참 구원자였다. 유영모의 말대로 예수는 "높·낮(상하), 잘·못(선악), 살·죽(생사) 가운데로 솟아오를 길 있음 믿은 이"였다. 높고 낮고 잘하고 못하고 선하고 악한 사람을 구분하고 비교하고 대립시키면 서로 다른 것이 차이가 되고 차이는 차별이 된다. 서로 다른 차이가 차별이 되면, 인간의 생명과 정신은 상처받고 고통과 절망 속에서 죽어간다.

그러나 서로 다른 차이를 넘어서 생명 자체의 소중함과 아름다움, 존엄과 보람을 본다면 사람들은 서로 다르면서 저마다 힘차고 떳떳하게 살 수 있다. 서로 다름이 차별과 학대의 이유가 되면 서로 미움과 분노 속에서 공동체적 관계와 사귐은 깨지고 서로 해치고 죽이는 길로 가게 된다. 그러나 예수와 함께 예수를 따라서, 높고 낮고, 잘하고 못하고 살고 죽는 가운데 길이 있음을 알고 그 길로 가는 사람은 어떤 어려운 상황에서도 살아갈 길이 보일 것이고 서로 미워하고 서로 죽이는 길에서 벗어나 서로 살리고 서로 길러주는 참되고 영원한 삶의 길로 나아가게 될 것이다.

생명을 고치고 살리는 예수의 바라봄

이성의 관조

인간의 오감(五感) 가운데 시각(視覺)만은 감각 대상의 참여 없이 이루어지는 감각이다. 다른 감각들은 모두 감각 주체와 감각 대상의 상호작용과 교류, 참여 속에서 감각 행위가 이루어진다. 바라보는 것은 일방적이고 지배적이다. 바라보는 대상은 바라보는 주체의 지배와 통제 아래 있다. 따라서 바라봄은 위험한 것이다. 욕망과 감정, 편견과 독단이 들어 있는 바라봄은 그 자체가 폭력이 된다. 바라보는 자는 바라보는 대상을 맘대로 규정하고 판단하고 평가하고 처분할 수 있다. 그러므로 바라보는 것은 위험한 것이며 바라보는 관점은 그 자체가 바라보는 대상을 왜곡하고 훼손시킬 수 있다.

감각과 이성에 의존한 인간의 바라봄은 생명의 본성과 본질, 자발적 주체, 통일적 전체, 창조적 진화를 볼 수 없다. 본다는 것은 언제나 부분과 표면을 볼 뿐이며 주체의 깊이와 전체의 통일과 내적 변화를 볼 수 없다. 그래서 히브리 성경은 하나님을 볼 수 없다고 했으며 하나님을 본 자는 죽는다고 하였다. 또한 눈으로 볼 수 있는 형상으로 하나님을 지어내는 것을 우상이라고 하여 엄격히 금지했다. 눈에 보이는 것은 생명의 본질이 아니고 얼과 혼이 아니며 하나님이 아니다. 볼 수 없는 하나님을 볼 수 있는 것으로 만들고 눈으로 하나님을 보려고 하는 것은 하나님에 대하여 가장 큰 죄이고 악행이며 잘못이다.

이에 반해 이성을 중시한 아리스토텔레스는 제작 예술 활동(poiesis)이나 정치 윤리 활동(praxis)보다 이성의 바라봄, 관조(觀照, theoria)를 정신활동의 최고경지이며 가장 행복한 일로 보았다. 그는 이성의 관조를 감각적으로 포착할 수 없는 영원불변한 형이상학과 수학 등을 통해 대상의 진리를 바라보는 영혼의 활동으로 보았다. 이성의 관조를 뜻하는 테오리아가 라틴어 contemplatio로 번역되었고 이 contemplatio가 가톨릭에서 관상기도를 뜻하는 말로 쓰였다. 이것은 con 함께, temple 사원 성전이 결합된 말이다. 히브리 성경에서는 하나님을 보면 죽는다고 했고 하나님은 볼 수 없는 것이라고 했는데 관상기도란 말은 하나님을 보려고 하는 것이 아닌가? 생명의 주체와 전체, 창조적 진화와 혁신, 정신의 초월과 향상은 볼 수 있는 것이 아니다.

보는 사람을 못 보게 하고, 못 보는 사람을 보게 한 이

사람은 대체로 보는 대로 느끼고 인식하고 판단한다. 보는 것이 인식의 중요한 원천이다. 우리의 인식이나 지식은 보는 것에 주로 의존하기 때문에, 보는 것과 아는 것은 대체로 일치한다. 그런데 우리가 인생과 사물을 제대로 보는 걸까? 매우 제한된 범위 안에서만 보고 그렇게 본 것조차 잘못 보는 경우가 많다. 보는 것보다 보지 못하는 것이 훨씬 더 크다. 그래서 보는 것과 아는 것은 인간과 생명에 대한 왜곡이고 편견일 경우가 많다. 바라봄도 앎도 존재와 생명에 대한 폭력이다.

존재와 생명은 우리가 보고 아는 것보다 훨씬 깊고 신비하다. 그래서 우리가 보고 아는 대로만 존재와 생명을 대하면 존재와 생명에서 멀어지고 거짓된 지식과 관념의 세계에 사로잡힌다. 나를 보는 나의 시선이 나와 어긋나고, 너에 대한 나의 생각이 너와 다르다. 나의 관념과 지식으로는 참된 사귐과 관계를 가질 수 없고, 참된 삶을 살 수 없다. 내가 제대로 보지 못하고 알지 못한다는 것을 알아야 한다. 봄과 앎의 한계를 깨닫고 바로 보고 바로 알려는 겸허한 노력을 기울이는 것이 예수를 믿는 것이다. 예수는 내 지식과 관념을 깨트리고 내 눈을 멀게 해서 내가 보지 못한 것이 드러나게 하는 분이다. 그러므로 예수는 이렇게 말했다. "나는 이 세상을 심판하러 왔다. 못 보는 사람은 보게 하고, 보는 사람은 못 보게 하려는 것이다."(요한 9, 39)

생명을 고치고 살리는 예수의 바라봄

예수는 생명의 근원과 목적인 하나님의 심정으로 하나님의 사랑과 정의를 담은 눈으로 인간의 생명을 보았다. 하나님의 사랑과 정의는 생명과 인간의 주체와 전체를 살리고 높이며, 창조적 진화를 실현한다. 하나님의 맘과 눈으로 보았던 예수의 바라봄에서 가난한 민중은 잃어버린 나를 되찾고 예수와 민중은 공감과 일치에 이른다. 생의 서로 주체적 공감과 일치가 참된 구원과 해방이고 행복이다. 예수의 바라봄에는 생명과 인성을 치유하고 새롭게 하는 힘과 지혜가 들어 있다.

생명과 정신의 창조적 근원인 하나님은 나보다 내게 더 가까운 분이다. 하나님의 심정과 눈으로 가난하고 고통당하는 민중을 본다는 것은 가난하고 고통당하는 민중의 심정과 자리에서 민중 자신의 눈으로 민중을 보는 것이다. 예수는 어린이의 눈으로 어린이를 보고, 가난한 과부의 심정과 처지에서 가난한 과부를 보았다. 예수는 고통받는 죄인의 심정과 처지에서 그를 하나님의 자녀로, 하나님 나라의 주인으로 보고, 그를 섬김으로써 주체와 전체로 일으켜 세운다. 예수는 사랑으로 봄으로써 온몸과 맘으로 감정이입을 하고 공감하고 공명하여 하나 됨을 느끼고 치유와 구원으로 이끈다. 예수는 고통받는 이에게 "네 죄가 용서받았다.", "네가 하나님의 딸/아들이다!"고 선언함으로써 고통받는 사람을 죄와 운명의 사슬에서 해방하였다.

예수는 고통받는 사람의 고통 속에서 하나님의 사랑을 보고 느끼고 체험하였다. 예수는 하나님의 사랑 안에서 고통받는 이와 하나로 되었다. 예수는 고통받는 사람 속에서 자기를 보고 자기 속에서 고통받는 이를 보았다. 예수는 고통받는 이를 그저 관조하지 않았다. 이성으로 관조하는 이성적 주체는 관조 되는 대상의 존재에 참여하지 않으며 관조 되는 대상의 변화를 일으키지 못한다. 예수의 바라봄에서는 바라보는 이가 바라보는 대상의 존재에 참여하고 바라보는 주체와 대상의 일치에 이른다. 예수는 '나' 안에서 '너'를 본 이고, '너' 안에서 '나'를 본 이다.

수학적 관념적 이성의 관조에서는 창조와 변화가 일어나지 않는다. 최제우가 한울님을 모신 사람 안에서 천지의 창조와 진화가 일어난다고 보고 최해월이 사람에게서 한울님을 보고 사람을 한울님처럼 섬기라고 한 것도 사람을 관조하는 데서 머물지 않은 것을 나타낸다. 성경에서도 지극히 작은 자에게서 그리스도를 보고, 작은 자를 그리스도로 여기고 섬기라고 한 것도 이성적 관조에 머물지 않은 것을 말해 준다. 예수는 병들어 고난받는 죄인을 보고 그와 입장과 처지를 바꾸어 보고 헤아리며 사랑으로 연민을 느껴서 나와 네가 하나로 되는 감정이입과 공감에 이르렀다. 예수와 공감과 공명에 이른 고난 받는 죄인은 스스로 새롭게 변화되어서 하나님의 자녀임을 자각하고 죄와 질병에서 벗어나 새사람이 되고 치유와 구원에 이른다.

예수의 바라봄은 구경꾼, 제삼자로서 객관적으로 관조하는 것이 아니라 공감과 공명 속에서 서로 주체로서 참여하여 새롭게 변화하고 치유되어 함께 하나님 나라로 들어가는 것이다. 이것은 서로 주체로서 서로에게서 주체와 전체를 보고 전체의 사귐과 일치에 이르는 생명 철학적 바라봄이다. 참다운 인간이 되게 하는 인간교육은 이성적 관조를 넘어서 사랑으로 주체와 전체를 보고 주체(개인)와 전체(공동체)의 하나 됨을 이루고, 서로 고치고 서로 살리는 치유와 상생의 삶으로 이끄는 바라봄에 이르게 하는 것이다.

예수는 가난하고 병든 사람을 고치고 살리는 이였다. 감옥에 갇힌 세례자 요한이 제자들을 보내 예수께 "오실 그분이 당신이십니까? 그렇지 않으면, 우리가 다른 분을 기다려야 합니까?" 하고 물어보게 하였을 때 예수는 이렇게 대답했다. "가서, 너희가 듣고 본 것을 요한에게 알려라. 눈먼 사람이 보고, 저는 사람이 걷고, 나병 환자가 깨끗해지고, 귀먹은 사람이 듣고, 죽은 사람이 살아나고, 가난한 사람이 복음을 듣는다."(마태 11장 2~5절) 가난하고 병든 사람의 몸과 맘을 고치고 살리는 예수는 참된 구원자요 해방자였다. 예수를 통해 가난하고 힘없는 민중이 힘차고 풍성한 삶을 살게 된다.

4) 하나님을 보여주는 이

삶의 중심을 잡고 모름을 지킨 예수

예수는 홀로 있음과 더불어 있음의 진실을 온전히 드러냈다. 하루종일 가르치고 병 고치며 일하다가 밤에는 홀로 산으로 갔다. 새벽에도 홀로 산으로 가서 기도했다. 그러면서도 늘 가난하고 병든 사람들과 생명 잔치를 벌이는, 더불어 있는 존재다. 하늘과 땅을 지은 창조자 하나님의 아들 예수는 하늘과 땅보다 우주보다 크고 자유롭고 존귀한 존재다. 그런 예수가 세리와 창녀의 친구로 살았다. 예수는 누구인가? 전체 생명의 님인 하나님의 심정과 처지에서 살았던 예수는 너와 나의 벽과 경계를 넘어서 '너'를 '나'라고 한 이다. 나의 속의 속에서 너를 보고 너의 속의 속에서 나를 보았다. 생명과 정신의 깊은 자리, 전체 하나인 생명의 자리에서 보면 너의 고난이 나의 고난이고 나의 생각이 너의 생각이다.

'너는 나다!'고 선언한 이

예수는 자신 속에서 모든 생명의 너를 발견했고 모든 너 안에서 "나"를 보았다. 예수는 하나님 안에서 자신을 보았고 자신 안에서 하나님을 보았다. 자기 속에 하나님이 있음을 보았다. 예수는 가난하고 병든 민중에게 '참된 나'를 깨닫게 하고 참된 나가 되게 하였다. 예수는 세리와 창녀에게서 "나"를 발견하고 또 예수 자신 속에서 "너"를 보았다.

아담은 하와가 처음 창조되었을 때 "너는 내 살 중의 살이요, 뼈 중의 뼈!"라고 고백했다. 그러나 하와와 함께 선악과를 따 먹고 나서는 하와에게 죄의 책임을 돌렸다. 인류의 첫 조상 아담과 하와는 남남이 되고 말았다. 예수는 민중을 향해 "너는 내 살 중의 살이요, 뼈 중의 뼈!"라고 고백했고 그 고백을 실천했다. 예수는 버림받은 민중, 세리와 창녀에게 "너는 나다!"고 고백하고 그렇게 살았다. 삶과 마음을 나누고 말씀과 밥을 나누고 마지막에 자신의 살과 피를 나누어 주었다.

모름을 지킴

인간의 감각과 이성이 한계를 가지고 있으므로 인간의 지식도 한계를 가지고 있다. 그러므로 인간에게 모르는 영역은 언제나 있게 마련이다. 앎과 모름을 구분하는 것이 앎을 탐구하는 과학과 철학의 출발점이다. 모르는 것이 무엇인지 알아야 아는 것을 제대로 바르게 알 수 있다. 생명과 역사의 진리는 모름을 존중하는 데서 드러난다. 생명과 역사의 창조적 근원인 하나님의 말씀과 뜻은 언제나 모름의 영역에서 우리에게 드러나고 알려진다.

히브리 성경이 인간의 지식을 초월한 하나님의 말씀과 뜻을 담은 책임을 알았기 때문에 예수는 인간의 지식과 판단에 얽매이지 않고 성경을 자유롭게 해석할 수 있었다. 성경을 문자적으로 풀이하는 바리새파, 사두개파가 보면 예수는 성경을 제멋대로 해석했다. 성경에 대해 지식이 많은 바리새파는 성경의 중심을 보지 못했고 하나님과 생명의 본질을 보지 못했다.

모름의 영역을 존중하지 않는 지식과 관념은 삶을 왜곡하거나 조각낸다. 지식은 삶과 삶의 주님인 하나님을 은폐하고 실천을 가로막는 장애물이 되기 쉽다. 미국과 유럽에서 5만 명의 제자를 길렀다는 숭산 스님의 화두는 "오직 모를 뿐 오직 할 뿐"이다. 지식이나 관념에 사로잡히면 삶을 놓치고 바른 실천을 할 수 없다는 것이다. "내가 너를 알아 버렸다."고 생각하면 사랑도 우정도 있을 수 없다.

모름을 지킬 때만 사랑도 실천도 있다. 예수는 모름을 지켰다. 그러므로 그는 천사들도 모르고 아들도 모르고 하나님 아버지만 아신다고 하였다. "그 날과 그 때는 아무도 모른다. 하늘의 천사들도 모르고, 아들도 모르고, 오직 아버지만 아신다."(마가복음 13장 32절) 예수는 지식과 관념에 사로잡히지 않고 삶의 중심에서 하나님의 뜻을 붙잡았다. 하나님의 말씀과 뜻이 예수의 삶 속에, 몸과 맘속에 살과 뼛속에 새겨졌다. 하나님의 말씀이 예수의 삶 속에 몸과 마음속에 육화되었다. 말씀이 예수의 삶에서 손과 발에서 피어났다.

삶의 공명인 예수

생명의 님인 하나님과 하나로 된 예수는 하나님 안에서 삶의 공명을 일으키고 생명과 영혼이 새롭게 솟아올라 나아가게 하였다. 물질 안에서 물질을 초월한 삶(生命)은 물질의 존재적 속박과 법칙적 제약에서 벗어난 것이다. 생명은 물질의 속박과 제약에서 해방된 것이고 구원받은 것이다. 물질의 속박과 제약에서 벗어난 생명의 본질은 기쁨과 사랑이다. 기쁘면 생명이 넘쳐서 생명을 나누게 되고 생명을 나누는 것이 바로 사랑이다. 또 사랑받고 사랑하면 기쁘고 기쁘면 삶과 정신이 쑥쑥 자라고 커진다. 기쁨은 기가 뿜어져 나올 만큼 기(氣)가 가득함이요, 기를 그리워하고 바라는 것이다.

삶의 기쁨과 사랑은 물질과 육체 속에서 그리고 물질과 육체를 넘어서 삶과 삶의 공명을 일으킨다. 삶의 공명은 생명의 나를 느끼고 나 밖의 너를 느낌으로 서로 울림이다. 나 안에서 너를 느끼고 너 안에서 나를 느낌으로 생명이 서로 울리게 하는 것이다. 서로 울리면 기쁨과 사랑이 가득하고 기쁨과 사랑이 가득하면 생기가 솟는다.

생명이 막히고 닫히면 병들고 죽는다. 병은 생기가 막힌 것이고 죽음은 생기가 닫혀서 끊긴 것이다. 생기가 솟고 충만 하려면 생명이 열리고 통해야 한다. 생명이 열리고 통하려면 나의 안과 밖과 위에, 물질과 육체의 안과 밖과 위에 생명이 있음을 믿어야 한다. 믿음과 사랑으로만 생명이 열리고 서로 울릴 수 있다. 예수는 삶의 서로 울림에 충실하였고 사람들 사이에 서로 울림을 일으켰다. 하늘과 땅이 함께 울리고 사람과 사람이 함께 울리게 하였다. 삶과 우주의 서로 울림이 됨으로써 그는 영원한 생명이 되었다.

생명이 함께 울리는 까닭은 생명이 서로 주체이기 때문이다. 예수의 치병 행위는 일방적으로 신통력을 행사한 것이 아니었다. 예수의 치병 행위는 생명의 서로 울림이었다. 그러므로 예수는 병을 고치고 나서 "안심하여라, 네 믿음이 너를 낫게 하였다."(마태 9장 22절)고 말하곤 하였다. 하나님을 믿고 예수를 믿고 자신의 생명을 믿는 그 믿음이 병을 낫게 한 것이다. 예수는 끝까지 하나님의 자녀인 사람을 제 삶의 주인과 주체로 존중하고 높였다.

하나님을 보여주는 이

예수는 마구간 말구유에서 태어나 십자가에 달려 죽은 젊은이다. 이보다 비참하고 불행하고 슬프고 안타까운 사람은 없다. 선하고 옳은 말을 하고 바르고 옳은 일을 했는데 예수처럼 오해를 받고 욕을 먹고 조롱과 모독을 당하고 비난과 저주를 당한 사람도 없다. 이런 예수를 세상의 구원자, 참 인간이며 참 하나님이라고 하는 까닭이 무엇인가? 왜 하나님은 구원자 예수를 마구간에서 태어나 십자가에서 죽게 한 것일까? 어떻게 그리스도인들은 하나님이 십자가에 달린 예수를 살려냈다고 믿는 것일까?

예수 앞에서는 아무도 신세타령을 할 수 없고 아무도 절망하고 체념할 수 없다. 지금 살아서 숨을 쉬는 사람은 아무도 "내가 예수보다 더 비참하고 불행하다."고 생각할 수도 없다. 어쩌면 실패와 패배, 좌절과 불행의 나락에 떨어진 사람만이 병들어 고통받으며 죽음의 문턱에 이른 사람만이 예수를 알고 예수와 함께 참되고 영원한 삶에 이르는 것이 아닐까?

하나님 나라에 대한 예수의 복음, 믿음과 은총은 실패와 불행, 고난과 죽음의 나락에서 지옥의 바닥을 깨트리고 오는 것이다. 생명은 죽음을 통해서 새로 태어나는 것임을 예수의 삶과 죽음은 보여주었다. 생명 진화의 역사와 인류의 역사를 돌이켜 보면 죽음을 통해서만 새로운 삶에 이르렀다. 씨알 하나가 흙 속에 묻혀서 깨지고 죽어야 아름답고 빛나는 새 생명이 태어난다. 죽어서 다시 사는 생명의 신비와 이치를 예수의 삶과 죽음은 오롯이 보여주었다.

모든 것을 버리고 자기를 부정하고 희생하고 죽음으로써만 생명과 정신은 더 깊고 높고 새롭고 거룩한 삶으로 진화하고 진보할 수 있다. 깨지고 부서지고 자기를 희생하고 죽음으로써만 새롭고 아름답고 고귀하고 거룩한 존재로 거듭날 수 있다는 것은 우주 물질과 자연 생명과 인간 정신의 신비한 원리이며 철칙이다. 물질의 원자 알갱이가 깨지고 녹아야 큰 힘을 내고 아름다운 빛을 낸다. 생명도 영도 그렇다.

왜 예수를 하나님이라고 하는가? 예수를 선하다고 하는 사람을 향해 예수는 "하나님 한 분 외에는 선한 이가 없느니라."(마가복음 10장 18절)고 분명히 밝혔다. 나사렛 청년 예수는 하나님이 아니다. 예수의 머리털, 얼굴, 손과 발이 하나님이라고 할 수 없다. 그의 살과 뼈, 피, 내장이 하나님이라고 할 수 없다. 예수는 그저 젊은이로 살다가 비참하게 죽은 인간일 뿐이다. 다만 그의 생각과 말, 삶과 행동에서 사람들은 하나님을 보고 느끼고 알고 발견하고 만날 수 있었다. 그의 삶과 행동, 생각과 말에서 거짓 하나님, 우상들은 모두 깨지고 벗겨지고 참 하나님이 오롯이 드러났다. 예수에게서 참 하나님을 보고 만나고 느꼈기 때문에 사람들은 예수를 참 하나님과 연결 지어서 생각했던 것이다. 예수는 하나님이 자신의 생명과 정신의 속의 속에 살아계심을 느꼈고 깨닫고 표현하고 드러내고 보여주었다.

2. 예수의 생명 체험과 깨달음

성경은 생명과 역사의 진리를 담은 책이다. 이스라엘 민족은 자신의 삶과 역사 속에서 하나님을 만나고 체험함으로써 생명과 역사의 본질과 목적, 뜻과 사명을 온전하고 깊고 높게 깨닫고 표현하고 드러냈다. 예수는 자신의 삶과 영혼 속에서 그 시대의 정신과 상황 속에서 하나님을 깊이 만나고 체험함으로써 생명의 진리를 체험하고 깨달았다. 예수의 하나님 체험은 생명의 본질과 진리를 체험하고 깨달은 것이다.

1) 예수의 생명 체험과 분노 감정

기독교는 역사와 생명의 종교다. 기독교는 역사 속의 구체적인 삶 속에서 인간을 보았다. 따라서 기독교 성경의 저자들은 인간의 삶을 객관적 관찰과 분석의 대상으로 보지 않고, 자신의 삶을 주체로서 느끼고 체험하고 깨닫고 고백하였다. 이들이 역사의 고난 속에서 만나고 경험한 하나님은 생명의 창조적 근원과 중심이며, 억눌리고 짓밟히는 생명을 살리고 지키고 실현하기 위해서 분노하고 싸우는 신이었다. 하나님은 인간의 생명을 눈동자처럼 아끼고 보살피는 사랑과 자비의 신이면서 생명을 파괴하는 불의와 죄악에 대해서는 분노와 진노를 퍼 붙는 신이었다.

불의한 역사의 삶에서 우러난 히브리 성경(구약성경)의 분노

토인비에 따르면 히브리인들의 조상 아브라함은 수메르·메소포타미아제국이 경직되고 쇠퇴하여 창조적 생명력을 잃었을 때 생명의 기쁨과 보람, 자유와 평등을 누리는 새로운 나라를 찾아 고향을 떠났다. 삶의 터전인 땅을 잃고 국가권력의 보호를 받지 못한 처지에서 떠돌이 생활을 했던 이들은 굶주림과 학대를 당해야 했다. 이집트 제국에서 종살이하던 히브리 민족은 자신들을 학대하는 불의한 권력에 대한 깊은 분노의 감정을 품게 되었다. 이들의 원한과 부르짖음이 하늘에 사무쳐서 하나님이 모세를 시켜서 이들을 이집트에서 해방시켰다. 불의한 제국의 억압과 수탈에서 해방된 경험은 히브리 기독교 신앙의 중요한 토대가 되었다.

히브리 성경의 시편도 바빌론에서 포로 생활을 하던 시기에 많은 내용이 만들어졌다. 시편에는 기쁨과 감사, 찬양의 시들이 많이 나오면서도 바빌론 제국에 대한 강렬한 분노와 적대감을 드러내는 시들도 나온다. 원수인 바빌론 제국의 어린아이들을 바위에 쳐서 죽여 달라는 기도는 끔찍하기도 하다. 이런 끔찍한 원한과 분노의 기도가 기쁨과 감사와 찬양의 시들과 함께 나온다는 것이 기이하기까지 하다. 불의한 고난을 겪는 민중의 이중적이고 양면적인 감정이 있는 그대로 드러난다. 이러한 감정의 이중성과 양면성은 불의한 제국주의 세력의 침략과 정복으로 나라를 잃은 백성의 고통스러운 현실의 모순과 갈등을 반영한다. 이중적이고 역설적인 감정의 양면성은 불의한 역사의 고난의 깊이를 드러낸다.

예수의 자아와 분노 감정의 양면성

예수는 언제나 생명의 중심에서 생각하고 말하고 행동하였다. 그는 하나님의 뜻에 따라 민중의 심정과 처지에서 생각하고 움직였다. 고정된 자아가 없이 밖의 타자를 향해 무한히 열린 존재였기에 그는 늘 흔들리고 움직이는 심정과 영혼의 사람이었다. 그는 누구보다 감정이 풍부한 사람이었다. 그는 슬픔의 눈물을 흘리고, 탄식과 번민을 자주 하면서도 늘 기쁨과 사랑으로 가득 차 있다. 흔들림 없는 달관에 이른 동양의 도인들과는 달리 성경의 위대한 인물들은 한결같이 불안과 동요 속에서 격동하는 인간들이었다. 아브라함, 모세, 엘리야, 이사야, 예수, 베드로, 바울은 모두 불안과 동요 속에서 감정의 격동을 느끼는 이들이었다. 역사와 하나님 앞에서 생명의 바다 속에서 그들은 어린이처럼 아파하고 흔들리면서 생명의 기쁨과 사랑, 주체와 전체의 근원과 중심인 하나님의 뜻을 드러내고 실현하려고 하였다.

예수의 분노는 그의 몸과 맘 전체에서 나오는 것이었다. 성경에서 연민과 사랑은 내부장기(內部臟器) 창자, 자궁에서 나오는 것이다. 그것은 자궁과 창자가 파열할 정도로 터져 나오는 감정이다. 피와 땀을 흘리며 기도하는 예수, 고민하여 죽겠다는 예수는 흔들림 없는 달관에 이른 도통한 인간과는 거리가 멀다. 예수는 욕쟁이다. 생명을 짓밟고 죽이는 위선자들을 거리낌 없이 '독사의 자식, 여우들, 사탄의 무리들, 거짓말쟁이들, 음란한 세대, 회칠한 무덤, 위선자'라 부르고 적대자들을 향해서 악독과 거짓과 위선이 가득하다고 비판한다. 그는 거침없는 저항의 젊은이다. 그러나 흔들리고 고통스러워하는 예수, 번민하고 슬퍼하고 안타까워하는 예수는 한없이 섬세하고 부드럽고 연약하고 예민한 젊은이다.

동서양의 성현들 가운데 예수처럼 분노를 자유롭게 표현한 이는 없다. 예수의 말과 행위를 기록한 복음서들에 보면 예수가 노여워했다는 말이 자주 나온다. 더욱이 예루살렘 성전이 '강도의 소굴'이 되었다고 꾸짖으면서 예수는 환전상들과 장사꾼들의 상을 뒤엎고 강제로 그들을 내쫓았다. 예수는 욕설과 분노뿐 아니라 번민, 탄식, 슬픔의 감정을 자주 드러내고 불안과 동요(動搖)를 내보인다. 그는 죽음을 앞두고 산에서 밤새워 기도하면서 피와 땀을 흘리며 간절히 죽음을 면하게 해달라고 간구하였다. 결국 하나님 아버지의 뜻을 따르겠다고 결심하고 죽음을 향해 나아가지만, 십자가에서는 "나의 하나님 나의 하나님 어찌하여 나를 버리십니까!"하는 절규를 남기고 죽었다. 함석헌의 풀이대로 예수의 십자가 절규는 개인의 절규가 아니라 과거와 현재와 미래의 모든 고통받는 민중의 절규다. 그는 고립된 개인(ego, person)으로 살지 않았다. 그는 그 시대의 역사와 민중 전체를 몸과 맘에 품고 하나님과의 인격적 친밀함 속에서 하나님의 심정과 뜻을 자신의 심정과 뜻으로 살았다. 그는 가난하고 고통받는 민중의 삶과 하나로 살았다.

그런데 복음서들에는 전혀 다른 모습의 예수도 나타난다. "원수를 사랑하라.", "형제를 미워하면 살인을 저지른 것과 같다." "왼뺨을 때리면 오른뺨을 돌려대라." "겉옷을 달라고 하면 속옷도 주어라." "(무거운 짐을 지고) 오 리를 가라고 하면 십 리를 가라." "박해하는 자를 위하여 기도하라." "눈이 죄를 범하면 눈을 빼 버리라.", "손이 범죄 하면 손을 잘라 버려라." 이런 가르침은 매우 단호하고 확실하고 분노 감정을 초월할 뿐 아니라 도통하고 달관한 초인처럼 아무런 동요와 불안이 없다. 이런 예수의 말은 분노를 터뜨리고 불안과 동요를 드러내는 예수의 말과 전혀 어울리지 않는다. 마치 예수 안에 서로 다른 두 얼굴이 있는 것 같다. 분노 감정을 초월한 예수의 전혀 다른 모습과 가르침을 함께 보지 않으면 예수의 삶과 정신을 제대로 이해하기 어렵다.

　이런 역설적이고 야누스적인 예수의 삶과 감정은 역사와 사회의 고통스러운 삶의 자리에서 생겨난 기독교의 맥락을 떠나서는 이해하기 어렵다. 성경은 불의한 역사와 그에 대한 분노의 감정을 극복하고 정화하여 사랑과 정의의 역사와 사회를 열어가는 희망과 열정을 담은 책이다. 예수와 기독교 전통은 불의한 역사와 그 역사에 대한 분노를 하나님 신앙에 의해서 극복하고 초월하여 사랑과 정의의 역사를 열어가는 구도자적 방황과 편력, 좌절과 희망의 과정이다.

예수의 분노와 생명체험

　생명의 본성 자체가 양면적이고 이중적인 성격을 지녔다. 생명은 물질 안에서 물질을 초월한 것이다. 물질 안에서 물질에 의존하여 사는 육체적 존재라는 점에서 생명은 한없이 연약하고 불안한 존재다. 그러나 물질의 제약과 속박을 초월했다는 점에서 생명은 한없이 자유롭고 고귀하고 아름다우면서 떳떳하고 한결같은 존재다.

　예수의 분노는 생명을 살리려는 의분이었다. 그의 분노는 그의 깊은 생명 이해와 체험에서 우러난 것이었다. 그가 만난 하나님은 흘러넘치는 무한한 사랑과 자비를 지닌 친밀한 아버지 같은 이였다. 그는 친밀하고 다정하게 하나님을 '아빠'라고 불렀다. 그는 하나님을 향해서 그리고 히브리 신앙과 역사를 향해서 가난한 민중을 향해 한없이 열린 존재였다. 그의 하나님 체험과 신앙은 모든 것을 초월하고 전체를 하나로 통하게 하는 생명 체험과 일치했다. 생명은 참된 주체이고 참된 전체다. 생명의 참된 주체와 전체는 생명의 창조적 근원과 중심인 하나님 자신이다.

깊은 생명 체험을 한 예수는 생명의 아픔 속에서 깊은 고통과 감정을 느끼고 절절하게 표현했지만, 그의 생명의 깊은 내면에는 기쁨과 자유, 사랑과 평화가 있었다. 생명 자체의 이러한 이중성과 양면성에서 예수의 상반되고 모순적인 모습과 언행이 나온 것이다. 하루에도 일곱 번씩 일흔 번이라도 용서하라는 예수의 말에는 분노와 미움의 감정이 없는 것처럼 여겨진다. 원수를 사랑하고 박해하는 자를 위해 축복하고 기도하라는 예수는 적을 향해 독사의 자식이라고 비난하며 분노하는 예수와는 전혀 다른 예수로 보인다. 미워하면 이미 살인을 저지른 것과 같다고 하고 왼뺨을 때리면 오른뺨도 돌려대라 하고 겉옷을 달라면 속옷도 주라는 예수는 성전을 숙청한 예수가 아닌 것 같다.

야누스 같은 예수의 이러한 이중성은 그의 생명(역사·민중) 체험이 그만큼 역동적이고 격렬했으며 그의 삶과 생각과 행동이 민중의 삶의 현장에 충실했음을 시사한다. 하나님 안에서의 생명 체험은 기쁨과 자유, 사랑과 정의와 평화인데, 불의한 역사 속에서 고통당하는 민중의 삶은 깊은 슬픔과 분노와 번민을 주었다. 태풍이 일어난 바다처럼 생명의 바다는 흔들리고 요동치는데 태풍의 중심은 아무 움직임도 없이 고요한 것처럼, 예수가 체험한 생명의 중심에는 기쁨과 사랑, 정의와 평화만 있었다. 흘러넘치는 기쁨과 사랑의 생명과 그 생명의 중심인 하나님이 있었다. 생명 바다의 중심(하나님)은 다시 역사 속에서 고통당하는 민중의 삶 속에 있었다. 그러므로 하나님과 예수는 사랑과 자비의 님이면서 분노하고 싸우는 님이었다.

2) 예수의 배움과 깨달음

스승이 없는 예수의 배움

인류가 닦아낸 인물 가운데 가장 뚜렷하고 빛나는 인물이 예수
다. 석가도 뚜렷하고 깊은 가르침을 남겼으나 그의 가르침은 그의 존
재에 매여 있지 않다. 그런데 예수의 가르침은 그의 삶과 인격과 뗄
수 없이 결합 되어 있다. 짧은 삶 속에서 잊을 수 없게 뚜렷한 가르침
과 행동과 인격을 드러냈다. 예수는 구부러짐 없이 곧게 바르게 줄기
차게 솟아올라 앞으로 나아가는 불꽃 같은 삶을 살았다. 흔히 사람
들이 하듯 이리저리 헤매거나 오르내리지 않고 곧장 위로 솟아 앞으
로만 나아갔다. 적당히 두루뭉술하게 살지 않고 온전히 남김없이 불
사른 삶이었다.

예수는 스승이 없는 이요, 학교에서 배우지 않은 이다. 홀로 공부
하고 홀로 생각하여 깨닫고 터득한 이였다. 산과 바다와 꽃과 새로부
터 하나님의 뜻을 배웠다. 손으로 일하면서 창조자의 뜻을 익혔다.
이웃의 삶에서 하나님의 사랑의 손길을 보았다. 제 영혼 속에서 하나
님의 존재와 능력을 체험했다. 예수는 자신과 이웃과 자연의 삶에서
배웠다. 예수가 삶 그 자체에서 배운 것은 삶의 창조적 근원과 주인
인 하나님에게 배운 것이다. 하나님께 배웠으므로 그는 하나님의 심
정과 뜻을 알 수 있었다.

깊은 산골의 가난한 청년 예수가 자신의 생명과 정신 속에서 하나님의 사랑과 뜻을 깨닫고 체험한 것만으로도 우리는 생명과 인간에 대해 무한한 낙관과 긍정을 하게 한다. 우주 대자연의 생명 세계에서 몸과 맘만을 가지고 사는 사람들에게서 예수와 같은 인물이 나올 수 있다는 것은 생명과 인간에 대한 깊은 신뢰와 경외를 품게 한다. 그러나 그런 예수를 십자가에 못 박은 인간과 역사에 대하여 깊은 불신과 반성을 하게 된다. 자신을 바로 세우고, 남을 살리고 섬기며 끝내 자신을 희생제물로 바친 예수 앞에서 사람은 회개하고 새롭게 되는 길로 가게 된다. 그이는 인류와 우주 생명의 살길이며 어둠 속에서 이끄는 별이다.

손으로 하는 노동에서 배운 예수

나사렛 산골 소년 예수에게는 예루살렘의 뛰어난 학자, 랍비, 율법 교사가 없었다. 작은 회당이 있을 뿐 학교도 없고 문화시설도 없었다. 아버지마저 일찍 죽었다. 그에게는 스승이 없었다. 가진 것이라곤 몸 하나와 가난한 삶뿐이었다. 가난한 형제와 자매, 이웃과 친구들, 하늘을 나는 새와 들꽃, 농부와 어부, 누룩을 넣어 빵을 만드는 아낙네들에게서 보고 배웠다. 그가 보고 느낀 모든 것이 바로 그의 스승이었다.

손으로 하는 노동이 예수의 스승이었다. 예수는 서른 살까지 가난한 목수요 농부로서 가족의 생계를 위해 일하며 살았다. 손으로 땀 흘려 일하면서 삶의 소중함을 알았다. 그에게는 삶을 관념으로 바꾸는 지식인의 교만과 허구가 없었고, 남에게 힘든 일을 시키고 편히 놀고먹는 귀족의 게으름과 위선이 없었다. 이 세상에 생명보다 아름다운 게 없고 진실보다 고귀한 게 없다. 예수의 아름다움과 고귀함은 그의 진실한 삶에서 노동을 통해 닦여졌다.

예수의 삶과 죽음에서 배우고 예수를 따라 살았던 전태일은 작은 예수로 일컬어지는데 예수의 삶과 정신에 매우 가까이 다가선 인물이다. 초등학교 교육도 제대로 받지 못하고 22세에 세상을 떠난 전태일이 자신과 남에 대한 이해와 사랑, 삶과 죽음의 도리를 알고 그렇게 실천할 수 있었던 것은 제 손으로 일하면서 삶의 도리를 깨달았기 때문이다. 예수처럼 그는 손과 발이 닳도록 가여운 이웃을 돌보고 자신을 불살라 삶의 길을 열었다.

예수의 깨달음

예수는 생명의 소중함과 아름다움을 깊이 깨닫고 체험한 이였다. 생명 속에서 하나님이 살아계심을 깨닫고 체험하였고 생명에 대한 하나님의 사랑과 뜻을 깨달아 알게 되었다. 예수의 깨달음과 믿음은 머릿속의 생각에 머물지 않았고, 입의 말에 머물지 않았고, 가슴의 감정과 느낌에 머물지 않았고, 배의 창자와 욕구에 머물지 않았고 이 모든 것을 꿰뚫고 넘어서 손과 발에 이르렀다.

그의 깨달음과 믿음은 손으로 표현되고 나타났으며, 발로 실천되고 확인되었다. 그의 손에서 깨달음이 나왔고 믿음이 피어났다. 그의 발길이 닿는 곳에 그의 깨달음과 믿음이 살아나고 피어났다. 그가 병든 이를 만졌을 때 그와 병든 이 사이에 깨달음과 믿음이 생겼고 생명이 가득했다. 그가 죄인의 손을 잡았을 때, 제자들의 발을 씻었을 때, 그들은 믿고 깨닫게 되었다. 그의 믿음과 깨달음은 그의 살과 피와 뼈에 있었다. 그러므로 그의 믿음과 깨달음은 그의 살과 피와 뼈를 넘어 오늘 우리의 믿음과 깨달음이 되었다. 그의 몸에 사무친 믿음과 깨달음으로 그는 우리의 몸과 맘속에 살아 있다.

생명이 짓밟히고 파괴될 때, 생명이 고통받고 죽어가는 곳에서, 예수는 생명의 소중함과 아름다움을 깊이 느끼고 상처받고 죽어가는 생명을 치유하고 살렸으며 꺼져가고 소멸하는 생명의 불씨를 살리고 키우고 높였다. 죄악과 폭력, 죽음과 절망이 지배하는 곳에서 예수는 믿음과 희망, 기쁨과 사랑, 정의와 평화의 생명공동체를 시작하였다.

3. 예수와 그 제자들의 생명공동체 운동

1) 예수와 생명공동체 운동

예수는 1년 또는 3년의 짧은 기간 공생애 활동을 한 다음 36세쯤 십자가에서 죽음을 맞았다. 그는 전태일과 비슷한 민중 운동가였다. 전태일도 예수처럼 "너는 또 다른 나"라는 깨달음에 이르렀다. 너와 나의 경계를 넘는 전체의 나에 이른 것이다. 예수가 전태일과 다른 것은 예수는 아브라함에서 시작되는 이스라엘의 신앙사, 민중사를 구현하고 완성했다는 데 있다. 예수는 개인이라기보다 이스라엘 역사와 신앙, 고통과 희망을 구현한, 역사적이고 공동체적인 인격이었다. 예수는 아브라함, 모세, 예언자 이사야, 예레미야, 의로운 사람 욥의 믿음과 꿈을 구현한 존재다. 이스라엘이라는 민족과 역사의 생명나무에서 핀 꽃이고 열매다. 예수는 이스라엘 역사의 강물이 흘러서 도달한 생명과 정신의 바다다.

예수에게는 인간혁명과 사회혁명이 결합 되어 있다. 인간의 삶과 정신을 혁신하는 회개와 낡고 불의한 세상 나라들을 깨트리는 하나님 나라가 맞물려 있다. 개인의 영성과 사회역사의 공동체가 결합 되어 있다. 인간의 회개와 하나님 나라를 선언한 예수는 생명과 역사의 본성과 목적, 사명과 뜻을 실현하고 완성하였다.

그는 몸·맘·얼의 생명을 온전하고 풍성하게 하고 절망과 죽음의 어둠에 싸인 역사와 사회를 믿음과 사랑과 희망으로 가득 채우는 생명 회복 운동을 벌였다. 예수가 밥상공동체를 강조하고 병을 고친 것은 인간의 몸을 존중하고 보살피고 살린 것이다. 죄의 용서를 선포하고, 조건 없이 죄인을 받아들인 것은 사람의 맘을 평안케 한 것이다. 남을 죄인으로 규정하고 비난하거나 남에게 죄인으로 규정당하고 비난받으면 맘이 편치 않다. 예수는 하나님을 아빠라 하고 하나님께 기도하며 하나님과 깊은 사귐 속에서 살았다. 그는 하나님 안에 내가 있고 내 안에 하나님이 있다고 하고, 내가 길과 진리와 생명이라고 하였다. 예수는 자신이 생명과 역사의 참된 주체이며 전체인 '얼 나', 참되고 영원한 '나'임을 말했다.

예수는 자연과 인간 본성 또는 하나님과 인간 본성이 어떻게 일치하고 다른지를 논하지는 않았다. 인간의 내면에 대한 이론적 성찰을 하지도 않았다. 그러나 예수는 인간이 영적 존재임을 깨우쳤다. 그는 진리와 영으로 예배하라고 하면서 사람이 안식일의 주인이고 하나님의 자녀라고 말했다. 예수는 인간의 이성적 자각을 넘어서 영적 자각을 추구했다. 예수가 "모세는 그렇게 말했으나 나는 이렇게 말한다."고 한 것은 그가 하나님과 자신이 하나임을 알고, 삶과 역사의 주인인 '참 나'를 선언한 것이다.

예수는 인간의 숨, 생각, 본성에 대해서 그리고 그것의 단련과 완성에 대해서 말하지 않았다. 참선이나 명상법을 개발하지도 않았다. 그러나 예수는 산에 올라가서 밤새워 기도했고, 이른 아침에 홀로 기도했으며 오래 금식했고 빈 들에서 악마의 유혹에 맞서 싸웠다. 유혹에 빠져 죄를 짓게 하는 눈을 빼버리고 범죄를 저지르는 손을 잘라버리라고 하였다. 그렇지만 예수는 금욕주의에 빠지지 않았다. 오히려 죄인의 친구이고 먹고 마시기를 즐기는 자라는 비난을 받았다.

예수는 오직 민중에게 하나님 나라를 선포하고 실현하는 일에 헌신했다. 예수는 제도로서의 종교, 교회를 설립하지 않았다. 예수가 내세운 죄의 용서, 하나님 자녀로서의 자각, 하나님 나라는 기독교 신앙의 핵심이지만, 예수는 기독교라는 종교 제도를 만들지 않았다. 예수는 다만 생명의 복음과 나라를 선언하고 생명의 진리와 길을 보여주고 그 길로 가고 그 진리를 실현하였다.

2) 예수와 예수 운동의 사회 역사적 성격과 의미

예수와 예수의 하나님 나라 운동은 역사적으로 그리고 정신적으로 어떤 성격과 의미를 지니고 있는가? 예수의 삶과 운동이 지닌 성격과 특징을 살펴보자.

(1) 제3의 길을 걷는 예수와 예수 운동

예수는 큰 조직과 세력을 만들지 않았다. 불의하고 억압적인 지배 체제에 맞서 폭력으로 싸우는 세력이 예수 운동의 세력보다 크고 강했다. 복음서들에서 바라바는 강도라고 불리지만 바라바는 폭력적인 민중운동의 지도자 가운데 한 사람으로 보인다. 예수를 재판했던 로마 총독 빌라도의 법정에서 민중의 요청으로 바라바를 석방시키고 예수를 십자가에 달리게 했다는 것은 바라바를 지지하는 세력이 더 많았다는 것을 시사한다.

예수는 대중에게 깊은 영향을 미쳤다. 그러나 예수는 대중을 조직화, 세력화하지 않았다. 1~3년 짧은 기간 하나님 나라 운동을 벌였던 예수에게는 그럴 시간도 없었다. 예수는 그만큼 순수하고 치열하게 살았다. 예수가 예루살렘에 들어올 때 환영하며 추종하던 무리는 예수가 잡히자 오합지졸들처럼 다 흩어지고 도망갔다. 예수의 제자들마저 예수를 버리고 달아났다.

당시 바리새파, 사두개파, 제사장파들이 주류였고, 반로마 투쟁을 벌이는 민족주의 세력이 또 다른 주류였으며 엣세네파는 금욕적이고 영적인 은둔형 공동체였다. 이들과는 달리 예수는 새로운 길을 걷는 새로운 인물이었다. 그는 민중 속에 들어가 민중을 고쳐 주고 그들과 함께 먹고 마시며 그들의 죄가 씻어졌음을 선언하였다. 예수는 그들을 하나님의 자녀로 일으켜 세우며 그들과 함께 믿음과 사랑으로 새로운 나라 운동을 벌였다.

예수의 하나님 나라 운동은 겨자씨처럼 작은 모임을 이루었고 싹트는 작은 씨울처럼 미미한 존재였다. 하늘나라 운동은 눈에 뵈지 않는 작은 운동이었다. 예수는 겨자씨의 비유, 자라는 나무의 비유, 씨 뿌리는 비유에서 하나님 나라 운동의 이런 상황을 해명하고 있다. 지금은 아주 작고 미미한 운동이지만 나중에는 크게 된다. 겨자씨가 아주 작지만 자라면 새들이 깃들 만큼 큰 나무가 되는 것처럼! 씨를 뿌릴 때 아무것도 없는 것 같지만 결국에는 30배 60배 100배의 결실을 거둔다.

[2] 서구 문명을 형성한 예수의 제자들

복음서를 보면 예수와 민중은 잘 교감하고 소통하는데 제자들은 늘 예수를 오해하거나 잘못을 저지른다. 예수에 대한 제자들의 몰이해가 복음서의 중요한 주제다. 제자들은 자질이 부족한 것 같다. 이들은 가난하고 무식한 젊은이들일 뿐이다. 예수의 직제자들 가운데 성경의 글(복음서들과 서신들)을 쓴 사람은 아무도 없다. 제자들의 제자들이 그들의 이름을 빌려서 복음서들을 비롯하여 여러 가지 글을 썼다.

예수와 민중은 잘 교류하는 것 같으면서 다르다. 민중은 예수에게 열광하다가 예수를 배신한다. 예수는 민중을 사랑했으나 민중의 여론에 자신을 맡기지는 않았다. 제자들은 생각이 부족하고 자질이 부족했으나 서구 문명사에서 결정적인 구실을 했다. 이들이 새 문명을 창조하는 주역이었다. 서구인들의 이름은 대부분 예수의 제자들 이름을 따르고 있다. 베드로는 피터, 안드레는 앤드류, 안드레아, 요한은 존, 마태는 매튜, 야고보는 제임스, 도마는 톰, 토마스. 이처럼 서구인들이 예수의 제자들의 이름을 가지고 자기 이름을 지은 것은 서구인들이 예수와 그 제자들이 일으킨 운동과 정신을 받아들인 것을 의미한다.

가난하고 무식하고 젊은 제자들이 어떻게 서구 문명 창조의 주역이 되었는가? 순수한 열정을 가지고 목숨을 걸고 진실을 추구했기 때문이다. 예수의 제자들은 믿음과 사랑만으로 살았다. 복음서에서 보면 제자들 가운데 아무도 자기 명예나 자기 세력을 구축하려고 한 이들은 없다. 복음서에 '제자들의 몰이해'라는 주제가 남아 있는 것은 제자들이 자신들의 권력이나 명예보다 예수의 삶과 가르침을 중시했다는 것을 말해준다. 예수의 십자가 죽음 이후에 예수 운동의 중심에 있었던 제자들이 하려고만 했으면 예수 복음의 전승 과정에서 자기들의 수치가 될 만한 것들을 삭제할 수 있었을 것이다. 그러나 이들은 그렇게 하지 않았다. 예수의 제자들은 자기들의 치부를 다 드러내고 예수의 이름, 복음, 능력만을 드러나게 했다.

세상에서는 죽고 없는 예수의 이름만을 내세움으로써 제자들 자신은 한 알의 씨울처럼 이름 없이 땅속에 묻히고 버려짐으로써 예수가 전한 하늘나라의 복음이 힘 있게 전파되도록 했다. 예수가 살아 있을 때는 제자들끼리 경쟁도 하고 욕심도 부렸지만, 예수가 죽은 다음에는 이름 욕심이나 권리 주장을 다 버렸다. 그리고 하나님 나라가 힘 있게 확장되게 하였다. 모든 잘못과 수치, 무능과 못남을 자신들에게 돌리고 오직 예수만 드러나고 빛나게 했다. 신약성경의 특징은 제자들이나 사도들이 자신들은 마치 아무것도 아닌 것처럼 처신한다는 것이다. 제자들 가운데 자기가 조명을 받고 잘난 척하려는 인물들이 아무도 없었다. 참으로 씨올답게 살았다. 그래서 예수의 제자들은 새 문명, 새 역사의 씨올이 될 수 있었고 그들의 이름이 세상에 빛나게 됐다.

예수의 하나님 나라 운동과 생명의 복음

4. 예수의 하나님 나라 운동과 생명의 복음

예수와 세례자 요한의 차이

　예수는 요단강에서 세례자 요한의 세례를 받고 하나님 나라 운동을 시작하였다. 예수에게 스승이 없다고 했지만, 예수 시대에 예수에게 가장 큰 영향을 주고 예수가 공감하고 동조하여 따랐던 유일한 인물은 세례자 요한이었다. 세례자 요한은 짐승 가죽옷을 입고 빈들에서 먹고 자는 들 사람이었다. 그는 도덕적으로 종교적으로 매우 근엄하고 고결한 사람이었다. 그가 보기에 유대 종교와 사회는 부패하고 타락했으며 하나님의 심판을 받고 멸망할 수밖에 없었다. 그는 하나님의 말씀과 뜻을 전하는 예언자였다.

　구약성경의 예언서들과 묵시록에서 예언한 대로 하나님의 마지막 심판이 가까이 왔다고 요한은 선언하였다. 하나님의 마지막 심판이 임박했음을 강조하여 요한은 하나님의 심판하는 "도끼가 나무뿌리에 놓였다."고 말하였다. 하나님의 심판을 면하려면 회개의 징표로 세례를 받아야 한다고 했다. 그래서 유대 나라의 경건하고 양심적인 인물들, 지식인들, 시민들, 군인들이 나와서 회개하며 세례를 받았다. 예수가 요한의 세례를 받았다는 것은 예수가 요한이 선포한 하나님의 심판과 회개 운동에 공감하고 동조했음을 의미한다.

그러면 예수와 요한의 공통점과 차이는 무엇인가? 먼저 공통점을 말해보자. 요한에 따르면 하나님이 세상을 심판하는 마지막 때가 닥쳐왔다. 로마의 식민통치와 성전종교가 지배하는 유대사회가 이대로 존속할 수 없다. 불의한 억압과 수탈 속에서 수많은 사람들이 가난과 굶주림과 질병으로 고통당하며 신음하는 세상을 하나님은 더 이상 용납하지 않는다. 천 년 이상 강대국들의 침략과 억압 속에서 그리고 불의한 왕권의 억압과 수탈 속에서 이스라엘 민족과 예언자들은 하나님의 심판과 하나님 나라의 새로운 시작을 간절히 기원하며 기다렸다. 이제 세상의 끝이 닥쳐왔고 새로운 세상이 와야 한다는 종말의식을 요한과 예수는 공유했다.

그래서 복음서는 이렇게 서술하였다. "요한이 잡힌 뒤에, 예수께서 갈릴리에 오셔서, 하나님의 복음을 선포하셨다. '때가 찼다. 하나님의 나라가 가까이 왔다. 회개하여라. 복음을 믿어라.'"(마가 1, 14~5) 예수의 하나님 나라 운동을 요약한 이 구절에서 예수와 요한이 얼마나 긴밀하게 연결되어 있는지 알 수 있다. 그리고 이 짧은 글 속에 예수의 종말의식이 잘 나타나 있다. "때가 찼고 하나님의 나라가 가까이 왔다.”는 말은 예수와 요한의 공통적인 종말의식을 잘 나타낸다. 또한 회개하라는 말에서 회개를 강조한 요한과 예수의 일치를 확인할 수 있다.

예수와 요한 사이에 뚜렷한 공통점과 일치를 확인할 수 있지만 둘 사이의 차이도 뚜렷이 드러난다. 복음서들에서 드러나는 그 차이를 몇 가지 들어보자. **첫째** 요한이 자신과 예수의 차이를 분명히 밝혔다. 자신은 물로 세례를 주지만 자기 뒤에 오시는 이는 ‘불과 성령’으로 세례를 줄 것이다. 그이가 와서 직접 하나님의 심판을 수행할 것이며, 자신은 오시는 이를 위해 길을 닦는 자에 지나지 않는다. 요한은 하나님의 심판과 새로운 나라의 시작을 위해 길을 닦는 사람에 지나지 않는다. 요한 뒤에 오는 이가 하나님의 심판과 새로운 나라를 시작할 것이다.

요한과 요한의 제자들은 하나님 나라에 들어가지 못하고 하나님 나라의 입구에 머물렀다면 예수와 예수를 따르는 사람들은 하나님 나라를 열고 그 나라의 주인으로 하나님 나라를 살았다. 요한이 베푼 물의 세례는 도덕과 지식의 차원에서 죄를 씻어주는 것을 상징한다. 그러나 예수가 베푸는 불과 성령의 세례는 인간의 정화와 신생을 나타낸다. 불과 성령은 생명의 깊은 내면과 자발적 주체의 영적 힘을 나타내고 불과 성령의 세례는 생명과 영의 자발적이고 주체적인 혁신과 변화를 뜻한다.

둘째 요한은 준엄하고 정의로운 하나님의 심판을 강조했지만, 예수는 하나님의 정의로운 심판보다 하나님의 사랑과 자비를 내세웠다. 잃어버린 자를 찾고 죄인들을 용서하고 받아주는 자애로운 아버지 같은 하나님을 드러냈다. 예수의 하나님은 심판하는 하나님이라기보다는 자녀들을 먹이고 살리는 자애로운 아버지 같은 하나님, 조건도 없고 계산도 하지 않는 초월적인 사랑(아가페)의 하나님이었다.

셋째 요한은 주로 율법 학자들, 지식인들, 군인들과 같은 사회의 주류 인간들을 상대했고 그들에게 회개의 세례를 베풀었다. 그러나 예수는 가난하고 병든 민중 속으로 들어갔고 몸과 맘의 병들을 치유했으며, 가난한 죄인들과 함께 밥과 포도주를 먹으며 밥상공동체를 이루고 생명의 잔치를 열었다.

헤롯왕을 비판했다가 감옥에 간힌 요한이 죽음을 앞두고 제자들을 보내서 예수에게 물었다. "당신이 오실 그이입니까, 아니면 우리가 다른 분을 기다려야 합니까?" 이 물음에 대하여 예수는 "너희가 보고 들은 것을 요한에게 알려라."고 하면서 "눈먼 사람이 다시 보고, 다리 저는 사람이 걷고, 나병환자가 깨끗해지고, 귀먹은 사람이 듣고, 죽은 사람이 살아나고, 가난한 사람이 복음을 듣는다." (누가 7, 22) 예수의 하나님 나라는 겉보기에 요란하고 대단한 것이 아니다. 나라를 뒤집고 우주 자연을 바꿔놓는 그런 것이 아니다. 가난한 사람에게 복음이 전해지고 병들고 장애를 가진 사람들이 치유되고 죽은 사람이 살아나며, 온전하고 풍성한 생명의 자유를 누리게 하는 것이 하나님 나라의 일이다. 생명을 살리고 높이는 일이 가장 중요하고 큰 일이다.

예수는 세례자 요한을 높이 평가했다. 요한은 "예언자보다 더 위대한 인물이다."(누가 7, 26) "여자가 낳은 사람 가운데서, 세례자 요한보다 더 큰 인물이 없다." (누가 7, 28) 그러나 예수는 바로 이어서 세례자 요한의 세례운동과 자신의 하나님 나라 운동의 차이를 말한다. "그러나 하나님 나라에서는 가장 작은 자라도 요한보다 더 크다."(누가 7, 28) 세례자 요한은 율법과 예언자로 대표되는 구약성경, 이스라엘 신앙 전통에서 가장 위대한 최고의 인물이다. 그러나 예수와 함께 새로 시작되는 하나님 나라 운동은 질적으로 새롭고 더 깊고 높은 운동이다. 율법과 예언자들과 세례자 요한은 하나님 나라를 예언했으나 예수는 하나님 나라를 열고 펼치고 이루었다. 따라서 예수와 함께 하나님 나라에 참여하여 하나님 나라를 직접 체험하고 누리는 사람들은 과거의 구약성경에서 말하는 정신과 진리를 넘어서 참된 생명의 진리와 실상에 이른 사람들이다. 예수의 하나님 나라 운동을 통하여 하나님이 창조한 생명과 영의 세계가 온전히 실현되고 완성된다. 가난하고 병든 사람들, 죄인들로 낙인찍힌 사람들이 하나님의 아들/딸로서 그들의 생명과 영을 온전히 드러내고 실현하고 펼치고 누린다.

예수의 하나님 나라 운동과 생명의 복음

과거도 미래도 예수의 하나님 나라에서 실현되고 완성된다. 예수의 복음과 운동에서 참되고 영원한 생명, 참되고 새로운 미래가 열린다. 요한과 예수가 생각한 종말은 낡은 세계의 종말이고 새로운 세계의 시작이다. 예수가 체험하고 시작한 하나님의 나라는 생명과 영의 껍질을 뚫고 알맹이 진실만 드러나고 실현하는 나라다. 예수가 산상설교에서 가난한 사람은 행복하다고 선언하고 "구하고 찾고 두드리면 얻을 것"이라고 한 것은 삶에 대한 긍정과 신뢰, 낙관을 보여준다.

또한 주기도문에서 일용할 양식을 구하고 죄의 용서를 바라고 시험에 들지 않고 악에서 구해달라고 기도한 것은 지금 여기의 소박한 일상생활에 충실하고 집중한 것을 의미한다. 예수가 가르친 주기도문에는 종교·도덕의 훈계나 교리·신화의 군더더기가 흔적도 없고 보통 사람의 일상생활에서 꼭 필요한 것만 오롯이 나온다.

예수의 하나님 나라 운동에 비추어보면 교리와 신화, 교회제도와 체제, 예수의 재림과 세상(우주)의 종말에 관한 가르침은 모두 기독교 신앙의 본질에서 벗어난 주변적인 껍질에 지나지 않는다. 예수가 세상에서 보여준 하나님 나라와 생명의 복음은 인간의 생명과 일상생활에 직결된 것이다. 그러나 예수가 드러낸 하나님 나라와 생명의 복음이 내포한 생명과 영의 세계는 이를 데 없이 깊고 높고 크다. 그것은 너무 깊고 높고 커서 인간의 삶과 정신, 역사와 사회, 세상과 우주가 담을 수 없을 정도다. 예수의 하나님 나라와 생명의 복음은 하나님과 직결된 초월적 깊이와 높이와 크기를 지닌 것이다. 그것은 생명과 영의 속의 속 알맹이를 드러내는 것이며 거룩한 초월과 무한을 품은 것이다.

그러므로 예수의 하나님 나라 복음은 평범한 인간의 삶, 인간의 몸, 맘, 얼의 현재 상태, 인간들의 관계, 사회와 역사의 현실, 국가와 세계 문명, 우주대자연의 질서와 법도와는 큰 거리와 간격이 있다. 오늘 우리의 삶과 현실, 역사사회의 현실이 예수의 하나님 나라와 큰 거리와 간격을 가지고 있으므로, 교리와 신화, 교회제도와 체제, 예수의 재림과 세상·우주의 종말과 같은 비본질적이고 주변적인 껍질들이 생겨났다.

예수가 보여준 하나님 나라와 생명의 복음은 2천 년 전뿐 아니라 2천 년 후까지 빛나는 해처럼, 밤하늘을 비추는 북극성과 북두칠성처럼 인류 사회를 비추어 줄 것이다. 그러나 예수의 하나님 나라와 생명의 복음이 2천 년을 넘어 오늘 우리의 삶에 그리고 2천 년을 넘어 인류 사회에 해가 되고 별이 되려면 예수의 하나님 나라와 생명의 복음을 가리고 왜곡하는 껍질들을 아낌없이 벗겨내야 할 것이다.

5. 로마의 평화와 예수의 평화

> 헤롯이 박사들에게 속은 것을 알았을 때 몹시 노하여 사람을 보내어 베들레헴과 그 온 부근에 있는 두 살 이하의 사내아이들을 모두 죽였습니다. 그것은 그가 박사들을 불러 알아본 때를 표준한 것입니다. (마태복음 2장 16절)
> "오늘 다윗의 동네에서 너희 구주가 나셨으니 그가 곧 그리스도 주님이시다. 너희는 강보에 싸여 구유에 누인 아기를 보게 될 것인데 이것이 너희에게 보여주는 표징이다." 그러자 갑자기 많은 천군이 나타나 그 천사와 함께 하나님을 찬양하여 노래했습니다. "지극히 높은 곳에서는 하나님께 영광이요, 땅에서는 주께서 기뻐하시는 사람들에게 평화로다." (누가복음 2장 11-14절)

예수의 탄생을 알려면 천여 년 동안 자유롭고 평등한 나라를 애타게 기다리며 몸부림쳐 온 이스라엘 민중의 역사를 알아야 한다. 천여 년을 두고 새로운 나라를 기다려 온 이스라엘 민중의 사무친 갈망이 마리아가 부른 노래에 담겨 있다. 메시야를 낳을 것이라는 말을 듣고 나서 마리아는 이렇게 노래를 불렀다.

> ……주님은 전능하신 팔을 펼치시어 마음이 교만한 자들을 흩으셨습니다. 권세 있는 자들을 그 자리에서 내치시고 보잘것없는 이들을 높이셨으며 배고픈 사람은 좋은 것으로 배불리시고 부유한 사람은 빈손으로 돌려보내셨습니다……

죽기 전에 메시야를 보려고 기다리고 기다렸던 시므온이라는 노인은 마침내 아기 예수를 보고 이렇게 노래했다.

> ……이제……이 종은 평안히 눈을 감게 되었습니다. 주님의 구원을 제 눈으로 보았습니다……

이렇게 천여 년 동안 이스라엘의 민중이 사무치게 기다려 온 메시아의 탄생은 그 자체가 충격을 주는 사건이었다. 우선 동방 박사들이 별을 보고 찾아왔다. 별은 왕국의 운명을 나타낸다. 새로운 별은 새로운 왕의 출현을 나타낸다. 멀리 동방에서 박사들이 별을 보고 찾아왔다는 것은 인류 전체의 운명, 그리고 세계 역사의 운명을 바꿀 인물이 출현했음을 상징적으로 말해 준다.

동방 박사들이 "새로운 왕이 출현했다."고 말하자, 헤롯 왕은 당황하고 예루살렘이 온통 술렁거렸다. 새로운 왕의 출현은 부자·권력자에게는 두려운 일이었다. 그들은 새로운 왕을 받아들일 수 없었다. 새로운 나라가 온다는 것은 그들에게는 심판이었다. 부자들이 자기 재산을 움켜쥐고, 권력자들이 권력을 움켜쥐고 있는 이상 그들은 새로운 나라와 왕인 예수와 원수가 될 수밖에 없었다.

그래서 헤롯 왕은 아기 예수가 태어난 베들레헴과 그 일대에 사는 두 살 이하의 사내아이를 모조리 죽여버렸다. 자신의 왕권을 지키기 위해 아기들을 모조리 죽인 것은 새로운 나라의 씨를 말려 버리기 위해서 그렇게 한 것이다. 이것은 1980년도에 이 땅에서 일어난 광주 학살 사건과 아주 비슷한 사건이었다. 민주화의 봄을 막기 위하여 낡은 군부 독재 세력이 광주의 민주시민들을 학살했던 것처럼 헤롯 왕은 새로운 시대를 미리 방지하기 위해 새로운 나라의 싹을 짓밟았다. 그러나 헤롯 왕이 아무리 비참하게 짓밟았어도 새로운 나라의 씨앗인 아기 예수는 죽이지 못했다. 마치 광주에서 아무리 민중을 학살하고 짓밟았어도 민주화와 민중의 나라를 향한 열망이 가시지 않듯이 아기 예수는 헤롯 왕의 학살을 벗어났다.

예수의 탄생에 대해 불안해하며 적대적인 태도를 취한 사람들이 있는 반면에 기쁨으로 예수의 탄생을 환영한 사람들이 있었다. 「누가복음」에서 예수의 탄생을 맨 먼저 알고 기뻐한 사람들은 들에서 밤을 새워 가며 양 떼를 지키던 목자들이었다. 그 당시 목자들은 가장 천대받는 사람들이었다. 그들은 밤을 새워 가며 양 떼를 지켜야 했으므로 춥고 배고프고 이 갈리는 사람들이었다. 주인 몰래 양털을 깎아다 팔아먹거나 양들을 잡아먹는다고 부정직한 사람들로 낙인찍힌 그들은 법정에 증인으로 나올 자격도 인정받지 못했다. 밤을 새우며 추위에 떠는 목자들에게, 사회의 밑바닥에 있는 사람들에게 아기 예수의 탄생에 관한 기쁜 소식이 가장 먼저 전해졌다. 특권층은 예수가 태어나자 두려워 떨고 아기 예수를 죽이려고 안달하는데, 민중은 예수의 탄생을 참으로 기뻐했다. 밑바닥 생활을 하는 목자들에게 예수의 탄생을 알리면서 천사들은 이렇게 노래를 불렀다.

하늘 높은 곳에는 하나님께 영광, 땅에서는 그가 사랑하시는 사람들에게 평화!

하나님에게 영광을 돌릴 때, 땅에서는 평화가 이루어진다. 인간이 자신에게 영광을 돌릴 때, 땅에서는 전쟁이 일어난다. 부와 권력을 인간들이 움켜쥘 때, 세상에는 평화가 사라진다. 천사들이 부른 이 노래를 당시의 세계 상황과 관련시켜 보면, 그 뜻이 분명해진다. 「누가복음」은 로마 황제 아우구스토가 온 천하에 호구 조사령을 내린 시기와 예수의 탄생 시기를 일치시킨다. 아우구스토 황제는 로마 제국을 통일시켜서 로마의 평화를 이룩했다. 아우구스토 황제는 오랫동안 계속되었던 전쟁을 종결시키고 칼로 평화를 이룩함으로써 세계의 구세주로 등장했다. 로마의 평화가 이룩된 지 30년 후에 아기 예수는 탄생했다.

예수가 태어났을 때는 이미 아우구스토 황제에 의해 지중해 세계가 평정되어 전쟁이 그치고 평화가 이루어져 있었다. 이 로마의 평화는 창과 칼에 의한 평화요, 수많은 사람들의 목숨을 끊고 얻은 평화며, 압제와 수탈을 강요하는 평화였다. 아기 예수의 탄생은 이런 거짓된 평화를 깨고 진정한 평화, 하나님의 사랑과 정의로 가득 찬 평화에 이르는 길을 열었다. 이처럼 예수의 탄생은 인류 역사의 고통과 결부되어 있다. 그의 탄생은 불의한 통치자에 대한 항거를 뜻하며, 억압과 불의에 대한 항거를 뜻한다. 그래서 그의 탄생은 화려하고 요란한 게 아니라 초라하고 조용하며 박해를 받는다.

로마의 평화는 군대의 힘으로 이룩한 것이고 군대의 힘으로 유지되는 평화였지 진정한 평화는 아니었다. 로마의 평화 속에서 민중은 억눌리고 수탈당했다. 그것은 황제와 귀족들, 부자와 군인들의 평화였지 민중의 평화는 결코 아니었다. 위장된 로마의 평화 속에서 민중은 신음하고 몸부림쳤다.

이러한 로마의 평화에 대해서 천사들은 예수의 탄생이 하나님에게 영광을 가져오고 땅의 민중에게 평화를 가져오는 사건이라고 노래했다. 예수의 탄생은 아우구스토 황제·헤롯 왕·빌라도 총독에게 영광을 돌리지 않고 하나님에게 영광을 돌리며, 권력자·부자·군대의 평화가 아니라 가난한 민중의 평화를 선언한다. 아기 예수의 평화가 천대받으며 괴롭고 힘든 일을 하는 목자들에게 기쁨을 주는 평화였듯이, 오늘 예수의 평화는 노동자와 농민들에게 기쁨이 되는 평화다. 가난하고 외롭고 쓸쓸한 사람들에게, 길거리에서 노점을 하는 사람들에게, 가난한 달동네 주민들에게 기쁨과 해방을 안겨 주는 평화가 아기 애수의 평화다. 이 평화는 칼로 민중의 염원과 갈망을 억눌렀던 로마의 평화가 아니라, 민중의 염원과 갈망이 실현되는 평화다. 이 평화는 칼을 쥔 인간에게 영광을 돌리는 평화가 아니라, 민중을 새로운 나라의 주인으로 부르는 하나님께 영광을 돌리는 평화다.

예수의 탄생은 가난하고 권력 없는 사람들에게만 기쁨과 해방이 되는 것이 아니다. 아기 예수의 탄생은 부자들과 권력자들에게도 기쁨과 해방이 될 수 있다. 부자들과 권력자들이 그들의 부와 권력을 움켜쥐고 있는 동안은 아기 예수와 원수가 되지만, 부와 권력을 놓고 아기 애수를 받아들여서 가난한 민중과 화해를 하면, 하나님의 자녀로서 진정한 해방에 이룰 수 있는 것이다. 아기 예수의 탄생은 부자와 가난한 자 사이에, 권력자와 억압받는 자 사이에 가로막힌 벽을 무너뜨리는 화해의 사건이다. 가난하고 억눌린 자들에게는 위로와 힘을 주고 부유한 권력자들에게는 회개를 요구함으로써 화해의 공동체를 실현한다.

하나님 나라의 왕인 아기 예수가 탄생함으로써 권력자들과 부자들이 억압하고 수탈하는 역사적인 근거가 사라졌고, 가난한 민중이 새 시대를 열고 새 나라를 실현할 힘과 근거가 주어졌다. 아기 예수가 탄생했다는 소식은 권력과 부를 움켜쥔 권력자들과 부자들에게 움켜쥔 손을 펴서 권력과 부에서 해방을 얻으라는 명령이다. 이 명령을 받아들인 사람들은 가난한 민중과 함께 하나님 나라에 참여할 것이지만, 이 명령을 거부한 사람들은 아기 예수와 하나님을 대적하다가 역사와 함께 멸망 당하고 말 것이다.

아기 예수는 여관에 자리가 없어서 마구간의 말 구유 안에 누워 있어야 했다. 아기 예수는 이 세상에서 가장 비천한 자리에 태어났다. 오늘 예수가 다시 온다면 어디로 올 것인가? 화려하고 거대한 교회당으로 올 것인가? 권력자들과 부자들의 크리스마스 파티장으로 올 것인가? 아니, 예수는 이 사회에서 좋은 자리를 차지한 사람들에게로 오지 않고 이 사회에서 억눌리며 빼앗긴 사람들, 밑바닥 사람들에게로 올 것이다. 마구간의 말구유에 난 아기 예수는 이 세상에서 밀려난 사람들을 위해 그리고 그런 사람들 가운데 태어났다. 오늘도 아기 예수가 가난한 민중 속에서 태어나게 하자.

우리는 오늘 아기 예수의 탄생을 2천 년 전의 사건으로 기념하는 데 그쳐서는 안 된다. 아기 예수는 새로운 나라를 갈망하는 우리에게 희망을 주고 용기를 주고 힘을 주려고 왔다. 아기 예수는 새로운 나라를 갈망하며 몸부림치는 노동자와 농민의 생명이며 힘이다. 아기 예수는 새로운 나라의 씨앗이다. 밑바닥에서 천대받는 인간들이, 나쁜 작업 환경 속에서 기계처럼 일하다가 죽어가는 노동자들이 주인이 되는 나라를 실현하는 능력이다. 오늘도 아기 예수는 이 땅의 가난한 민중 속에서 민중과 함께 몸부림치며 새로운 나라를 실현해가고 있다.

아기 예수는 오늘 우리들 가운데 탄생한다. 그래서 우리로 하여금 헛된 욕심을 버리고 새로운 나라의 일꾼이 되게 한다. 오늘 아기 예수의 탄생은 나의 아픔과 슬픔을 나 개인의 것으로 여겨 좌절과 실망 속에 빠지게 하지 않고, 나의 아픔과 슬픔을 우리 모두의 아픔과 슬픔으로 여길 수 있게 한다. 그리하여 우리 모두가 자유롭고 평등하고 인간다운 삶을 살 수 있는 나라를 실현할 수 있게 한다.

예수의 탄생은 우리 마음속에 새로운 나라에 대한 신념을 준다. 노점 상인과 일용직 노동자와 농민들이 자유롭고 평등하게 사는 나라, 인간 위에 인간 없고 인간 아래 인간 없는 오직 하나님만이 영광을 받는 평화의 나라가 반드시 온다. 이미 이 땅에서 그런 나라의 운동이 일어나고 있다는 것을 예수의 탄생이 증거해 준다. 예수의 탄생은 고통과 슬픔 속에서 좌절하고 실망하는 사람에게 새로운 삶의 기쁨을 준다. 아기 예수의 탄생은 가난과 소외의 굴레에서 사람을 해방하는 능력이다.

6. 성탄절과 청소부

> 예수 그리스도의 나심은 이러했습니다. 그의 어머니 마리아가 요셉과 약혼하고 아직 결혼하기 전에 성령으로 잉태된 것이 드러났습니다……주의 사자가 꿈에 그(요셉)에게 나타나서 말했습니다. "다윗의 자손 요셉아 두려워하지 말고 마리아를 네 아내로 맞아들이라. 그의 태중에 있는 아기는 성령으로 말미암은 것이다. 마리아가 아들을 낳거든 이름을 예수라 하라. 그가 자기 백성을 그들의 죄에서 구원하실 것이다." 이 모든 일이 일어난 것은 주께서 예언자를 통하여 "보라, 동정녀가 잉태하여 아들을 낳으리니 그의 이름을 임마누엘이라 하리라" 하신 말씀을 이루려 한 것입니다. 임마누엘은 하나님이 우리와 함께 계시다는 뜻입니다. 요셉은 잠을 깨어 일어나 주의 사자가 명한대로 마리아를 아내로 맞아들였으나 아들을 낳을 때까지 그와 상관하지 않았고 아들을 낳아 이름을 예수라 불렀습니다.(마태복음 1장 18-25절)

성탄절은 거의 세계적인 명절로 되었다. 경쾌한 음악이 울려 퍼지고 축하의 카드를 교환한다. 기쁘고 유쾌한 명절이다. 심지어 술과 환락 속에서 본능을 발산하는 명절로 착각하는 사람들도 있다. 기독교인들도 들뜬 분위기 속에서 성탄절을 지내는 경우가 많다. 성탄절을 축하하며 밝고 명랑한 분위기를 갖는 것도 좋은 일이기는 하다. 그러나 그것만으로는 왠지 아쉽고 부족하다는 생각이 든다. 성탄절의 뜻을 제대로 새기면서 그리스도인의 자세를 가다듬을 필요가 있다.

「마태복음」에 보도된 예수 그리스도의 탄생 설화에는 **세 가지 중요한 사실이 나타난다. '동정녀 탄생'· '예수라는 이름'· '임마누엘'이란 말이 그것이다.**

우선 동정녀 탄생에 관해 생각해 보자. 동정녀 탄생의 역사성을 의심하거나 부인하는 주장도 있다. 복음서 가운데 가장 먼저 씌어진 「마가복음」에는 동정녀 탄생에 관한 이야기가 없다. 마가가 이 이야기를 의도적으로 배제한 것이 아니라면, 「마가복음」이 저술된 AD 70년경에는 아직 동정녀 탄생에 관한 설화가 널리 알려지지 않았다고 볼 수 있다. 「이사야서」를 인용한 문구 "보라, 동정녀가 잉태하여 아들을 낳으리니 그의 이름을 임마누엘이라 하리라."(마태복음 1장 23절)에서 '동정녀'로 번역된 말은 '젊은 부인'으로 번역될 수도 있다. 신학자들 가운데서는 동정녀 탄생에 대해 신학적인 문제점을 제기하기도 한다. 만일 예수가 보통 인간의 정상적인 방식으로 태어나지 않았다면, "말씀이 육신이 되었다"· "하나님이 인간이 되었다."는 성육신(incarnation) 사상이 위태롭게 된다는 것이다.

성령에 의해 동정녀를 통해 태어났다면, 예수는 우리와 똑같은 인간이 아니라 특별하고 이상한 존재라는 것이다. 그렇다면 예수는 우리와 같은 인간이라고 할 수 없고, 우리와 똑같은 육체를 가질 수 없는 존재, 따라서 우리의 갈망과 아픔을 모르는 존재가 된다. 그래서 동정녀 탄생을 진지하게 주장하면 가현설(Docetism)에 빠질 우려가 있다는 것이다. 가현설이란 쉽게 말해서 그리스도의 육체적 존재를 부정하고 그리스도의 영적 존재만을 인정하는 주장이다. 이렇게 되면 동정녀 탄생 교리는 그리스도교 신학의 다른 중요한 내용을 침해하고 손상시킨다.

그러면 동정녀 탄생 설화는 아무 의미도 없는 신화에 불과한 것일까? 그렇지는 않다. 이 이야기의 역사성은 신뢰할 수 없지만, 동정녀 탄생의 신학적인 의미는 말할 수 있다. 동정녀 탄생 설화는 예수 그리스도의 삶에 비추어 이해해야 한다. 예수는 인류의 역사 속에 새로운 미래를 열었다. 닫혀진 인류 사회·역사를 열고 새로운 나라, 새로운 삶을 인류에게 가져다주었다. 억압과 수탈의 체제 속에서 틀에 박힌 생활을 습관적으로 반복하는 사람들에게는 새로운 미래가 열리지 않는다. 구원은 주어진 체제 밖에서 본능과 습관의 굴레를 깨뜨리면서 주어진다. 불의와 거짓의 토대 위에서 사는 인간들의 삶 속에서는 메시야가 나올 수 없다. 억압과 수탈의 체제를 깨고 닫혀진 사회, 닫혀진 역사를 연다는 의미에서 그리스도는 밖으로부터, 하나님으로부터 왔다. 억압과 수탈, 불의와 거짓으로 닫혀진 인류 사회와 역사를 새로운 나라로, 새로운 미래로 열었던 그리스도의 탄생이 본능과 습관의 굴레에서 벗어난 동정녀 탄생으로 이야기된 것은 마땅한 일이었다. 동정녀 탄생은 낡고 절망적인 사회와 역사에 대한 비판이며 어두운 인류 역사에 새로운 빛과 희망의 소식을 전해 준다. 지금까지 당연하게 생각했던 모든 것에서 눈을 돌려 질적으로 새로운 구원의 길을 바라보게 한다.

그리스도의 탄생 이야기에서 **둘째로** 주목할 사실은 아기의 이름을 '예수'라 지었다는 것이다. 예수(여호수아)는 히브리어로 '야훼가 구원하신다'란 의미를 지닌 말이다. 이 이름 속에 세상을 구원하는 그리스도의 사명이 담겨 있다. 야훼 하나님이 자기 백성을 그들의 죄에서 구원할 것이다. 예수는 나면서부터 그리고 이름 그 자체가 그의 백성의 운명과 결부되어 있다. 이스라엘 백성의 운명, 백성의 죄는 무엇인가? 이스라엘 백성의 죄는 하나님의 백성 노릇을 제대로 하지 못한 것이다.

하나님은 일찍이 이스라엘 백성과 계약을 맺었다. 하나님은 이스라엘 백성의 하나님이 되고, 이스라엘 백성은 하나님의 백성이 되기로 계약을 맺었다. 계약 내용은 율법으로 주어졌다. 하나님의 통치 아래서 이스라엘 백성은 사랑과 정의의 공동체로 남아 있어야 했다. 그러나 아모스·이사야·미가 같은 선지자들이 고발했듯이 억압과 수탈, 거짓과 불의 속에서 이스라엘 백성은 스스로 하나님의 백성이기를 거부했다. 그리하여 불의한 왕이나 지배계층의 억압과 수탈 속에 신음하거나 나라를 잃고 이민족의 압제 속에 고통당하는 신세가 되었다. 이스라엘 백성의 죄는 개인적인 죄라고 하기보다는 집단적인 죄다. 하나님의 백성이기를 거부한 죄, 하나님의 뜻(정의와 사랑)을 무시하고 제멋대로 산 죄 그리하여 결국에는 목자 잃은 양 떼처럼 방황하는 신세로 된 것이 이스라엘 백성의 죄다.

예수는 이스라엘 백성에게 하나님 나라를 선포하고 하나님의 뜻을 다시 알려 주었다. 이스라엘 백성으로 하여금 하나님의 백성이 되는 길을 열어 주었다. 「누가복음」에서는 예수의 탄생에 대해 천사들이 "하늘에서는 하나님께 영광, 땅에서는 하나님이 기뻐하시는 사람들에게 평화"라고 노래했다. 이 노래 속에 예수 탄생의 의미, 예수의 사명이 잘 나타나 있다. 예수는 이스라엘 백성이 하나님을 하나님으로 인정하고 받아들이며 찬양하게 하였다. 하나님의 나라를 선포하고 하나님 나라 운동을 전개함으로써 예수는 이스라엘 백성을 하나님의 다스림 속으로 이끌었다. 하나님의 다스림 속에서 비로소 억압과 착취, 불의와 거짓이 사라지고, 전쟁과 폭력이 사라지고 이 땅에 평화가 온다.

셋째, '임마누엘'은 "하나님이 우리와 함께 계신다."는 뜻을 지닌 말이다. 이 말은 외적의 침입 앞에서, 이스라엘 민족의 생사가 걸린 위태로운 상황에서 나온 말이다.(이사야 7장과 8장의 정치적 상황 참조) 천여 년 동안 나라 잃고 이민족의 지배 아래에 있던 이스라엘 백성은 오랜 세월 하나님 없는 현실을 살았다. 하나님의 임재를 갈구했던 민족에게 임마누엘의 현실로서 그리스도는 탄생했다. 그리스도의 탄생은 "하나님께서 우리와 함께 하신다."는 소식, 하나님의 평화와 구원의 소식을 우리에게 전해 준다. 그것은 기쁘고 아름다운 소식이다. 그러나 그저 기쁘고 유쾌한 소식만은 아니다. 굳게 닫혀진 사회, 상처투성이인 고통스러운 역사속에 구원과 해방을 가져오는 메시아의 탄생은 두꺼운 껍질을 깨고 곪은 상처를 찢는 아픔을 동반한다.

「누가복음」에 의하면 아기 예수는 마구간의 말 구유에서 태어났다. 욕심 많은 사람들이, 자가 중심적인 독점욕에 사로잡힌 사람들이 자리를 모두 차지했기 때문에 예수는 짐승들 곁에서 태어났다. 모든 사람들이 자기 가정·지위·소유를 지키기 위해 예수를 맞아들이기는 커녕 배척했던 것이다. 새로운 시대를 열고 새로운 나라를 시작하는 자로서 아기 예수가 태어났을 때, 가장 두려워하고 불안에 떤 사람은 헤롯 왕이었다.

예수의 탄생은 헤롯 왕의 권력과 지위를 위태롭게 하는 것이었다. 자신을 지키기 위해 그는 아기 예수를 죽이려 했으며, 아기 예수를 죽이기 위해 베들레헴 부근에 있는 두 살 아래의 아기들을 모두 죽였다. 아기를 잃은 어머니들의 통곡이 사무쳤다고 했다. 예수의 탄생에는 이처럼 유아 학살이라는 참극과 사무친 한이 얽혀 있다. 헤롯 왕이 실제로 예수 아기를 죽이려고 유아들을 대량 학살했는지는 역사적으로 확인할 수 없지만, 유아 학살에 관한 이야기는 역사의 갈등과 비극의 깊이를 드러내 준다. 예수의 삶은 처음부터 인류 역사의 깊은 고통과 결부되어 있다.

이러한 성탄절을 맞으면서 술과 환락 속에서 본능을 발산하는 것은 성탄절을 모독하는 짓이다. 휘황찬란한 크리스마스트리를 세우고 화려하게 장식하고 들뜬 마음으로 지내는 것도 격에 맞지 않는 일이다. 그리스도인이라면 욕심을 버리고 사사로운 원한과 미움을 풀고 그리스도의 사랑과 평화를 조용한 마음으로 받아들여야 한다. 우리의 삶애 대한 감사와 기쁨을 서로 나누면서 서로 축복해 줄 수 있어야 한다.

그러나 성탄절의 진정한 의미는 사랑과 정의를 절실하게 갈구하는 사람들에게 고통 속에서 어두운 절망에 싸여 있는 사람들에게 그리스도의 사랑과 평화를 전하는 데 있다. 말로만이 아니라 몸으로 실천으로 전해야 한다. 아픔 속에 있는 사람들의 삶을 세상에 알리고 그들의 아픔을 위로해야 한다. 이런 일은 성탄절에만 연례 행사처럼 하고 말 것이 아니다. 평소에 우리의 삶이 그래야 한다. 그래야 성탄절을 맞을 자격이 있다. 지금 고통당하고 굶주리는 사람들을 외면하는 그리스도인은 그리스도인의 자격을 잃는 것이다. 아니 그들은 사람의 자격을 잃는 것이다.

며칠 전에 한 청소부가 이른 아침에 청소하다가 봉고차에 치여 숨진 채 3.6 km나 끌려갔다는 신문 보도가 있었다. 작년 겨울에는 남편 대신으로 일하러 나왔던 청소부의 아내가 차에 치여 죽었고, 형 대신에 일하러 나왔던 청소부의 동생이 차에 치여 죽었다는 신문 보도가 있었다. 이들의 죽음에 관한 이야기가 아직도 내 가슴을 두드린다. 하루쯤 빠지면 안 될 것도 없으련만, 하루라도 빠지면 해고당하기 때문에 그랬는지도 모르지만, 이들의 성실하고 치열한 삶이 짙은 감동을 준다. 정치인들이, 공무원들이, 회사 사장들이 이들처럼 성실하고 책임감이 강했다면, 이 나라는 좀 더 밝아졌을 것이다.

이른 새벽부터 험하고 궂은 일을 맡아서 하는 이들은 참으로 남을 섬기는 삶을 사는 사람들이다. 가족의 생계를 위해서 어쩔 수 없이 그런 일을 하는 것이라고 생각하는 것은 얕은 생각이다. 청소부들의 생각이야 어떻든 그들의 삶은 순전히 남을 위한 것이다. 먼지를 뒤집어쓰고 악취 나는 더러운 쓰레기를 치우는 그들은 이 사회에 없어서는 안 될 소중한 존재들이다. 만일 한 달 동안만 청소부들이 일을 안 한다고 한다면, 이 도시는 쓰레기로 가득 찰 것이고 우리들의 생활은 엉망진창이 될 것이며 몹쓸 전염병이 돌게 될 것이다.

시커먼 얼굴을 한 연탄 배달부, 무거운 우편 배낭을 메고 비탈진 골목길을 오르는 우편배달부, 이른 새벽에 쓰레기를 치우는 청소부를 볼 때마다 나는 감사한 마음과 미안한 마음이 엇갈린다. 그들은 참으로 남을 위한 삶을 산다. 그런 의미에서 그들은 그리스도에 가깝다. 이름 없이 빛도 없이 남을 위해 궂은 일을 한다는 점에서 그들은 성직자들보다 거룩하다. 그들은 나를 위해 희생적인 일을 해주기 때문에 나는 그들에게 감사한다.

성탄절에 그리스도인은 우선 마음을 비우고 그리스도의 평화를 기쁜 마음으로 받아들여야 한다. 그리고 고난받는 사람들, 어두운 절망 속에 있는 사람들, 추위와 굶주림 속에 있는 사람들에게 하나님의 사랑과 평화를 몸으로 전해야 한다. 소외되고 그늘진 곳에서 고난받는 사람들과 굶주린 사람들의 손을 잡지 않고는 그리스도를 맞을 자격이 없다. 더 나아가 권력자들에게, 부유한 자들에게 하나님의 정의와 사랑을 받아들이도록 촉구하고 압제와 수탈, 불의와 거짓을 일삼는 체제에 항거해야 한다.

7. 예수의 세 가지 시험

그 즈음에 예수께서 성령에 이끌려 광야로 가셔서, 악마에게 시험을 받으셨다. 예수께서 밤낮 사십일을 금식하시니, 시장하셨다. 그런데 시험하는 자가 와서, 예수께 말하였다. "네가 하나님

의 아들이거든, 이 돌들에게 빵이 되라고 말해 보아라." 예수께
서 대답하셨다. "성경에 기록하기를 '사람이 빵으로만 살 것이 아
니라, 하나님의 입에서 나오는 모든 말씀으로 살 것이다' 하였다."
그 때에 악마는 예수를 그 거룩한 도성으로 데리고 가서, 성
전 꼭대기에 세우고 말하였다. "네가 하나님의 아들이거
든, 여기에서 뛰어내려 보아라. 성경에 기록하기를 '하나님
이 너를 위하여 자기 천사들에게 명하실 것이다' 그리고 '그
들이 손으로 너를 떠받쳐서, 너의 발이 돌에 부딪치지 않게
할 것이다' 하였다." 예수께서 악마에게 말씀하셨다. "또 성경
에 기록하기를 '주 너의 하나님을 시험하지 말아라' 하였다."
또다시 악마는 예수를 매우 높은 산으로 데리고 가서, 세상의 모든
나라와 그 영광을 보여주고 말하였다. "네가 나에게 엎드려서 절을
하면, 이 모든 것을 네게 주겠다." 그 때에 예수께서 그에게 말씀하셨
다. "사탄아, 물러가라. 성경에 기록하기를 '주 너의 하나님께 경배하
고, 그분만을 섬겨라' 하였다." 이 때에 악마는 떠나가고, 천사들이 와
서, 예수께 시중을 들었다. (마태 4장 1~11절)

예수의 배움과 깨달음

나사렛 산골 청년 예수는 신기한 인물이다. 예수는 삶의 알짬과
중심을 잡은 이다. 예수는 몸과 영혼, 역사와 생명을 꿰뚫는 깊은 통
찰과 마음가짐을 어디서 배웠을까? 그에게는 스승이 없다. 가난한
산골 나사렛에서 홀로 믿음과 생각을 닦아냈다. 어떤 학자들은 예수

가 문자를 몰랐다고 한다. 당시에는 입으로 전하는 전통이 강력하게 살아있을 때니까, 예수가 글을 몰랐다고 해도 예수는 사람들의 입에서 전해오는 말씀을 배웠을 것이다. 또 회당에서 랍비가 읽고 풀이해주는 성경 말씀을 들었을 것이다. 책의 글자에 의존해서는 몸과 마음으로 깊이 깨달을 수 없다. 귀로 듣고 가슴과 마음에 새김으로써 예수는 말씀이 자신의 살과 피에 새겨지게 했을 것이다. 예수는 삶에서 배웠다. 자신의 몸과 맘이 스승이었고 들꽃과 종달새가 스승이었고 씨앗과 누룩, 고기 잡는 일이 스승이었고 일상생활에서 만나는 여인네와 농부가 스승이었고 노는 아이들이 스승이었다. 삶이 스승이었고 제 몸이 저를 가르친 스승이고 제 맘이 저의 스승이었다. 예수는 날마다 하는 일에서 인생과 하나님을 배웠다.

예수는 무엇을 배웠는가? 삶을 배웠다. 삶은 스스로 하는 것이고 삶의 깊은 곳에 사랑과 자유와 기쁨이 있다. 삶에서 배운 예수는 삶의 자유와 사랑과 기쁨은 고통 없이 누릴 수 없는 것임을 알았다. 예수는 하나님이 생명을 살리는 분임을 체험적으로 깨달았다. 사랑 안에서 생명을 충만하게 실현하고 완성하는 것이 하나님의 뜻이다. 생명의 본질은 스스로 하는 것이고, 하나님은 생명을 사랑으로 살리는 이다. 예수는 하나님의 말씀과 뜻을 자신의 삶 속에서 사무치게 체험하고 깨달았다.

히브리 성경이 하나님의 말씀과 뜻을 담은 책임을 체험적으로 깨닫고 알았기 때문에 예수는 성경을 자유롭게 해석할 수 있었다. 성경을 문자적으로 풀이하는 바리새파, 사두개파가 보면 예수는 성경을 제멋대로 해석했다. 바리새파의 많은 지식이 성경의 중심을 보지 못하게 했고 하나님과 생명의 본질을 못 보게 했다. 자신의 삶 속에서 성경을 보았기 때문에 예수는 성경의 중심을 체험적으로 깨달았다.

지식과 관념은 삶을 왜곡하거나 조각낸다. 지식은 삶과 삶의 주님인 하나님을 은폐하고 실천을 가로막는 장애물이 되기 쉽다. 미국과 유럽에서 5만 명의 제자를 길렀다는 숭산 스님의 화두는 "오직 모를 뿐 오직 할 뿐"이다. 지식이나 관념에 사로잡히면 삶을 놓치고 바른 실천을 할 수 없다는 것이다. "내가 너를 알아버렸다."고 생각하면 사랑도 우정도 있을 수 없다. 모름을 지킬 때만 사랑도 실천도 있다. 예수는 지식과 관념에 사로잡히지 않고 삶의 중심에서 하나님의 뜻을 붙잡았다. 성경을 볼 때 지식으로 보지 않고 삶으로, 몸으로 마음으로 보았다. 그리하여 하나님의 말씀과 뜻이 예수의 삶 속에, 몸과 맘 속에 살과 뼈 속에 새겨졌다. 하나님의 말씀이 예수의 삶 속에 몸과 마음 속에 육화되었다. 그리하여 말씀이 예수의 삶에서 손과 발에서 피어났다.

예수는 요한에게 세례를 받고 영적으로 충만했으며, 자신이 "하나님의 기뻐하는 아들"임을 확인했다. 예수는 일찍부터 이스라엘 역사를 완성하고 민중을 구원하는 사명, 하나님의 뜻을 이루는 일을 생각했다. 빈들에 사는 요한에게 세례를 받았을 때 예수는 이미 백마를 타고 오는 정치적 메시아에 대한 기대나 환상을 버렸다. 그러나 하나님의 아들과 메시아로서 나름대로 하나님 나라에 대한 열망과 인간 구원의 사명을 지녔다. 예수가 메시아의 사명을 느끼고 하나님 나라 운동을 벌이려 했을 때, 영적으로 고양되고 높아진 순간에 유혹은 시작된다. 높은 산, 높은 벼랑 끝에 서면 떨어지기 쉽듯이, 영적으로 높은 경지에 오르면 유혹은 더 커진다. 깊은 신비를 체험한 영성가는 흔히 밤의 위기를 겪는다.

예수는 세례받고 메시아로서의 사명을 받은 다음, 빈들로 나갔다. 하나님 나라 운동을 벌이기 전에 예수는 자신이 걸어야 할 길과 할 일을 확인하려고 했다. 그래서 빈들로 나가서 금식했다. 예수는 금욕의 사람이기도 하다. 그는 온 몸과 맘, 얼과 혼을 다해 애쓰고 노력하는 이였다. 그는 산에서 밤새워 기도했다. 그는 왜 금식을 했을까? 굶는 것은 식욕을 부정한 것이다. 식욕은 가장 근본적인 생의 욕망이다. 생의 욕망을 부정하면 삶과 죽음의 경계에 이른다. 삶과 죽음의 경계, 갈림길에서 예수는 삶의 길, 구원의 길, 메시아의 길을 확인하였다.

요한에게 세례를 받을 때 예수는 이미 하나님의 뜻에 대해서 확신을 지니고 있었다. 하늘나라를 위해 헌신할 마음의 준비가 되어 있었다. 그러나 생명을 살리기 위해서 하나님의 뜻을 이루기 위해 구체적으로 어떤 길, 어떤 자세로 가야 하는지 분명하지 않았다. 마음에 밝혀지지 않은 것이 있었다. 그래서 예수는 자신을 시험해 보았다. 마귀에게 시험을 받은 것은 자신을 마귀의 시험에 내맡긴 것이다. 예수는 스스로 빈들에 가서 금식하고 온갖 유혹과 환상 속에서 스스로 시험을 받았다.

예수는 자주 금식하고 금욕과 자기 훈련의 모습을 보여주었다. 그러나 예수는 금욕주의자가 아니었다. 그에게 중요한 것은 생명과 생명의 하나님이었다. 하나님의 뜻을 이루어 생명의 구원과 해방, 몸과 맘의 질병을 고치고 생명의 충만한 실현에 이르려 했다. 예수의 시험이야기에서 성욕에 대한 시험은 나오지 않는다. 예수는 10대 때 이미 하나님을 아버지로 깊이 만났고 하나님의 뜻과 나라를 이루려고 독신을 선택한 것으로 생각된다. 성욕은 식욕에 포함된다. 예수는 금욕했으나 자유로웠다. 그는 독신을 선택했으나 결혼을 중요하게 여겼다. 금식을 자주 하면서도 이른바 죄인들과 함께 밥과 술을 먹고 마셨다.

굶주림과 빈 창자의 깨달음

시험에 앞서 예수는 40일 동안 금식했다. 이토록 오래 금식한 것은 삶의 끝에 서 보자는 것이었다. 진지하고 철저하게 삶과 삶의 길을 생각해 보자는 것이었다. 죽을 만큼 굶주리면 몸을 느끼고 몸으로 생각할 수 있다. 굶어서 몸이 비면 탐욕과 망상에서 몸이 벗어난다. 몸에 대한 온갖 욕망과 집착에서 몸의 해방이 이루어진다. 몸이 자유로워지면 물질과 육체의 몸에서 자유로운 생명 그 자체를 느끼고 체험할 수 있다. 굶주린 내 몸으로 굶주린 다른 이들을 느끼고 알 수 있다. 굶주린 창자에서 몸의 영성과 하나님의 은총을 경험할 수 있다. 1997년 12월에 인도에 가서 나는 불가촉천민 장애인 아이들과 예배를 보면서 굶어서 빠짝 마른 아이들의 찬송 소리를 듣고 큰 은혜를 받았다. 매우 힘차고 영감에 넘치는 몸과 맘을 울리는 찬송이었다. 굶주린 창자에서 삶을 울리는 소리가 나왔다.

2002년에 새길 교회에서 유영모 강의를 했는데 나 스스로 유영모의 삶과 정신에서 감동을 받고 유영모를 따라서 하루 한 끼 먹는 생활을 열 달 남짓 했다. 하루 한 끼 먹는 생활을 하면서 마음도 몸도 편하다고 여겼는데 흡수가 안 된 탓인지 몸무게가 31kg까지 떨어지더니 회복이 되지 않았다. 그래서 하루 한 끼 먹는 생활을 중단했는데 처음 시작할 때 몸으로 느꼈던 경험은 소중했다. 나 자신이 하루한 끼 식사를 하면서 굶주림과 빈 창자를 느낄 수 있었다. 두 끼 먹다한 끼만 먹으니까 몸에 비상이 걸렸다. 잠들어 있던 몸의 기관들과 세포들이 깨어나는 것 같았다. 굶주린 창자에서 생명과 은총, 사귐의 소중함을 느낄 수 있다. 몸으로 하나님을 느낄 수 있고, 벗이 소중하고 밥이 소중하고 내 몸이 소중하다는 것을 몸과 맘으로 절절하게 느끼고 알게 된다.

악마가 돌로 밥을 만들어 먹으라고 한다. 예수뿐 아니라 당시 민중은 배고파 있었다. 백성의 배를 채워주면 결국 백성도 구원받고 해방된다는 것이 악마의 메시지였다. 악마의 유혹은 결국 거짓된 신을 섬기고 소원을 성취하라는 것이다. 악마의 유혹에 빠져 돌로 떡을 만들어 굶주린 백성을 먹이면 굶주린 백성은 자선을 받는 존재로 전락한다. 백성은 먹기만 하면 되는 존재가 아니라는 이유로 예수는 악마의 유혹을 물리쳤다. 돌로 밥을 만들어주는 신은 게으른 인간이 만들어 낸 거짓 신이다. 돌로 된 밥을 먹으면 가슴도 돌 가슴이 되고 영혼도 돌처럼 굳어지고, 메말라간다.

서로 섬김과 살림의 길

돌로 밥을 만들어 먹으라는 유혹은 거짓된 환상, 신 아닌 신, 반신이 되라는 유혹이다. 신이 아닌 피조물인 인간, 육체를 가진 인간은 땀 흘려 일하여 먹고 살아야 한다. 돌로 된 밥을 먹으면 돌 가슴이 된다. 인간의 생존본능과 욕구를 해결해 주면 인간의 문제가 다 해결되는 것이 아니다. 인간은 밥만 주면 만족하고 따르는 존재가 아니다. 인간은 자선의 대상이 아니라 삶의 주인과 주체인 존엄한 존재다. 밥이 소중하지만, 인간은 밥만으로 사는 존재가 아니다. 인간을 밥보로 여기지 말자. 인간은 말씀으로 사는 존재, 영혼을 가진 정신적 존재다.

인간은 하나님의 아들이고 딸이다. 그러므로 물 한 잔을 주어도 사랑과 존경의 맘으로 주어야지 던져 주면 안 된다. 돈을 받는 사람보다 주는 사람이 잘못되기 쉽다. 받는 것보다 주는 것이 더 어렵다. 그래서 예수는 "오른손이 하는 것을 왼손이 모르게 하라."고 했다. 밥을 주더라도 그 영혼을 존중하고, 돈을 주더라도 인격을 존중해야 한다. "밥만 주면 된다. 돈만 주면 된다."고 생각해서는 하늘나라는 결코 이루어질 수 없다. 정신과 영혼이 살고 사랑과 자유가 있어야 하늘나라가 가까이 올 수 있다.

예수가 뭐라 했는가. '하나님의 입에서 나오는 모든 말씀으로 살라'고 했다. 하나님이 입이 있나? 하나님은 사람에게 직접 말씀하시지 않는다. 하나님은 사람들의 입을 통해서 그리고 자연만물과 생명체들을 통해서 그리고 일과 사건들을 통해서 말씀하신다. 하나님의 입에서 나오는 말씀은 구체적으로 현실 속에서 살아가는 인간과 관련된 구체적인 말씀이다. 성경의 하나님은 관념적인 신이 아니라 역사 속에서 살아 계시는 하나님이다. 생명을 가진 구체적 인간인 우리에게는 정신적인 양식이 필요하다. 관념적 인간은 빵만으로도 살 수 있고, 이념만으로도 살 수 있다. 그러나 지금 살아 숨 쉬는 인간은 빵도 먹어야 하고 정신적인 양식, 말씀도 먹어야 한다.

하나님은 우리와 교통하는 하나님이다. 철학자의 하나님은 손과 입이 없을 것이다. 그러나 우리의 삶을 창조하고 우리 삶의 주인이신 하나님은 손과 입이 있는 살아계신 하나님이다. 예수는 우리 인간을 살아 있는 영적인 존재로 대우하라고 일러주는 것이다. 우리의 정신과 영혼을 깨우치려고 하는 것이다. 예수는 우리의 주체성과 존귀함을 강조하고 우리 스스로 밥의 문제를 해결하는 주체가 되기를 바랐다. 인간은 자선의 대상이 아니며 밥만 먹고 사는 짐승이 아니라 주체적으로 일해서 먹고사는 존엄한 존재다. 하나님의 말씀을 먹고 사는 인간은 하나님의 자녀로서 세상의 주인으로 사는 존재다. 예수는 지배와 자선의 길이 아니라 서로 섬김과 살림의 길을 갔다.

40일 동안 금식하여 죽음의 문 앞에 선 예수에게 악마가 돌로 밥을 만들어 먹으라고 한다. 예수뿐 아니라 당시 민중은 배고파 있었다. 백성의 배를 채워주면 결국 백성도 구원받고 해방된다는 것이 악마의 주장이었다. 악마의 주장을 따르면 굶주린 백성은 밥만 먹여주면 되는 밥보가 되고, 얻어먹는 존재로 된다. 백성에게 밥을 먹여주는 존재는 신적 통치자, 군림하는 지배자가 된다. 돌로 된 밥을 먹으면 돌 가슴이 된다. 돌로 된 밥을 먹으면 가슴도 돌 가슴이 되고 영혼도 돌처럼 굳어지고, 메말라간다. 이것은 생명을 살리는 게 아니라 죽이는 것이다. 인간을 자유로운 주체가 아니라 노예가 되게 하는 것이다.

백성은 밥만 먹으면 되는 존재가 아니라, 하나님의 말씀으로 사는 존재라는 이유로 예수는 악마의 유혹을 물리쳤다. 예수는 '하나님의 입에서 나오는 모든 말씀으로 살리라' 하였다. 하나님이 입이 있나? 철학자의 하나님은 손과 입이 없겠지만 성경의 하나님은 손과 입이 있는 살아계신 하나님이다. 관념적인 신이 아니다. 역사 속에서 살아 계시는 하나님이다. 하나님이 입에서 나오는 말씀은 구체적으로 현실 속에서 살아가는 인간과 관련된 구체적 진리이다.

그래서 하나님에게는 입도 있고 가슴도 있고 손, 발이 있다. 하나님은 살아계신 분이며 관념이 아니라 의지이고, 명사가 아니라 동사이고 사건이다. 하나님은 민중의 삶 속에 살아계셔서 민중의 귀와 가슴에 직접 말씀하신다. 하나님의 말씀은 입에서 나와 귀로 듣고 온몸으로 받아들여 손과 발로 표현되는 말씀이다. 우리의 몸과 맘을 살리는 말씀이다.

굶주린 백성이 하나님의 말씀으로 살아야 한다는 예수님의 선언은 이스라엘 백성을 인격적, 영적인 존재로 섬기고 받들라는 것이다. 민중은 삶의 주인과 주체로서 스스로 살아가는 존엄한 존재다. 이것은 민중의 주체와 민주의 원리를 선언한 것이다. 지도자가 민중을 먹여주는 것이 아니라 민중이 지도자를 먹여주고 입혀주고 살 집을 마련해 준다. 밥과 옷과 집, 차를 비롯한 모든 살림살이는 민중의 손에서 나온다. 그러므로 돌로 밥을 만들 필요가 없다. 밥은 언제나 창조자 하나님의 손에서 빚어지고 민중의 손에서 생산된다. 밥은 언제나 민중의 손에서 만들어진다는 것이 우주 생명의 진리이고 역사와 사회의 진실이다.

인간은 함께 땀 흘려 일하여 먹고 살아야 한다. 밥 한 그릇에 우주 생명 조화의 진리가 담겨 있고, 농부의 땀과 정성이 들어 있고, 역사와 사회 전체의 진리가 녹아 있다. 사람은 밥을 통해 우주 생명과 이어지는 몸이면서 말씀으로 사는 영혼이다. 땀 흘려 일하는 민중이 하나님의 말씀을 먹고, 하나님의 자녀로서 세상의 주인이 되는 길을 예수는 택했다. 예수는 지배와 자선의 길이 아니라 민중을 섬기고 살리는 길을 갔다.

이어서 악마는 예수에게 "성전 꼭대기에서 뛰어 내리라"고 유혹한다. 성전 꼭대기에서 다치지 않고 사뿐히 뛰어내릴 수 있다면 얼마나 멋질까? 이 유혹은 "너를 신비한 존재로 만들고 너를 신격화해라. 모든 사람이 너를 경배하고 너의 카리스마에 굴복하게 하라."는 것이다. 그러면 민중을 움직이고 동원하는 일이 얼마나 쉽겠는가!

종교적으로나 정치적으로 민중을 열광시키고 흥분시키는 일을 예수는 하지 않았다. 예수는 자기를 예쁘게 보이고, 이름을 크게 하고, 사람들을 휘어잡는 유혹을 버렸다. 예수는 이름 없는 젊은이로 남았다. 예수는 자신을 평범한 젊은이, 농사꾼 목수, 섬기는 종으로 남게 했다. 예수가 살았을 때나 죽은 다음에 정부의 문헌이나 공적인 역사기록 어디에도 예수의 이름은 나오지 않는다. 오직 예수의 제자들과 그들에게 감화를 받은 사람들의 증언과 기록에만 예수의 이름이 나온다.

예수는 남을 세우는 이였지 자기에게 남을 굴복시키는 이가 아니었다. 자신을 존엄하고 빛나게 하지 않고, 가난하고 병든 민중을 힘 있고 빛나게 했다. 그래서 병을 고쳐 주고도 자기가 병 고친 일을 비밀로 하라고 일렀고, 제사장에게 가서 병이 나은 것을 확인하고 고향으로 가서 살라고 했다. 자기는 숨고 민중은 우뚝 세워 빛나게 했다. 자신은 고난과 십자가 죽음의 길로 가면서 하나님께 영광을 돌리고 민중은 삶의 주인이 되게 했다.

셋째 시험은 "나라의 권세를 주겠다. 내게 굴복하라"는 것이었다. 조직의 힘, 권력의 힘, 폭력의 힘을 통해 하나님 나라를 세우라는 것이다. 혁명을 하려면 조직과 권력을 장악해야 한다는 것이다. 군대와 조직의 힘에 의존하라. 권력을 쟁취해서 하나님 나라를 세우라. 민중을 해방하기 위해서 폭력과 정치술, 기만과 폭력, 집단의 힘에 의존해야 한다. 그러려면 먼저 폭력에 굴복하고 타협해야 한다. 민중을 해방하기 위해서 먼저 민중을 지배하고 억압하고 동원하고 이용해야 한다.

해방자가 되기 위해 지배자가 되어야 한다. 민중은 해방되기 위해 지배자에게 굴복해야 한다는 것이다. 예수는 이것을 거부했다. 예수는 자기 사람을 만들지 않고 자기조직을 만들지 않았다. 자기 세력을 구축하지 않았다. 민중이 스스로 꿈틀거리고 움직여서 일어서기를 기다렸고 민중이 스스로 자신의 삶과 역사를 펼쳐가도록 민중을 치유하고 살리고 민중을 섬기려 했다.

예수는 하나님만 섬기고 하나님만 주님이 되는 길로 간다. 사람은 주님이 되어서는 안 된다. 하나님을 섬기는 모든 사람은 함께 자유롭고 함께 평등해진다. 하나님이 다스릴 때 민중이 주인이 될 수 있다. 하나님이 다스리는 나라는 민중과 직결된다. "하나님만 섬겨라. 그러면 모두 자유로워진다. 누구나 민주(民主)가 된다. 누구나 왕 노릇 하며 살 수 있다."고 예수는 말한다. 그래서 예수는 섬기는 종이 되었다.

예수가 빈 들에서 악마의 시험을 받으며 확인한 생명의 길은 이미 이스라엘 역사를 통해 확인된 길이다. 하나님을 믿고 하나님과 함께 스스로 사는 것, 스스로 일어서는 것이 참삶의 길이요, 영원히 사는 길이다. 삶은 누가 대신할 수 없는 것이다. 스스로 혼이 살아서 스스로 몸과 맘을 움직여 살아야 한다. 내 영혼을 살리고 내 맘을 움직이는 이가 하나님이고 하나님의 말씀이다. 내 몸을 힘 있게 움직이는 것은 밥이고, 내 맘과 얼을 힘 있게 움직이는 것은 말씀이다. 하나님이 민중의 삶 속에, 우리의 몸과 마음 속에 살아있게 하는 것이 참삶의 길, 구원의 길이다. 하나님이 살아계시면 누구나 살 수 있다.

예수의 다른 이름은 임마누엘 "하나님이 우리 가운데 계심"이다. 하나님을 모시어서 우리 가운데 하나님이 계시면 우리가 살 수 있다. 하나님이 우리 가운데 계시면 누구나 주인 노릇, 왕 노릇 하며 기쁘게 자유롭게 서로 사랑하며 살 수 있다. 예수는 우리 가운데 하나님이 살아계시게 했다.

예수는 선과 악, 죄와 의, 잘나고 못남을 따지지 않고 오직 살리고 세워주고 친구가 되었다. 바리새파는 세리와 창녀에게 훈계하고 그들을 죄인으로 규정했다. 정신적으로나 육체적으로 살맛이 없는 사람들, 학대받고 짓밟혀 쓰러진 사람들을 비난하고 정죄했다. 이것은 병든 사람에게 독약을 먹이는 것과 같았다. 아무리 훌륭한 철학이나 아름다운 신학도 그것이 이론과 사상에 그친다면 사회의 나락에서 절망에 빠져 병들어 죽어가는 이들에게는 쓸 데가 없다.

예수는 죽음의 그늘에서 죽어가는 이들 속으로 들어가서 하나님이 살아있음을 보여주고, 하나님 나라가 지금 태동하고 있음을 드러냈다. 예수에게는 다른 것은 중요하지 않았다. 그는 오직 "생명을 살리는 것이 옳으냐, 죽이는 것이 옳으냐?"만을 물었다. 우주 간에 생명을 살리는 일만을 생각했다. 생명의 심지가 꺼져가는 이들에게 상처받고 쓰러진 이들에게 "너희는 하나님의 자녀! 하나님 나라의 주인이다. 너희가 하늘나라에 먼저 들어간다."고 선언했다. 예수는 이들을 섬기는 벗이 되었다.

예수께서 빈들의 시험에서 확인한 길은 영원히 사는 길이다. 예수는 민중과 함께 영원히 사는 이 길을 갔다. 이것이 죽지 않고 영원히 사는 길이요, 서로 살리고 더불어 사는 길이다. 예수가 시험에서 확인한 길은 십자가에 이르는 고통스러운 가시밭길이었으나 영원한 생명에 이르는 부활의 길이었다. 그 길은 홀로 죽고 홀로 부활하는 길이 아니라 우리 모두를 함께 십자가와 부활의 길로 이끈다.

8. 하나님의 나라가 가까이 왔다

> 요한이 잡힌 후에 예수께서 갈릴리에 오셔서 하나님의 복음을 전파하셨습니다. "때가 찼다. 하나님의 나라가 가까이 왔다. 회개하고 복음을 믿으라."(마가복음 1장 14~15절)

복음서에 나타난 예수의 삶과 죽음은 하나님 나라에 대한 관심으로 일관되어 있다. 예수가 가르친 대부분의 비유는 하나님 나라의 비유며, 산상 설교의 첫마디도 "가난한 자는 복이 있나니 하나님 나라가 저들의 것"이란 말로 시작된다. 「누가복음」 11장 20절에 의하면 악귀를 쫓아내어 질병을 고치는 행위도 하나님 나라가 임하는 표징이다. 예수가 선포한 내용의 골자는 하나님 나라가 가까이 왔으니 회개하고 복음을 믿으라는 것이다. 한마디로 예수의 삶과 죽음은 소외된 민중과 함께 일으킨 하나님 나라 운동이었다.

세례자 요한이 잡힌 후 예수가 하나님 나라 복음을 전하기 시작했다. 세례자 요한의 처형과 예수의 공적 활동이 연결되어 있다. 세례자 요한은 400여 년 동안 예언 활동의 부재라는 침묵을 깨뜨리고 돌풍처럼 나타나 무기력한 좌절의 늪 속에 빠진 민중을 일으켜 하나님 나라 운동의 열기 속에 휩싸이게 했다. 예수의 시대에 생존했던 역사가 요세푸스의 「유대사(史)」에 의하면, 세례자 요한은 민중을 선동하고 정치적 소요를 일으킬 위험인물로 지목되어 헤롯 왕에게 처형당했다. 복음서에는 헤롯 왕의 윤리적인 비행을 고발하다가 처형된 것으로 나온다. 왕을 정면에서 공격하는 행위는 그 내용이 무엇이든 이미 정치적 의미를 갖는 것이다. 따라서 예수가 세례자 요한으로부터 세례를 받은 사실 그 자체가 정치·사회적 의미를 지닌다.

이렇게 세례자 요한과 긴밀히 연관시킴으로써 예수의 생애를 나사렛 예수라는 한 인간의 인격이나 심리 상태로 설명하기보다는 역사적인 맥락에서 이해할 수 있게 된다. 세례자 요한은 엄격한 금욕 생활을 통해 종교적으로 완전한 집단을 이루려 했던 엣세네파에 연결된 것으로 추정된다. 엣세네파는 폐쇄적인 원시 공산사회적 공동체로서 당시 예루살렘 성전을 관할하던 대사제 계층에 대해 깊은 증오를 품고 있었다. 그래서 그들은 예루살렘 도시를 떠나 산악 지방에 수도원적인 공동체를 세우고, 예루살렘 성전을 타락한 대사제들의 손에서 탈환하여 정화시킬 날을 학수고대하고 있었다.

엣세네파는 바리새파와 더불어 하시딤의 정신적 유산을 이어받고 있었다. 하시딤은 BC 2세기 초 마카비 일가가 외세의 침략과 지배에 맞서 독립 전쟁을 일으켰을 때 여기에 가담했던 뜨거운 신앙인들을 말한다. 이 하시딤 운동에서 하나님 나라에 대한 열망이 민중 사이에서 불타올랐다. 독립을 쟁취한 마카비 왕가가 정복 전쟁을 일삼고 부당한 인물을 대사제로 임명했을 때, 이들과 결별한 하시딤 일파가 엣세네파이고, 마카비 왕조 체제 안에서 율법 준수 운동을 벌인 하시딤 후예가 바리새파였다. 예수의 하나님 나라 운동은 세례자 요한에게로 연결되고, 세례자 요한은 엣세네파, 엣세네파는 하시딤으로 이어지는 커다란 흐름 속에 있다.

예수가 일으킨 하나님 나라 운동의 뿌리는 하시딤에서 머물지 않고 구약성경 전체에 뻗쳐 있음을 볼 수 있다. 구약성경에서 서론격인 창조 설화와 인류의 원역사를 빼면 본격적인 시작은 아브라함에게서 이루어진다. 하나님이 아브라함에게 고향을 떠나라는 명령을 내리면서 젖과 꿀이 흐르는 복 된 땅을 주고 큰 민족을 이루게 한다는 약속을 주었다. 이 약속은 아브라함의 아들 이삭과 손자인 야곱에게서 거듭 반복된다. 구약·신약성경에서 하나님은 흔히 아브라함의 하나님, 이삭의 하나님, 야곱의 하나님으로 불리고 있다. 이것은 하나님이 평화롭고 복 된 나라를 약속해 주고 그 나라를 실현하려고 역사속에서 일하는 분임을 말해 준다.

그런데 아브라함 이야기보다 더 중요한 사건이 출애굽 사건이다. 히브리인들은 이집트의 신왕국(新王國) 시대에 노예 생활을 하다가 BC 13세기경에 이집트에서 탈출하였다. 이집트의 왕조 체제는 BC 4천 년경 수립되어 AD 5백 년경에 무너지기까지 무려 5천 년 가까이 지속했던 국가 체제로서 역사상 가장 견고하고 강고한 체제였다. 바로 이런 체제로부터 일단의 노예들이 탈출한 사건을 구약성경은 가장 중요한 사건으로 삼고 있다. 출애굽 사건의 주제는 예언서·「시편」·율법서, 즉 구약성경 전체를 통해 반복되고 있다. 또 출애굽 사건과 시나이산의 율법 수여 사건이 연결되고 있다. 이것은 당연한 것이다. 종살이에서 벗어난 무리들이 그들 나름의 나라를 이루려 할 때 그 토대가 되는 것이 바로 법이기 때문이다. 법 없이는 나라가 존속할 수 없다. 막스 웨버(Max Weber)가 정의하듯이 국가는 '물리적 강제력을 합법적으로 독점'하지 않고는 성립할 수 없기 때문이다.

출애굽 사건에 이어 시나이산에서 주어진 율법들이 모세 5경의 여러 곳에 수록되어 있는데, 후에는 모세 5경 전체, 더 나아가 구약성경 전체를 '율법서'(Torah)라고 부를 정도로 율법을 존중하게 된다. 물론 구약성경의 율법에는 종교적이고 도덕적인 규범들도 내포되어 있지만, 후기 유대교를 '율법 종교'라 부를 정도로 율법이 유대교에서 중요한 지위를 갖게 된다. 「신명기」 법전은 고대 사회에서 다른 법전들의 추종을 불허할 정도로 약자를 보호하고 형제애를 강조하는 휴머니즘적인 법전이다. 휴머니즘에 투철한 법전으로 이름난 함무라비 법전의 영향을 받고 있으면서 질적으로 함무라비 법전을 능가하고 있다. 함무라비 법전에서는 귀족과 평민과 천민의 신분에 따라 차별적으로 인권을 보호하지만, 이스라엘의 율법에서는 신분의 차별 없이 인권을 보호한다. 그러나 훌륭한 법전이 있다고 훌륭한 나라가 되는 건 아니다. 그것은 이스라엘 역사가 웅변으로 말해 주는 사실이다.

이스라엘 백성은 그들이 지닌 율법을 하나님이 내려 준 하나님의 말씀으로 받아들였지만, 왕과 권력자들은 율법을 안중에 두지 않고 율법의 정신을 마구 짓밟았다. 이스라엘이 국가적으로 안정을 누렸던 것은 북방의 수메르 메소포타미아 제국이 몰락하고 아시리아 제국이 일어서기까지의 정치적 공백기에 해당하는 짧은 기간이었다. 결국 아시리아의 군사적 제국주의에 의해 북왕국 이스라엘이 BC 722년경 멸망하고, 아시리아를 계승한 바벨론 제국의 무력 앞에 남왕국이 BC586년경 망하게 되었다. 예언자들이 나타나 예언 활동을 벌인 것은 바로 국가의 위기와 멸망을 전후한 이 시기였다.

이스라엘의 식민지 상태는 아시리아·바벨론·페르시아·마케도니아 왕국을 거쳐 로마에 이르기까지 거의 숨 돌릴 틈도 없이 지속되었다. 이것이 바로 이스라엘 민중의 운명이었다. 이런 이스라엘 민중에게는 역사란 억눌린 자들의 구원과 해방을 끈기 있게 기다리는 시간에 불과했다. 이처럼 지루하고 긴 압제와 착취에서 벗어나기를 대망했으나, 자신들의 힘으로 압제자들과 싸우는 것은 현실적으로 불가능했다. 그러므로 이들은 하나님의 개입을 열망했다. 이들은 대제국들의 통치에 뼈저린 고통을 당하고 자국 국왕들의 통치에 환멸을 느꼈다. 그래서 이스라엘 민중은 이제까지 겪어 본 압제적이고 착취적인 통치와는 아주 다른 하나님이 직접 다스리는 통치를 열망했다.

예수가 말한 하늘나라나 하나님의 나라는 이스라엘 민중이 오랜 세월 고대했던 하나님의 통치를 나타내는 말이다. 하나님 나라는 초월적이고 피안적인 세계나 죽은 후에 가는 나라가 아니었다. 그 나라는 이 세상 나라들을 깨트리고 혁신하는 새로운 나라였다. 하나님 나라는 이 세상 나라들을 뒤흔들고 변혁시킴으로써 민중을 구원하고 해방하는 역사·사회 창조의 능력이다.

이런 역사의 맥락에서 예수가 세례자 요한의 뒤를 이어 하나님 나라가 가까이 왔다고 선포하였다. 세례자 요한은 하나님 나라의 도래를 두려운 심판으로 선포했으나, 예수는 하나님 나라의 도래를 기쁜 소식 (복음)으로 선포했다. 이 점에서 두 사람은 근본적인 차이를 지닌다. 세례자 요한이 정의로운 분노의 하나님을 보았다면, 예수는 사랑하는 용서의 하나님을 보았다.

예수의 삶 속에서 몇 가지 사실을 살핌으로써 예수가 전한 하나님 나라 복음을 이해해 보기로 하자. 예수의 행태 중에서 가장 두드러지고 중요한 것은 세리나 죄인들과의 사귐이었다. 당시의 바리새파나 사두개파 또는 엣세네파의 입장에서 보면 도저히 용납할 수 없고 가까이해서는 안 되는 무리들과의 사귐을 예수는 가장 중요한 일로 여겼다. 당시 사회에서 소외된 무리들, 종교 지도자들의 저주 대상이 된, 잃어버린 무리들을 찾아서 하나님의 사랑을 나누는 생명공동체 잔치를 여는 것이 예수의 중심적인 과제였다. 예수가 "나는 의인을 부르러 온 게 아니라 죄인을 부르러 왔다."고 하면서 탕자의 비유와 잃은 양의 비유를 말한 것은 이런 입장을 명백히 드러낸 것이다. 예수는 기쁨을 잃은 무기력한 무리들과 함께 밥을 나누면서 기쁜 생명의 사귐을 나누었다. 굶주림과 질병으로 죽어가는, 버림받은 무리들에게 예수는 형제다운 만남을 통해 풍부한 생명으로 향하는 문을 열어 주었다.

적어도 복음서에 나타난 예수의 삶에서는 이기적인 자기 중심성을 찾아볼 수 없다. 그의 삶은 오로지 하나님의 나라와 하나님의 뜻을 위해 움직인다. 예수가 이기적이고 사적인 욕구를 배제하고 하나님의 뜻에 따라 버림받은 자들을 다시 찾는 일에만 전념했다. 예수는 지도자들과 학자들을 혹독하게 비판했고 많은 사람들과 갈등과 투쟁 속에 빠져들었으며 심지어 가족들과도 화목하지 못했다. 도덕적으로나 인격적인 심리 상태의 완전성이란 표준으로 보면, 예수는 완벽하지 못했는지도 모른다. 그러나 오로지 하나님 나라와 버림받은 민중을 위해서 자신을 온전히 불태워 살았다는 점에서 예수는 아무런 죄와 흠 없이 완전하게 살았던 인간이다.

성경에서 말하는 죄는 하나님을 떠나서 제멋대로 사는 것이다. 하나님을 떠나서 산다는 것은 자기 자신 안에 갇히는 것을 의미한다. 하나님을 떠나는 것은 다른 모든 인간들로부터 떠나는 것이며 본래적인 자기 자신으로부터 떠나는 것이다. 죄는 하나님으로부터의 소외요 동료들로부터의 소외며 자신으로부터의 소외다. 하나님으로부터의 소외는 인간다움의 상실이며 생명의 본질인 기쁨과 사랑을 잃는 것이다. 동료들로부터의 소외는 형제다운 유대의 상실이며, 사랑의 일치를 상실하는 것이다. 자기로부터의 소외는 참된 주체성의 상실이다. 죄는 심리적인 상태가 아니라 관계의 단절이요 파괴다. 이 죄로 인하여 역사는 타락하고, 사회의 구조 악은 조성된다.

예수는 종교적으로 배척되고 사회적으로 소외되고 자기를 상실하고 물 위의 나뭇잎처럼 세상 돌아가는 대로 떠돌던 무리들을 찾아갔다. 예수는 그들이 역사의 진정한 주체임을 깨닫게 하고, 역사의 주인으로서 하나님 나라 운동에 참여케 하였다. 고립된 개인의 삶은 무기력하고 모래알처럼 메마르다. 나와 너로 이뤄지는 둘만의 삶도 불안하고 부족하다. 나와 너와 그로 이뤄지는 삶이야말로 참으로 하나님의 사랑에 잇대어 사는 삶이며, 삶의 진정한 깊이와 넓이와 높이를 지니는 삶일 수 있다. 예수는 학대받으며 중심을 잃고 아무런 의미도 목적도 없이 살던 인간들에게 "하나님 나라는 너희 것이다.", "너희가 학자들이나 종교 지도자들보다 하나님 나라에 먼저 들어간다.", "너희들이 바로 내 형제요 자매들이다."라고 선언함으로써 이들을 다가오는 하나님 나라의 전위대로, 역사의 주인으로 삼았다.

절망과 좌절의 나락 속에 빠져 있던 이들, 자기 안에 밀폐되어 있던 이들이 하나님의 사랑 안에서 헛된 우월감이나 열등감을 떨쳐 버리고 자신을 활짝 열어 예수와 함께 하나님 나라 잔치를 벌였다. 이들의 삶은 폭발적으로 확대되었다. 보리떡 다섯 개와 물고기 두 마리로 5천 명을 먹였다는 이야기도 황당한 기적 이야기로만 이해해서는 안 된다. 이것 또한 예수가 나눈 밥상공동체 생명 잔치의 연장으로 이해해야 한다. 수천 명이 예수와 더불어 음식을 함께 나누면서 하나님 나라의 기쁨을 미리 맛보았던 것으로 보아야 한다. 음식을 서로 나누는 구체적이고도 상징적인 행위 속에서 인간의 본원적인 일치와 사랑을 체험할 수 있다. 인간의 진정한 일치와 사랑이야말로 하나님을 떠나서는 있을 수 없는 것이므로, 예수가 나눈 밥상공동체는 하나님 나라를 아주 잘 드러낼 수 있었다. 예수와 나눈 공동 식사가 너무 새롭고 놀라운 경험이었기 때문에 이 경험을 민중은 기적 이야기로 표현할 수 있었다.

예수는 이처럼 함께 나누는 삶을 구원과 연관시켰다. 한 부자 청년이 구원의 길을 묻자 예수는 "재산을 모두 팔아 가난한 사람들에게 나눠주고 나를 따르라."고 하였다. 그리고 세무소장이던 삭개오가 예수를 만나고 나서 그동안 토색질한 것을 네 배로 갚아 주고 재산 절반을 가난한 자들에게 나누어 주겠다고 말하자, 예수는 구원이 이 집에 이르렀다고 말하였다. 이처럼 하나님 나라의 구원은 '함께 나누는 삶'과 연결된다.

예수는 하나님 나라 잔치를 민중과 함께 나누며 권력가들의 아성인 예루살렘을 향해 나아갔다. 이것은 죽음을 각오한 비장한 결의였다. 그래서 예수를 뒤쫓는 제자들은 두려움에 싸였다. 예루살렘을 향한 예수의 행진은 모든 것을 함께 나누려는 하나님 나라 운동이었으며, 기득권에 대한 집착이나 탐욕으로 인해 완고한 아집으로 닫혀 있는 예루살렘 지도층과의 대결이었다. 이 대결은 너무나 뻔한 것이어서 예수의 십자가 처형으로 끝났다.

어린 나귀를 타고 맨손으로 예루살렘 성에 들어온 예수와 로마 권력을 등에 업고 막강한 정치력과 경제력을 장악한 실권자들과의 대결은 처음부터 싸움이 되지 않는 것이었다. 예수는 십자가에 처형되었으나, 그를 뒤따르는 제자들 속에 다시 살아 하나님 나라 운동이 계속된다. 예수는 회개하고 복음을 믿으라고 했다. 회개란 자기 자신 안에 갇혀서 제멋대로 사는 생활에서 하나님께로 즉 하나님 나라로 돌아서는 행위다. 회개는 동료들과의 연대성을 회복하는 것이며, 자신의 역사적이고 사회적인 주체성을 회복하는 것이다. 복음을 믿는다는 말은 하나님 나라 운동에 몸 바쳐 참여한다는 말이다. 그것은 십자가를 지고 예루살렘 도성을 향한 행진에 참여하는 것이다. 그리고 하나님 나라의 승리를 믿는 것이다.

9. 가난한 사람들아, 너희는 행복하다

> "너희 가난한 사람들은 복이 있다. 하나님의 나라가 너희의 것이다."(누가복음 6장 20절)

성경은 가난한 사람들의 책이다. 역사적으로 보면 구약성경은 히브리 노예들의 해방과 시련을 주제로 해서 생겨났다. 신약성경은 가난한 민중이 주인이 되는 하나님 나라 운동에 의해 생겨났다. 히브리라는 말은 어떤 민족을 나타내는 말이 아니라 사회적으로 낮은 계층의 사람들을 나타내는 말이었다. 히브리인들은 토지도 집도 없이 떠돌아다니며 남의 것을 약탈하거나 노예가 되거나 돈 받고 전쟁해 주는 용병 노릇을 하며 살았다. 요즘 말로 하면 히브리인들은 춥고 배고픈 사람들, 생활 자체가 힘들고 한스러운 사람들이었다.

이들은 이집트에서 종살이하다가 탈출해 나와서 가난한 사람들끼리 가나안 땅에서 부족 연합체를 만들어 놓고, 이스라엘이라 불렀다. 구약 성경학자 폰 라트(Von Rad)에 따르면 '이스라엘'은 "하나님이여 통치하소서"란 의미를 지녔다. 사람들이 다스리는 나라들에서 고통당하며 절망하던 이들이 하나님이 직접 다스려 달라는 뜻을 가진 말을 그들의 나라 이름으로 붙였다.

성경에서 히브리 사람이나 이스라엘 사람이란 말이 나오는 데에는 이 같은 고통스러운 경험과 역사적인 갈망이 담겨 있다.

이처럼 성경은 가난하고 억눌린 사람들의 이야기로 시작된다. 여기에 성경의 특징이 있다. 그리스의 고대 철학은 폴리스(polis)란 도시국가를 형성하고 노예들을 거느린 자유롭고 부유한 사람들의 사상이다. 그리스 고대 철학의 주제는 가난하고 억눌린 사람들의 고통과 해방이 아니라 노예를 거느린 자유 시민들의 조화 있고 질서 있는 고상한 삶이다. 유교에서는 어떻게 하면 왕이나 관리들이 백성들을 잘 다스릴 수 있을까 하는 것을 문제 삼고 있다. 유교는 가난하고 억눌린 사람들의 사상이 아니라 왕·관리·지식인 지배층의 사상이다. 인도의 힌두교나 불교는 어떻게 하면 개인이 깨끗하고 평안한 삶을 살 수 있을까를 추구한다. 개인의 정신적인 평화를 얻기 위해 도덕적이고 종교적인 수행에 힘을 쓴다. 그러므로 불교에서는 가난하고 억눌린 사람들의 집단적인 고통, 배고프고 춥고 고달픈 외로움을 문제 삼지 않고 인간의 무지·탐욕·노여움을 어떻게 극복하여 정신적인 자유에 이를 수 있을까 하는 데 관심이 있다. 그 밖에도 여러 가지 종교나 사상들이 있지만, 가난하고 억눌린 사람들의 고통과 해방을 주제로 삼는 경전이나 종교는 성경밖에 없는 것 같다.

그러면 다시 구약성경으로 돌아가자, 히브리 노예들이 이집트에서 탈출하여 가나안 땅에서 이스라엘이란 나라 공동체를 건설한 후에 행복하고 평화로운 삶을 살았을까? 결코 그렇지 못했다. 가나안에 들어가서 왕조 국가를 세우기 이전 시대를 판관 시대라 한다. 그런데 「판관기」를 보면 이스라엘 사람들은 끊임없이 이웃 부족들과 전쟁을 해야 했고 이웃 부족들의 지배를 받아야 했다. 그러다가 사울이나 다윗과 같은 지도자가 나와서 이웃 부족들과의 전쟁에서 승리하고 왕조 국가를 세웠지만 자유롭고 정의로운 나라가 되지 못했다. 왕을 비롯한 지배 특권층이 생겨나 일반 민중은 다시 경제적으로 빼앗기고 억눌리는 신세가 되었다. 그뿐 아니라 아시리아 제국·바벨론 제국·페르시아 제국, 알렉산더 대왕의 마케도니아 왕국, 예수 시대의 로마 제국에 이르기까지 700여 년 동안 강대국들의 식민지가 되어 신음해야 했다.

이 오랜 세월 동안 히브리 노예들이 맛본 뼈아픈 고통과 이 고통스러운 상황에서 벗어나려는 갈망이 그들의 신앙에 담겨서 구약·신약성경이 되었다. 그래서 이들의 역사는 억눌린 가난한 사람들이 해방될 날, 승리할 날을 학수고대하는 기다림의 역사다. 이스라엘 민족은 새로운 시대와 새로운 사회가 시작되기를 온 맘과 온몸으로 기다렸다. 이런 희망과 기대가 하나님 나라에 대한 믿음으로 나타났다. 사람이 사람을 억누르지 않는 나라, 사람이 사람을 착취하지 않는 나라, 이런 나라는 하나님이 다스릴 때만 이뤄질 수 있는 나라다. 하나님이 통치하는 나라 다시 말해 하나님의 나라는 맨 처음에 히브리인들이 세운 나라 이름인 이스라엘과 서로 통하는 말이다.

이런 오랜 기다림 끝에 세례자 요한이 나타나 하나님의 나라가 가까이 왔다고 선언하기 시작했다. 가난과 억압에 지친 민중은 세례자 요한의 선포에서 새로운 희망을 보았고 새 힘을 얻었다. 많은 사람이 세례자 요한에 이끌려 움직이기 시작했다. 예수도 이 운동에 가담하여 요단강에서 세례자 요한에게 세례를 받았다. 그런데 세례자 요한은 헤롯 왕을 비난했기 때문에 처형당했다. 세례자 요한이 처형당한 정치적인 위기의 때에 오랫동안 잠들어 있던 민중이 깨어 열기에 싸여 있는 갈릴리 땅에서 하나님 나라를 선포하는 예수의 공적인 활동은 시작되었다.

예수는 가난하고 소외된 사람들의 친구가 되어 이들과 생활을 함께하였다. 예수는 언제나 음식을 이들과 함께 나누어 먹었다. 김 지하는 "하늘을 혼자 못 가지듯이 밥은 함께 나누어 먹는 것이다"라고 했다. 예수에게는 자신의 것이 따로 없었고 모든 것이 민중의 것이었다. 예수는 민중과 더불어 살았다. 세리와 창녀, 온갖 병자와 장애인들, 어부와 농부들이 언제나 예수의 주위에 있었다. 권력자·종교 지도자·부자들은 예수를 비웃고 적대했지만, 예수는 구애받지 않고 가난하고 억눌린 사람들과 함께 하나님 나라를 선포하고 하나님 나라를 시작하였다. 지배하고 섬김을 받으려는 게 아니라 자유롭게 섬기는 나라, 착취와 굶주림 대신에 적은 음식으로도 함께 나누어 먹는 풍성한 나라, 폭력과 압제 대신 사랑과 평화가 지배하는 나라를 예수는 가난한 민중과 함께 시작하였다.

사람 위에 사람이 없는 나라, 사람 아래 사람이 없는 나라, 그런 나라를 예수는 시작하였다. 하나님을 믿는다는 것은 하나님 외에 다른 어떤 것도 사람이든 돈이든 권력이든 명예든 남자든 여자든 사람 위에 두지 않는 것을 뜻한다. 만일 사람 위에 다른 무엇을 둔다면 바로 우상 숭배가 된다. 또 하나님을 믿는다는 것은 나 자신이 다른 사람 위에 올라서지 않는 것을 뜻한다. 사람 위에 설 수 있는 존재는 하나님뿐이었다. 하나님의 나라는 바로 이런 믿음의 나라다. 하나님의 나라는 부자와 가난한 자들 사이의 높은 벽이 무너지고 함께 만나는 나라다. 나라와 나라 사이의 벽이 무너지고 나와 너와 그의 벽이 무너져서 서로 하나가 되는 사랑의 일치에 이르는 나라다.

하나님 나라는 절망·좌절·고독·열등감 속에 갇혀 있던 사람들이 하나님의 자녀로서 기쁜 생명의 잔치를 벌이는 나라다. 이제까지 멸시받고 억눌리고 빼앗기기만 하던 사람들이, 남의 발아래 종노릇 하던 사람들이 주인이 되는 나라이며 이들에 의해 새로운 시대와 새로운 나라가 바로 동터 온다. 예수는 이런 나라를 시작하는 분으로서 "가난한 사람들은 행복하다."고 선언하였다. "가난한 사람들이 행복하다"는 말은 하나님 나라와 연결하지 않으면, 또한 하나님 나라를 시작한 예수 자신과 연결하지 않으면 이해하기 어렵다.

흑인 인권 운동가였던 말콤 X는 징역 생활도 많이 했던 사람인데 "가난한 사람들아, 너희는 행복하다."는 구절을 아주 싫어했다. 이 말은 가난한 사람들에게 아편 역할을 하는, 가난한 사람들을 가난 속에 그대로 머물게 하는 말이라는 것이다. 이렇게 생각하는 것은 예수의 뜻을 완전히 오해한 것이다. 이 구절은 말콤 X가 본 것과는 정반대로 봐야 한다. 현재의 세상은 부자들이 행복한 세상이고 부자들이 주인인 세상이지만, 예수가 지금 선포하고 시작하는 새 세상 새 나라에서는 가난한 사람들이 행복하고 가난한 사람들이 주인이 된다는 말이다. 예수는 놀랍고도 혁신적인 말을 한 것이다. 그는 가난한 사람

들을 새 나라 건설의 주체와 새 시대의 주역으로 삼은 것이다. 부자
도 없고 가난한 자도 없는 나라, 자유와 사랑이 넘치는 나라, 인간다
운 일을 하고 인간다운 사귐을 나누는 나라가 가난한 사람들에게서
시작되고 가난한 사람들에 의해 이루어진다는 것이다.

예수가 "가난한 사람들아, 너희는 행복하다."고 말했을 때, 이 말
은 가난한 사람들의 고통 속에서 하나님의 사랑이 나타나고 하나님
나라가 시작된다는 것을 뜻한다. 하나님은 가난한 사람들의 아픔을
함께 아파한다. 하나님은 가난한 사람들의 편에 있다. 하나님은 가난
한 사람들의 괴로움을 통해 새 역사를 열어 준다. 가난한 사람들의
고통 속에서 온 인류는 하나가 될 수 있다. 지금 굶주린 사람들, 지금
우는 사람들을 외면하는 사람들은 몸은 살았으나 영은 죽은 사람
들이요, 인간성을 잃고 짐승으로 타락하게 된다. 지금 가난하고 지금
우는 사람들의 아픔에 아무런 반응을 보일 수 없는 사람들은 사람
이 아니요 짐승이다.

지금 가난하고 지금 우는 사람들에 대해 어떻게 행동하느냐에
따라서 인류는 사람이 되냐, 아니면 짐승으로 타락하느냐, 인류의 미
래가 환히 열리느냐, 파멸에 빠지고 마느냐가 결정된다. 가난한 사람
들을 제쳐 놓고 인류는 행복할 수 없고 성숙한 인간이 될 수도 없다.
가난한 사람들의 아픔 속에서만 인류는 하나님의 사랑을 만날 수 있
고 참된 생명과 진실을 얻을 수 있다. 가난한 사람들의 고통 속에서
인류는 형제애를 찾을 수 있으며 풍부한 삶을 발견할 수 있다.

그러므로 가난한 사람들을 통해서 하나님 나라는 시작된다. 가
난한 사람들에 의해 인류는 구원을 받는다. 가난한 사람들에게 먼

저 하나님의 나라가 열린다. 가난한 사람들은 예수와 함께 새로운 삶의 잔치, 기쁨과 사랑의 잔치에 참여한다. 그러므로 가난한 사람들은 행복하다. 가난한 사람들은 예수와 함께 모든 인류를 하나님 나라의 잔치로 초대한다. 가난한 사람들은 자기 안에, 가정 안에, 특권적 계급 안에, 권력과 돈에 사로잡혀 있는 모든 사람을 구원과 해방에 이르도록 하나님 나라 잔치에 초대한다.

10. 생명에 대한 신뢰와 사랑

몸과 맘밖에 없는 가난한 사람의 삶을 존중하고 긍정하는 복음

가난한 사람이 행복하다는 예수의 말이 가난 자체를 미화하거나 가난을 추구하는 것은 아니다. 또 예수는 가난한 사람의 미움과 분노, 절망과 원한을 자극하고 선동해서 부자들에 맞서 투쟁을 선동하지 않았다. 예수는 가난한 사람의 삶을 있는 그대로 긍정했다. 가난한 사람은 돈, 권력, 지위, 명망이 없고 몸과 맘밖에 없다. 몸과 맘이 바로 삶 그 자체, 삶의 중심에 닿아 있다. 예수는 가난한 사람의 몸과 맘만 가지고 몸과 맘 그대로 행복하다고 선언한다. 몸과 맘만으로 기쁘고 힘차게 살라는 것이다. 삶으로 돌아가 삶의 알짬을 붙잡고 살라는 것이다.

왜 삶의 갈증이 생기고 생기가 없고 말씀이 들리지 않는가?

왜 우리의 삶과 맘에서 갈증이 나는가? 속이 막혀서 갈증이 나고 답답하다. 내 속이 '나'에 대한 생각과 감정으로 욕심과 집착으로 가득 찼다. 속이 꽉 막혀서 시원한 바람도 없고 맑은 샘물도 없다. 내 속에 나밖에 없고 나밖에 모르면 마음도 삶도 시들어 버린다. 이런 사람을 만나면 답답해진다. 속이 막힌 사람은 자신만 갈증 나게 하지 않고 남도 갈증 나게, 답답하게 한다. "내 속에 너 있다."는 드라마 대사가 유행하는데 정말 내 속에 "너, 하나님, 예수님"이 있어야 한다. 내 속에 '너'가 있으려면 내 속을 비워야 한다. 속을 비우고 뚫어서 마음이 가난해져야 하늘의 바람이 불고 생명의 샘물이 솟는다. 속이 뚫린 사람, 속을 비운 사람 만나면 시원하다.

왜 생기가 없는가? 생명 아닌 것, 돈, 권력, 지위, 명망 이런 것에 욕심내고 집착하니까 그런 것을 의지하고 두려워하니까 삶의 힘이 없다. 생명 아닌 것에서 생기가 나올 수 없다. 몸과 맘의 삶에 충실하고 삶만을 의지하고 붙잡으면 힘이 난다. 생기는 삶 자체에서 솟아난다. 삶 자체, 생명의 근원인 하나님만 의지하고 믿으면 생기가 넘친다. 오직 몸과 맘, 삶, 하나님, 믿음만 가지면 힘차게 살 수 있다.

왜 말씀이 안 들리는가? 내 생각과 주장에 매달려서, 내 생각과 주장으로 가득 차 있으니까 하나님의 말씀을 들을 수 없다. 내 생각과 주장을 버리고 비울 때 말씀이 뚜렷이 들린다. 가난해야만 몸과 맘에 머물 수 있고 몸과 맘의 생명 알짬에서 생수가 솟고 생기가 넘치고 말씀이 뚜렷해진다. 하나님 앞에 우주 자연 앞에 가난하지 않은 사람은 없다. 누가 하나님 앞에서 부와 권력, 지위를 자랑할 수 있는가? 하나님 앞에 설 때는 다 버리고 오직 몸과 맘만으로 서야 한다. 대 자연 우주 앞에 부와 권력을 자랑할 수 있는가? 누구나 맨손으로 왔다가 빈손으로 가야 하는 인생이다. 가지고 온 것도 없고, 가지고 갈 것도 없다.

본래 삶은 물질의 속박과 제약에서 벗어난 것이며 물질에 대하여 가난한 것이다. 마음이 가난한 사람만 물질을 초월하여 하나님을 믿을 수 있고 가난한 사람만 하나님께 갈 수 있다. 물질에서 자유로운 가난한 삶에서 생수와 생기가 나온다. 가난한 사람은 말씀에 의지하고 말씀을 붙잡고 살 수 있다. 몸과 맘을 하나님께 맡기고 몸과 맘에 충실하면 생수, 생기, 말씀이 넘친다. 천지 만물 우주 한가운데 두려움 없이 몸과 맘만을 가지고 서면 틀림없이 생기가 솟고 말씀이 들릴 것이다.

가난한 사람이 행복하다고 말함으로써 예수는 가난한 사람의 삶을 긍정한 것이다. 예수는 몸과 맘밖에 없는 가난한 삶, 있는 그대로의 삶을 전적으로 긍정한다. 병들고 가난한 사람에게 염려하지 마라, 걱정하지 말라고 위로한다. 염려나 걱정은 삶 자체에서 오지 않고 삶에 대한 관념이나 망상, 물질에 대한 욕심과 집착에서 온다. 염려한다고 키가 커지지 않고, 걱정한다고 목숨이 늘어나지 않는다. 절망적인 상황, 위기 상황에 있는 사람, 먹을 것 입을 것이 부족한 사람이 할 수 있는 일은 걱정하고 염려하는 게 아니라 몸과 맘을 하나님께 맡기고 자신의 생명을 스스로 힘껏 사는 것이다. 예수는 쌀이나 직장을 가져다주지 않는다. 그러나 하나님을 믿고 자기 몸과 맘을 가지고 힘껏 살라고 가르친다. 이것이 사는 길이다.

　예수는 생명을 신뢰하고 낙관한다. 모든 생명체에 대한 아버지 하나님의 사랑과 돌보심을 확신한다. 그러므로 예수는 삶에 대하여 염려하지 말고 걱정하지 말라고 했다. "참새 한 마리가 두 앗사리온에 팔리지 않느냐? 그러나 하나님이 허락하시지 않으면 참새 한 마리도 땅에 떨어지지 않는다. 하늘의 새들도 하나님이 먹여주시고, 오늘 피었다가 내일 아궁이에 던져질 들꽃도 하나님께서 솔로몬의 옷보다 아름답게 입히시거든 사랑하는 자녀들인 너희들을 먹이시고 입히시지 않겠느냐? 무엇을 먹을까 무엇을 입을까 염려하지 마라!" 하나님이 자기를 자녀처럼 사랑한다는 확신을 가진 사람은 염려와 걱정에서 벗어나 힘껏 살 수 있다. 이것이 믿음이다.

　그런데 믿고 살다가 굶어 죽으면 어쩌나? 병들어 죽으면 어쩌나? 물질과 육체의 관점에서 보면 삶은 상처받을 수 있고 죽을 수 있다. 육체를 가진 인간은 잘못과 질병과 죽음을 피할 수 없다. 인간은 실패할 수 있고 병들 수 있고 죽을 수 있다. 생명의 껍질과 그릇인 육체는 죽더라도 생명의 주인과 주체인 영혼은 살 수 있고 살아야 한다. 근심과 걱정 가운데 죽음을 두려워하며 벌벌 떨면서 죽으면 죽음에 굴복하는 것이다.

　하나님을 믿는다는 것은 내 생명의 속에, 밑에, 위에. 앞에, 뒤에 하나님이 계심을 믿는 것이다. 하나님을 믿는 사람은 내 생명을 하나님께 맡기고 믿음으로, 생의 기쁨과 확신을 가지고 죽을 수 있어야 한다. 그러면 죽어도 죽음을 이기는 삶을 살 수 있다. 삶과 죽음을 넘어서 하나님이 나를 돌보고 지킨다는 믿음을 가지고 살 때, 살거나 죽거나 죽음 속에서도 힘껏 아름답게 살 수 있다. 나의 생명을 내 몸과 맘과 영혼을 하나님께서 돌보고 지킨다는 믿음을 가지고 힘껏 아름답게 사는 것이 이기는 삶이며 영원히 사는 길이다.

이웃은 하나님 나라의 편지

이렇게 살려면 내가 하나님의 자녀라는 믿음을 가져야 한다. 사람의 영혼은 온 천하보다 귀하다. 사람은 우주의 밑둥이며 우주의 꼭대기다. 사람의 마음은 온 우주를 끌어안고도 남음이 있다. 내가 지금 쉬는 숨은 수십 억 년 이어온 숨이다. 내 몸속에 신경세포, 유전자 RNA, DNA는 수십억 년 다듬어지고 진화하고 발전된 것이다. 138억 년 우주 역사, 38억 년 생명 진화의 역사, 5백만 년 인류의 역사, 5천 년 민족사가 내 속에 내 얼굴 속에 들어 있다. 이 얼굴 이 몸, 이 맘이 하루아침에 생긴 것이 아니다. 2~30년 산 것도 아니다. 수십억 년, 수백만 년, 수천 년 이어온 삶이다. 그러니 쉽게 포기하고 절망할 목숨이 아니다. 사람이 되어서 비로소 우주를 알게 되고 우주보다 큰 하나님, 절대, 무한, 초월의 세계를 알고 느끼고 체험하게 되었는데 쉽게 포기할 수 없고 절망할 수 없다. 이 몸과 맘속에 무궁한 생명의 신비와 힘과 지혜가 들어 있다.

이렇게 크고 엄청난 삶인데, 왜 오늘 나의 삶이 힘없고 시시한가? '내'가 없기 때문이다. 역사의 가난과 정신의 빈곤은 자기를 잃은 데서 비롯된다. 힘 있고 빛나게 살려면 나를 찾아야 하고 나를 세워야 한다. 나는 누구인가? 나는 사람이다. 사람은 이 우주에서 가장 깊고 존귀한 존재다. 우주의 깊이와 높이가 내 속에 있다. 나는 누구인가? 내 몸과 내 맘이 '나'다. 내 몸과 맘밖에는 내가 없다. 내 몸은 하나님이 계시는 거룩한 집이며, 내 마음은 하나님과 만나고 통하며 사귀는 자리다. 하나님과 만나고 하나님을 느끼고 하나님을 인식할 수 있는 곳은 사람을 내놓고 없다. 사람인 나의 몸과 맘에 하늘이 깃들고 이 몸과 맘에서 하나님을 만난다.

믿음과 삶은 내게서 시작한다. 내가 거꾸러지고 내가 죽으면 우주도 세상도 없다. 생명 진화의 끝이 내 속에 있고, 인류 역사의 매듭이 내 손에 있다. 인류 한 사람, 한 사람의 '나' 속에 우주의 운명이 걸려 있고 인류 역사의 완성이 달려 있다. 내가 일어서면 인류도 서고 내가 살면 우주도 산다. 내 속에 삶의 신비가 들어 있고 삶의 목적과 의미가 담겨 있다. 예수는 맹세하지 말라고 가르쳤다. '예' 할 것은 '예' 하고 '아니오' 할 것은 '아니오'하라. 있는 그대로의 삶의 알짬만 잡아라! 삶의 중심에 집중하고 충실해라! 내 생명의 알짬과 네 생명의 알짬을 보고 잡으라는 것이다. 내 몸과 맘, 영혼을 잡아 세우라. 너의 중심을 보고 인정하고 존중하라! 사람을 볼 때 눈을 보고 영혼을 보라. 그 눈과 영혼을 생명과 정신의 주체와 주인으로 '나'로 존중하고 인정하는 맘으로 보라.

내 속에 우주 생명의 영원한 신비가 깃들어 있고, 오늘 내가 만나는 이웃 속에 우주 만물을 창조한 하나님의 얼굴이 새겨져 있다. 수십억 년 생명 진화의 역사를 거쳐, 수백만 년 인류 역사를 거쳐 나를 만나러 나를 상대하려고 '네'가 내게로 왔다. 내가 만나는 너는 하나님의 편지를 가지고 내게 왔다. 모든 이웃은 더불어 살고 서로 위해 살라는 예수의 '하나님 나라 편지'를 안고 내게로 온 것이다. 내가 어찌 너를 게으름과 짜증과 미움과 편견 속에서 맞이하겠는가? 네게로 돌아가리라! 모든 미움과 분노와 편견과 두려움을 떨쳐 버리고 너를 보기 위해서 너를 만나기 위해서 네게로 가리라.

보복 금지와 원수 사랑

예수는 보복을 금지하고 원수를 사랑하라고 했다. 보복 금지와 원수사랑도 이상이 아니라 생명 자체에 충실한 것이다. 감정과 관념을 버리고 나와 상대를 있는 그대로 보면 원수 사랑이 생명에 충실하고 생명을 실현하는 것이며 물질과 육체의 멸망과 죽음을 이기는 길이다. 보복하는 것은 미움과 노여움의 원한 감정과 용서할 수 없다는 관념에서 비롯된 것이다. 사실 누가 내게 모독을 주고 손실을 끼쳤을 때 보복하는 것은 잘못된 감정이나 관념에 지배되는 것이다. 보복으로는 삶의 본질과 목적을 실현할 수 없고, 정의를 실현할 수 없다.

인격적인 모독을 당할 때 흥분하고 미워하고 노여워하는 것은 삶의 현실, 삶의 중심에 충실한 것이 아니다. 그것은 현명한 것도 성숙한 것도 아니다. 나를 미워하고 상처 주는 사람을 나도 할키고 미워하면 서로 망가지고 지저분해진다. 할 수만 있다는 나를 모독하는 사람을 참아주고 존중해주고 기다려주며 이해할 수 있다면 나도 빛나고 상대도 아름답고 존귀하게 될 수 있다. 원수를 사랑할 수만 있다면 화해하고 더불어 살길이 열린다.

원수를 사랑할 수 없는 사람도 원수에게 공정하고 친절하고 예의 바를 수는 있다. 그러면 삶의 길이 열린다. 보복하고 적과 싸우면 삶의 길은 막힌다. 공적인 일에는 예언자적 분노를 가지고 싸울 수 있어야 한다. 그러나 싸우더라도 사랑으로 상대를 구원하려는 마음으로 싸워야 함께 구원받을 길이 열린다. 그래야 삶에 생수가 넘치고 생기가 있고 말씀이 충만해진다.

예수는 산상설교에서 가난한 사람들에게 먹고 입고 사는 일에 대해서 걱정하지 말고, 돈과 지위와 명예에 대해서 염려하지 말라고 가르쳤다. 염려나 걱정은 삶 자체에서 오지 않고 삶에서 유리된 망상(妄想)에서 나온다. 내 몸과 맘은 하나님의 영이 거하는 집이며, 우주 생명의 무궁한 힘과 지혜가 깃든 곳이다. 염려와 걱정은 몸과 맘을 해칠 뿐 아무 도움을 주지 못한다. 하나님이 나를 돌보고 길러 주시니까 내 몸과 맘에 무궁한 생명의 힘이 깃들어 있으니까 믿고 힘껏 살라고 예수는 가르쳤다. "구하라, 찾으라, 문을 두드려라!"라는 말씀은 얼마나 적극적인가. 염려와 걱정은 삶을 무력하고 게으르게 만든다. 염려하는 사람은 결코 힘찬 삶을 살 수 없다. 예수는 우리를 염려와 걱정에서 벗어난 힘 있고 뚜렷한 삶으로 이끈다. 예수는 적극적으로 살라고 했다. 구하라 찾으라, 문을 두드려라! 하나님을 믿고 적극적으로 행동하면, 힘껏 살면 된다! 그러면 삶의 변화, 새 역사가 시작된다. 돈이 있어야 일이 될 것 같지만 돈으로 일이 시작되지 않는다.

참된 삶을 힘차게 살려면 예수에게 돌아가야 한다. 그리스도인의 삶과 신앙의 원천은 예수다. 예수는 누구인가? 예수는 언제나 살고 죽고, 잘하고 못하고 높고 낮고의 가운데를 꿰뚫은 이며, 그 가운데에서 생사, 선악, 빈부, 귀천의 차별을 뚫고 '하나인 평등한 생명'에 이르렀다. 예수는 늘 삶의 중심을 살았다. 예수는 삶의 미묘한 중심, 알짬을 잡은 이다. 예수의 사랑으로만 삶의 중심이 드러난다. 예수 안에서 우리는 이 삶의 중심 알짬을 힘 있게 살아야 한다. 이것이 십자가의 길, 좁은 길, 예수께서 가신 길이다. 죄와 죽음을 넘어서 영원히 사는 길이다. 예수 안에서 생명의 중심을 잡기만 하면 좁은 길, 가시밭길, 십자가의 길도 고마운 마음으로 노래하며 춤추며 기쁘게 갈 수 있다.

11. 행복한 사람: 가난하고 애통하며 온유한 사람

예수는 "마음이 가난한 사람은 행복하다. 하늘나라가 저희의 것이다."라고 말했다. 누가복음에는 '가난한 사람'이 행복하다고 나오는데 마태복음에서는 '마음이 가난한 사람'이 행복하다고 나온다. 성경학자들에 따르면 본래 예수는 '가난한 사람'이 행복하다고 했는데 교회에 가난한 사람들과 가난하지 않은 사람들이 함께 모이면서 '마음이 가난한 사람'으로 바뀌었다. 가난한 사람이 행복하다는 말과 마음이 가난한 사람이 행복하다는 말을 차례로 생각해보자.

예수는 가난한 사람이 행복하다고 선언했다. 그 당시 가난한 이들이 얼마나 절박한 가난 속에 내몰렸는지 안다면 가난한 사람이 행복하다는 예수의 말씀이 더 절실하게 들릴 것이다. 생존을 지탱하기도 어려운 가난한 이들이 행복하다고 예수는 말했다. 이들이 하늘나라의 주인이라고 선언했다. 예수의 이러한 선언은 오해하기 쉽다. 이것은 단순한 도덕적 가르침이 아니고 사회정치적 선언이 아니다. 가난한 사람에게는 몸과 맘밖에 없고 생명밖에 없다. 가난한 사람은 하루하루 자신의 주어진 생명을 살 뿐이다. 가난한 사람은 생명 그 자체를 충실히 사는 존재다. 물질의 제약과 속박에서 벗어난 생명은 그 자체로서 아름답고 존귀한 것이며 기쁘고 신나는 것이다. 가난한 사람은 생명의 창조적 근원이고 주인인 하나님과 직결되고 직통하는 존재다.

　예수는 가난한 이들의 삶 속으로, 이들의 마음속으로 들어간다. 그들의 속으로 들어가서 생명의 빛, 영혼의 불, 희망의 등불을 밝힌다. 어둠을 빛으로, 절망을 희망으로, 죽음을 생명으로 바꾼다. 가난이 어둠과 절망, 죽음의 이유였는데 이제 그 가난이 생명, 희망, 빛의 근거가 된다. 삶, 희망, 빛은 밖에 있지 않다. 가난한 사람들의 가난 속에 가난한 마음속에 행복이 있고 삶의 빛이 있다.

　가진 자들과 힘센 자들에게 짓밟히고 억눌려서 상처받고, 절망한 이들이 미움과 분노, 절망과 체념을 극복하고 스스로 설 때 하늘이 열린다. 가난한 사람의 빈 마음에 빈 하늘이 열리고, 아무것도 없는 마음에 무한한 하늘이 드리운다. 하늘을 모시고 선 마음은 새 역사, 새 나라의 주인이다. 이처럼 생명의 깊이에서 이해하면 가난한 사람이 행복하다는 선언과 마음이 가난한 사람이 행복하다는 선언이 만나고 통하게 된다.

하늘나라는 마음이 가난한 사람들의 것이다.

몸과 마음을 뗄 수 없듯이 마음의 가난과 몸의 가난을 나눌 수 없다. 마음이 있는 곳에 몸이 가고 몸이 가는 곳에 마음이 있다. 그러나 몸과 마음을 뗄 수 없지만, 몸과 마음이 하나로 되기도 어렵다. 몸과 마음이 서로 갈등하고 싸우는 것도 사실이다. 몸과 마음이 하나로 되는 자리가 삶의 자리이고 구원의 자리다.

물질적으로 가난한 사람은 삶의 위협을 받으므로 삶에 절박하고 충실하다. 몸과 마음의 움직임에 예민하고 민감하다. 그러므로 가난한 사람들의 삶에서 인정이 넘친다. 삶에 대한 간절한 그리움, 인정에 목마르고, 의와 평화를 갈구한다. 새로운 삶과 세상을 기다린다. 빼앗기고 없는 이들이 물질의 소중함을 알고 나눔과 섬김의 고마움을 안다. 가난한 사람들이 하늘나라에 먼저 들어간다. 그러므로 예수는 부자가 하늘나라에 들어가기는 참으로 어렵다고 했다. 부자는 나누려 하지 않고, 지금의 삶과 질서가 근본적으로 바뀌기를 바라지 않는다.

가난한 사람은 부자를 포함한 다른 사람들과 함께 나누며 더불어 살기를 바라지만 부자는 가난한 사람들과 함께 나누며 살기를 바라지 않는다. 부자는 홀로 이대로 살자는 것이고 가난한 사람은 나누며 더불어 살기를 바란다. 가난한 사람은 자신의 삶에서 사랑과 정의가 실현되기를 절실히 갈구하지만, 부자는 자신의 삶에서 사랑과 정의가 실현되기를 절실히 갈구하지 않는다. 부자는 하나님 없이도 살수 있지만 가난한 이는 하나님이 필요하다. 가난한 이는 새 세상, 다른 세상을 원하지만, 부자는 지금 여기의 세상이 유지되기를 바란다.

정의와 사랑과 평화의 하나님이 오실 자리, 있을 곳이 부자들 사이에는 마련되기 어렵고 가난한 사람들 사이에서 쉽게 마련될 수 있다. 하나님도 가난한 사람을 사랑하고 위로하신다.

마음이 가난한 사람

본래 유대교에서 '가난한 사람'은 '경건한 사람'과 같은 뜻으로 쓰였다. 물론 부자와 권력자는 경건한 사람이 될 수 없다고 생각한 것은 아니다. 부와 권력을 가진 사람도 부와 권력에 안주하고 집착하지 않는다면 부와 권력에 대하여 자유로운 사람일 수 있다. 부와 권력을 가진 사람도 부와 권력에 대하여 자유롭다면 하나님의 의와 사랑을 사모하는 경건한 사람일 수 있다. 큰 부와 명망을 누렸던 욥도 하나님 앞에서 경건하고 의로운 사람이라고 했다.

그러나 부와 권력을 누리는 사람이 경건하고 의로운 사람이 되기는 어렵다. 부와 권력을 누리며 향락을 추구하는 사람은 하나님의 의와 사랑을 사모하는 경건한 사람일 수 없다. 그러므로 유대교에서는 가난한 사람을 경건한 사람과 동일시했다. 하나님 앞에 경건한 사람은 부와 권력을 멀리하며 사랑과 의를 추구하기에 청빈하게 살기 마련이다. 가난한 사람을 착취하고 짓밟고 외면하는 사람이 경건한 사람일 수 없다. 경건한 사람은 마음이 가난하고, 마음이 가난하면 사회적으로 가난한 사람을 사랑과 의로운 맘으로 대할 수 있다.

마음이 가난한 사람은 물질에 매인 욕망, 감정, 생각, 집착으로부

터 자유로운 사람이다. 마음에 하늘(하나님)을 품고 모실 때 마음의 가
난과 자유를 누릴 수 있다. 마음의 가난과 자유를 누리는 사람은 물
질세계의 주인으로 살 수 있다. 물질세계의 주인으로 사는 사람은 돈
과 기계와 물건을 값과 보람, 쓸모와 필요에 따라 바르게 쓸 수 있다.

옛날과 다르게 생활이 복잡하고 비용이 많이 드는 사회에 우리
는 살고 있다. 돈 없이 살 수 없는 시대다. 모두 다 버리고 몸과 맘만
으로 살 수 있다면 좋지만 얽히고, 설킨 관계 속에서 사는 현대인들
에게 모든 것을 버리고 희생하라고 말할 수 없다. 또 돈이 피처럼 소
중한 자본주의 사회에서 모두 가난해지라고 할 수도 없다. 그러나 생
태계가 파괴되고 사회적 양극화가 갈수록 심해지는 오늘날 가난한
맘을 가지고 검소하고 소박하게 살면서 가난한 사람과 나누는 삶이
절실히 요청된다.

크게 생각하지 말고 할 수 있는 작은 일부터 해야 하지 않을까?
먹고 입고 노는 데서 씀씀이를 줄이고 생활비와 교육비를 줄이는 일
부터 해야 하지 않을까? 삶에서 허영과 거품을 덜어내자. 모든 일을
알뜰하고 살뜰하게 조심조심 살아가자. 하늘나라가 가까이 오는 것
을 보고 느낄 때까지 일, 생각, 말도 알뜰살뜰 알맞게 하자.

마음이 가난하다는 것은 몸과 맘에 쓸데없는 욕심이 사라진 것
을 뜻한다. 욕심이 사라져 맘이 비면, 하나님이 들어오실 것이고, 맘
이 맑아지면, 하나님을 보게 될 것이다. 하나님을 모시고 하나님을 보
면 정말 행복하지 않겠는가? 나도 근심, 걱정에 사로잡히고, 무엇이
되겠다거나 하겠다는 욕심에 차 있을 때는 마음에 행복을 느끼지 못
한다. 나도 언젠가 죽을 것임을 안다. 나는 이루고 싶은 것을 다 이루

지 못하고 죽을 것이다. 하고 싶고 이루고 싶은 일이 많지만, 그래도 욕심을 비우고 나를 돌아보면 "행복하구나!"하는 생각이 든다. 세상에 나서 예수를 알고 예수의 삶의 길을 마음에 품고 살았고, 어려운 때, 어려운 나라에서 살면서 좋은 선생님들을 만나고 가까이하며, 살았다. 내 몸은 일그러졌으나 삶과 정신을 이만큼이라도 지켜서 하나님을 생각하며 살아왔으니, "참으로 행복하다."

애통하는 사람

"애통하는 자는 복이 있나니 그들이 위로를 받을 것임이요."(마태 5, 4)

애통하는 것은 살아있음의 표시다. 살아있는 것은 아픔을 느끼기 마련이고 아프면 꿈틀거린다. 아픔을 느끼지 못한다면 살아있는 것이 아니고 살아 있으면서도 아픔을 못 느낀다면 정신과 혼이 죽은 것이다. 기계와 물질, 돈에 붙잡혀 사는 현대인은 영혼이 마비되어 아픔을 느끼지 못한다. 나의 아픔뿐 아니라 남의 아픔을 느끼지 못한다.

아픔을 느끼지 못하면 살았으나 죽은 것이다. 신경이 마비되고 마취되어 아픔을 느끼지 못하는 생명은 죽게 된다. 아픔을 느끼지 못하는 공동체, 사회, 문명은 해체되고 무너진다. 애통하는 사람이 있어야 나라가 산다. 불의와 악을 보고 애통하는 이, 가난하고 굶주리고 병든 이, 일터에서 쫓겨나 거리를 헤매는 이, 홀로 사는 노인, 부모 잃은 어린이를 보며 애통하는 사람이 있어야 나라가 산다. 애통해야 내 생명과 영혼이 생동한다. 애통해야 사랑과 정의가 살아난다.

슬퍼하는 사람은 행복하다. 생명은 물질 안에서 물질을 초월한 것이다. 물질을 초월한 생명은 기쁨과 신명을 가진 것이다. 생명은 물질에 의존해 살면서도 '물질이 아닌' 것이고 물질의 속박과 제약을 벗어난 것이다. 물질을 초월한 것이면서 물질 안에서 물질에 의존해 사는 생명은 물질에 만족하지 못하고 물질에 머물러서도 안 되는 존재다. 그러므로 생명은 늘 안타깝고 아쉬운 것이며 늘 새롭게 변화하고 자라고 새롭게 태어나는 것이다. 생명은 과거를 붙잡을 수 없고 현재에 머물 수 없다. 생명은 언제나 과거를 버리고 현재를 밟고 앞으로 나아가야 한다.

슬픔은 과거와 현재의 삶에 머물 수 없는 삶의 아쉬움과 그리움에서 생겨난다. 무엇인가 잃어버림으로, 무엇인가 없음으로, 아쉽고 고통스러운 것이다. 현실에 안주하거나 자신에게 만족하는 사람은 슬프지 않다. 사람은 땅에 발을 딛고 머리를 하늘에 쳐들고 사는 존재다. 몸은 땅의 물질세계에 의존해 살면서 맘과 영혼은 하늘을 그리워하고 하늘로 솟아올라 나아가는 존재다. 하늘은 텅 빈 것이고 하늘하늘 있는 듯 없는 것이다. 하늘을 향해 솟아올라 나아가는 인간에게 참이란 이 우주와 몸이 빈 것이요, 돈과 지위와 권력이 없는 것이고 빈 것임을 아는 것이다. 그러므로 참을 알고 느끼는 이는 돈과 기계와 물질로 돌아가는 세상에서 슬픔을 느낀다. 세상에서 슬픈 사람은 생명의 진실에 가깝다.

슬픈 사람은 비었기 때문에 채워질 것이고, 간절히 그리워하기 때문에 만날 것이다. 이미 배부르고 만족한 사람은 더 채울 게 없다. 채울 게 없는 만족한 사람은 살았으나 죽은 것과 같다. 삶은 늘 새롭게 되는 것이며, 숨에는 삶에 대한 간절한 그리움이 담겨 있다. 슬픔은 삶을 향한 아쉬움이요, 임을 향한 그리움이다. 슬퍼하는 사람은 반드시 위로를 받고 위로를 받으면 행복할 것이다. 슬픔 속에 기쁨의 샘이 있다.

슬픔을 느끼는 사람은 삶의 아픔을 느끼는 사람이다. 그러므로 예수는 "애통하는 자는 복이 있나니 그들이 위로를 받을 것임이요."(마태 5, 4)라고 말했다. 애통하는 것은 살아있음의 표시다. 살아있는 것은 아픔을 느끼기 마련이고 아프면 꿈틀거린다. 아픔을 느끼지 못한다면 살아있는 것이 아니고 살아 있으면서도 아픔을 못 느낀다면 정신과 혼이 죽은 것이다. 기계와 물질, 돈에 붙잡혀 사는 현대인은 영혼이 마비되어 아픔을 느끼지 못한다. 나의 아픔도 남의 아픔도 느끼지 못한다.

슬프고 싶어서 슬픈 사람은 없다. 사는 게 고통스럽고 부끄럽고 몸과 마음이 뜻대로 되지 않으니 슬픈 것이다. 삶을 뜻대로 자유롭게 진실하게 살자면 참으로 고통스럽다. 피 흘리는 투쟁을 통해서만 자유에 이를 수 있고, 삶의 껍질을 찢는 아픔 속에서만 진실할 수 없다. 내 살을 깎고 다듬는 아픔과 가진 것을 버리고 비우는 고독 없이 아름다울 수 없다. 내가 자유롭지 않은 것을 알고 자유를 향해 꿈틀거리지만, 자유가 멀기만 한 사람은 슬프다. 진실을 말하자면 살을 찢는 아픔, 관계가 끊어지는 고통을 느껴야 한다.

온유한 사람

   온유한 사람은 따뜻하고 부드럽다. 칼이나 창처럼 굳세고 날카롭지 않고, 흙처럼 부드럽고 물렁하다. 그는 남을 깨뜨리기보다 자신이 부서지는 사람. 스스로 물러나고 낮아지는 물처럼, 남을 품어주고 띄워주는 사람이다. 그는 기꺼이 남이 디디고 설 흙이 되려는 사람이다. 그래서 그는 늘 비어있고 늘 가득하다. 욕심 사나운 사람은 땅에 붙어 있지 못한다. 욕심 없이 부지런히 땅을 파는 겸허하고 온유한 이가 땅을 차지한다. 땅을 갈고 땅에서 피는 것으로 사는 이가 땅의 주인이다.

   땅은 모든 더러운 것 다 받아주면서 그 모든 더러운 것을 써서 아름답고 깨끗한 것을 지어낸다. 땅은 죽은 것으로 생명을 피워내며, 썩은 것으로 향기로운 꽃과 열매를 빚는다. 누구나 받쳐주고 기꺼이 발 밑에서 돋우어 주는 땅은 어머니 같다. 땅은 두텁고 든든하다. 온유한 사람은 땅처럼 두텁고 든든하다.

12. 어린이 마음으로 원수를 사랑하고 의를 사모하라

어린이의 마음

   그 때에 제자들이 예수께 다가와서 물었다. "하늘 나라에서는 누가 가장 큰 사람입니까?" 예수께서 어린이 하나를 곁으로 불러서, 그들 가운데 세우시고 말씀하셨다. "내가 진정으로 너희에게 말한다. 너희가 돌이켜서 어린이들과 같이 되지 않으면, 절대로 하늘 나라에 들어가지 못할 것이다. 그러므로 누구든지 이 어린이와 같이 자기를 낮추는 사람이 하늘 나라에서는 가장 큰 사람이다. 또 누구든지 내 이름으로 이런 어린이 하나를 영접하면, 나를 영접하는 것이다." (마태 18, 1~5)

고아원에 있는 어린이의 90% 이상이 부모 있는 아이들이라고 한다. 그런가 하면 노인을 내다 버리는 현대판 고려장이 해마다 1천 건 이상 일어난다. 어린 자녀와 늙은 부모를 내다 버리는 이런 인륜 상실, 패륜의 행위들은 인간 세상의 종말을 알리는 징조들이다. 연약한 어린 생명을 사랑하고 어린이의 마음을 회복할 때 구원은 온다. 어린이는 인류의 죄악과 타락에도 불구하고 미래를 보장하고 약속해 주는 하나님의 무지개다. 어린이를 학대하는 사람은 삶의 희망을 잃은 사람이다. 하나님 나라에 들어가기 위해서 예수를 닮기 위해서 우리는 어린이처럼 되어야 한다.

어린이처럼 산다는 것은 어떻게 사는 것일까? 어린이는 지금, 현재의 삶에 충실하다. 과거에 매이지 않고 미래의 헛된 꿈과 염려에 사로잡히지도 않는다. 그저 하루의 삶, 그 순간의 삶에 충실하다. 삶에 충실하고 자유롭기에 기쁘다. 자유롭고 기쁘기에 어린이는 생기가 충만하고 생명이 약동한다. 어른보다 어린이가 생명의 근원에 가까이 있다. 꾀만 부리고 불신하고 제 주장만 앞세우는 사람에게는 생명의 샘이 막힌다. 그러나 어린이에게서는 생명의 근원이 드러난다. 순수하기에, 믿고 의지하기에 어린이의 삶에서 맑은 생명 샘물이 솟아

남을 느낀다. 그러므로 어린이를 보면 누구나 생의 근원에서 우러나는 기쁨과 사랑을 느낀다. 예수의 복음은 생의 근원을 드러내며 생의 근원을 회복하는 기쁜 소식이다. 복음적인 삶, 믿음의 삶에는 생동하는 생명의 샘물이 솟는다.

어린이는 부모에게 삶을 맡기고 전적으로 의지한다. 그러기 때문에 약하고 상처받을 수 있다. 어린이의 삶은 모험적 삶이다. 믿음은 모험이다. 모험에서만 사랑과 평화는 가능하다. 하나님의 능력과 사랑에 자신을 맡기는 사람은 자기의 약점을 드러내고 상처받을 수 있다. 자신의 약점을 드러내고 상처받을 각오를 하는 모험적 용기에서만 사랑은 가능하고 평화는 이루어진다.

어린이는 분열되지 않고 통째로 마음을 주고받는다. 위선 없는 진솔한 마음이 사귐의 기초다. 어린이는 있는 그대로 산다. 울어도 몸과 마음을 다해 울고 웃어도 몸과 마음을 다해 웃는다. 생명이 어린이에게서 그대로 드러난다. 그래서 어린이와 함께 있으면 마음의 긴장이 풀리고 싱싱해진다. 일제의 식민 통치 시기에 살았던 김교신은 교육자와 기독교 신앙인의 모범을 보인 사람이다. 어느 날 제자가 찾아와서 김교신은 제자와 함께 삼각산을 오르며 대화를 나누었다. 산길을 걷던 김교신은 갑자기 골짜기로 내려가 큰 바위 앞에 앉아서 어린애처럼 큰 소리로 울었다. 한참 소리 내어 울던 김교신은 산을 오르면서 제자에게 말했다. "자네도 한번 어린애처럼 크게 울어보게. 그러면 맘에 위로를 받고 힘이 날 걸세." 어린아이처럼 맘을 놓고 큰 소리로 울다 보면 생의 근원에 이르고 생의 기쁨과 사랑을 얻을 수 있다.

하나님께 기도해서 하나님의 은혜를 받으면 어린이의 마음이 되어서 마음이 평화로워지고 새 힘이 솟는다. 어린이는 부모에 대한 믿음과 사랑 속에서 자란다. 어린이를 바르게 기르려면 어린이에게 사랑하는 법과 사랑받는 법을 가르쳐야 한다. 부모로부터 사랑을 풍성하게 받은 사람만이 바르게 사랑할 줄 알고 사랑받을 줄 안다. 인간은 하나님의 사랑에서 사랑을 배운다. 스스로 자유롭게 사는 삶의 능력은 사랑에서 온다.

원수 사랑

예수는 노여움을 품으면 이미 살인한 것이고 음욕을 품으면 이미 간음한 것이라고 했다. 또 오른뺨을 때리면 왼뺨마저 돌려대고 속옷을 달라면 겉옷마저 주고 오리를 가자면 십 리를 가고 무엇이든 달라면 거저 주라고 하였다. 예수의 이 가르침은 생명과 영의 가장 깊고 높은 경지를 보여준다. 산상설교의 이 대목에서 예수가 하나님을 아버지로 만나고 체험하면서 몸과 맘과 얼의 높은 경지에 이른 것을 알 수 있다. 하나님의 말씀과 뜻이 예수의 몸과 마음속에 온전히 실현되었다. 예수는 마음과 행위, 생각과 행동을 통일시킴으로써 기쁘게 자발적으로 하나님 아버지의 사랑을 삶 속에서 실현하였다.

예수의 가르침대로 산다는 것은 이미 마음속에서 하나님을 모시고 사랑과 정의 평화 기쁨을 안고 사람을 대하는 것이다. 자신의 몸과 맘과 얼에서 하나님을 아버지로 모시고 하나님의 품 안에서 살았던 예수는 하나님과 뗄 수 없는 하나를 이루었다. 하나님과 하나를 이룬 예수의 몸, 맘, 얼도 하나를 이루었고 나와 너와 그가 하나를 이루었다. 또한 예수는 자연·생명·세계와 하나를 이루었고 우주 만물과 정신·신령 세계와 하나로 통하는 삶을 살았다. 이미 예수는 하나님 안에서 그리고 자신의 마음에서 생명과 정신의 중심과 절정에서 죄와 죽음을 넘어서고 모든 원수 관계와 적대 관계를 넘어섰다.

죄와 죽음을 넘어서고 원수 관계와 적대 관계를 넘어서고 전체의 하나 됨에 이른 예수처럼 우리도 그렇게 원수 관계와 적대 관계를 넘어서 살라는 것이다. 예수의 가르침대로 원수를 사랑하려면 세상에서 가장 미운 사람을 사랑으로 품을 수 있어야 한다. 가룟 유다까지 품어야 하늘나라가 열린다. 예수처럼 원수사랑은 못한다 해도 선한 사람에게나 악한 사람에게나 햇빛과 비를 주시는 하나님처럼 우리는 적에게 친절하고 공정할 수는 있다.

원수사랑은 패배한 약자가 아니라 승리한 왕자가 베풀 수 있는 것이다. 그것은 강자의 사랑이다. 그것은 선과 악, 이기고 짐을 뛰어넘은 넘치는 사랑, 하나님의 마음과 뜻에서 나오는 사랑이고 가르침이다. 생명의 창조적 근원과 주체인 하나님을 믿고 모시는 사람이 하나님의 자녀로서 하나님 나라의 주인으로서 원수를 사랑할 수 있다.

원수사랑은 인류 정신사에 가장 높은 봉우리다. 함석헌은 원수를 사랑하라는 예수의 가르침이 "생명의 가장 높은 봉우리에 핀 꽃"이라고 한다. 함석헌은 원수 사랑을 "서로 사랑으로 싸우라"는 말로 이해한다. 그는 믿음과 사랑의 마음으로 보면 대적 자체가 없다고 했다. 비폭력투쟁은 '사랑하는 마음'으로, '이기고 짐을 초월한 마음'으로 싸워야 한다. 이 싸움은 이기기 위해 싸운다기보다 마음속에서

적을 이겨 가지고 싸우는 싸움이다.

대적 자체가 있을 수 없다는 함석헌의 결론은 두 가지 사상적 배경에서 나온 것으로 여겨진다. 첫째 마음에서 출발하는 동양적 종교관이 관철된 것으로 생각된다. 선·악에 대한 현실적 시비(是非) 판단을 떠나 마음속에서 갈등을 해소하고 포용하려는 불교나 도교의 신앙관에서는 대적(또는 현실적 고통) 자체가 존재하지 않는다. 사회역사적 현실이 아니라 마음에 초점을 두었기 때문에 함석헌은 '원수'는 없다고 말할 수 있었다. 인간의 마음에서 출발하면 모든 인간은 하나라는 전체의식과 원수의 존재를 부정하는 비폭력 평화주의에 이르게 된다. 둘째 잃은 양 한 마리가 잃어버리지 않은 99마리 양보다 더 소중하다는 예수의 가르침이 관철된 것이다. 한 사람도 빼놓지 않고 다 끌어안는 예수의 마음자리, 세상의 모든 죄 짐을 지고 십자가에 달리는 예수의 자리(전체의 자리)에 서면 원수 자체가 있을 수 없다.

가해와 피해, 억압과 수탈, 갈등과 대결의 한 가운데서 예수는 원수 사랑을 말했다. 원수사랑은 관념이나 원리가 아니라 원한과 고통속에서 실현되는 용서와 화해의 복음이다. 예수는 현실적인 원수관계 속에서 원수 사랑을 말한 것이다. 원수사랑은 약자의 타협이나 굴종이 아니라 하나님의 아들/딸로서 강자, 승리한 자의 베풂이고 넘치는 사랑이며 용서와 화해의 선언이다.

의로운 일에 목마른 사람

인간 세상은 언제나 불의하고 폭력적이며 혼돈스럽고 무질서하다. 의로운 일에 목마른 사람은 억울하고 분한 일을 너무 많이 겪어서, 몸은 쓰레기처럼 남루하고, 영혼은 넝마처럼 짓밟혀 있다. 불의한 세상에서 의로운 사람을 만나기 어렵고, 의로운 일을 보기 어렵다. 다 구부러지고 비뚤어지니, 내 몸도 구부러지고 내 맘도 비뚤어진다. 의로운 일에 목마른 사람에게 햇빛 한 줄기 비치지 않고 맑은 바람 한 자락 불지 않는다.

그러나 끝내 불의와 거짓에 물들지 않고 의로운 일에 목마르고 굶주린 사람은 행복하다. 그런 사람이 하나님 나라의 주인이다. 그는 의로운 일로 만족할 것이다. 그는 불의와 거짓을 멀리하고 싫어한다. 굶주린 사람이 밥을 찾듯 목마른 사람이 물을 찾듯 의로움을 찾는 이는 반드시 의로운 일을 보게 될 것이다. 의로운 사람을 만나게 될 것이다. 의로운 사람이 되고 말 것이다. 의로운 일에 목마르고 굶주린 사람은 대나무처럼 푸르고 깨끗하여, 뜻은 곧고 높아서 맑은 바람 일으킨다.

"가난한 사람은 행복하다."는 예수의 말씀은 소유, 권력, 명망을 다 버리고 몸과 맘만으로 사는 삶을 긍정한 것이다. 불의하고 혼란스러운 세상에서 예수는 참된 삶의 자리로 돌아갔다. 사회역사의 바닥으로 내려갔고, 삶의 알짬만을 붙잡았다. 예수는 가난한 이들의 절망과 분노를 자극하지 않았다. 가난한 이들을 선동하여 부자, 지배층과 싸우게 하지 않았다. 그들 속으로 들어가서 그들의 삶을 있는 그대로 긍정하고 그들을 일으켜 세웠다. 아니 그들이 일어나도록 호소했고 함께 일어나서 하나님 나라로 갔다.

누구나 맨손으로 세상에 태어났고 빈손으로 죽는다. 참된 힘과 정신은 물질, 본능, 사회적 권위와 지위에서 오지 않고 생명 그 자체, 마음, 영혼 자체에서 온다. 하나님, 우주 자연의 힘, 정신과 영의 힘은 몸과 맘에 있지, 돈과 권력과 명망에 있지 않다. 맨몸과 마음은 그 자체로서 자유롭고 힘이 있다. 몸과 맘은 우주 생명 기운과 닿아 있고 하나님의 영, 정신과 접해 있다. 몸과 맘은 신령한 것이다. 나의 몸, 맘은 하나님의 영이 사는 집이다. 편견과 욕심, 집착, 관념에서 벗어나면 믿음으로 은총과 말씀을 붙잡으면 몸과 맘에 생기와 생수가 넘친다.

내 얼굴에 마음과 정신 속에 우주 생명의 기운이 가득하고 진화의 역사가 담겨 있다. 내가 나이기만 하다면, 네가 너이기만 하다면, 너를 너로 둘 수만 있다면 사랑과 진리와 정의와 평화가 가득하리라. 내가 나이기만 하면 생명이 생명으로 있으면 내 속에 하늘 기운이 넘치고 생수가 넘친다. 생명의 근원과 중심인 하나님을 저버리는 죄만 뽑아내면, 공동체적 생명을 깨트리는 나 중심적인 생각, 나 중심적인 행동만 제쳐 놓으면 만사가 편하다.

맹세하지 말라고 한 것은 진리와 삶에서 벗어난 말을 하지 말라는 것이다. 과장도 말고 숨기거나 축소하지도 말고 있는 그대로의 진실과 삶만을 말하라는 것이다. 예수는 있는 그대로의 진실과 삶을 꿰뚫은 이다. 그가 '예'와 '아니오'만을 말하라 한 것은 있는 그대로의 진실과 삶에 충실하라는 것이다. 물질과 기계, 관념과 이념, 욕망과 감정, 환상과 미망에 이끌려 삶에서 벗어난 것이 악이다.

"구하라, 찾으라, 두드려라! 행하라."는 말씀은 하나님을 아버지로 모시고 하나님을 믿고 주어진 삶을 긍정하고 힘껏 살라는 가르침이다. 하나님은 생명의 창조적 근원이고 참된 주체이고 전체이며 뜻과 목적이다. 하나님을 믿고 모시고 사는 사람은 생명의 알짬과 진실, 참된 주체와 전체를 살아가는 이다. 하나님을 믿고 생명의 진실, 알짬을 붙잡고 살면 삶에 대한 적극적이고 긍정적인, 낙관적이고 기쁜 신념을 가지고 살 수 있다.

하나님을 믿는 사람은 삶에 대한 절대적인 긍정과 낙관, 신뢰와 희망을 가지고 살 수 있다. 그런 사람에게 시련과 실패는 새로운 삶을 위한 디딤돌일 뿐이다. 죽음도 삶의 한 과정이며 부분이다. 삶의 창조적 근원과 목적인 하나님을 모시고 전체 삶의 자리에서 살면 삶을 삶 자체로 보고 듣고 존중하고 삶을 삶 자체로 살 수 있다. 그렇게 사는 사람에게는 참되고 영원한 생명으로 이끄는 하나님 나라와 그 의를 이루는 일이 가장 근본적이고 중요한 일이다.

13. 먼저 그 나라의 의를 구하라

"그러므로 내가 너희에게 말한다. 목숨을 부지하려고 무엇을 먹을까 또는 무엇을 마실까 걱정하지 말고, 몸을 감싸려고 무엇을 입을까 걱정하지 말아라. 목숨이 음식보다 소중하지 아니하냐? 몸이 옷보다 소중하지 아니하냐? 공중의 새를 보아라. 씨를 뿌리지도 않고, 거두지도 않고, 곳간에 모아들이지도 않으나, 너희의 하늘 아버지께서 그것들을 먹이신다. 너희는 새보다 귀하지 아니하냐? 너희 가운데서 누가, 걱정을 해서, 자기 수명을 한순간인들 늘일 수 있느냐? 어찌하여 너희는 옷 걱정을 하느냐? 들의 백합화가 어떻게 자라는가 살펴보아라. 수고도 하지 않고, 길쌈도 하지 않는다. 그러나 내가 너희에게 말한다. 온갖 영화로 차려입은 솔로몬도 이 꽃 하나와 같이 잘 입지는 못하였다. 오늘 있다가 내일 아궁이에 들어갈 들풀도 하나님께서 이와 같이 입히시거든, 하물며 너희들을 입히시지 않겠느냐? 믿음이 적은 사람들아! 그러므로 무엇을 먹을까, 무엇을 마실까, 무엇을 입을까, 하고 걱정하지 말아라. 이 모든 것은 모두 이방 사람들이 구하는 것이요, 너희의 하늘 아버지께서는, 이 모든 것이 너희에게 필요하다는 것을 아신다. 너희는 먼저 하나님의 나라와 하나님의 의를 구하여라. 그리하면 이 모든 것을 너희에게 더하여 주실 것이다. 그러므로 내일 일을 걱정하지 말아라. 내일 걱정은 내일이 맡아서 할 것이다. 한 날의 괴로움은 그 날에 겪는 것으로 족하다." (마태 6, 25~34)

오늘 성경 본문의 말씀은 먹고 입는 살림살이, 생활을 위해 염려하지 말고 믿음을 가지고 주어진 삶을 힘껏 살라는 가르침이다. 몸이 옷보다 소중하니 믿음으로 하루하루 힘껏 살라는 것이다. 땀 흘려 힘껏 살면 하나님이 다 살길을 열어 주시니, 먹고 살 걱정은 하지 말고 하나님의 뜻, 하나님의 의, 하나님이 맡기신 사명을 위해 살라는 것이다.

염려하지 마라

예전의 개역 성경에는 마지막 34절이 "내일 일은 내일 염려할 것이요, 한 날의 괴로움은 그날에 족하니라."고 번역되었다. 내일 일은 내일 가서 염려하라는 것인데 원문에는 내일 일은 내일이 염려할 것이라고 되어 있다. 내일이라는 시간이 알아서 염려할 것이니 "너희는 염려하지 말라"는 것이다. 새 번역은 원문에 따라서 "내일 일을 위하여 염려하지 말라. 내일 일은 내일이 염려할 것이요"로 번역했다.

내일이 염려한다는 것은 무슨 말인가? 내일이라는 시간에 맡긴다는 뜻이고, 시간의 주님께 맡긴다는 말이다. 고통이나 시련이 닥치면 당할 뿐 염려하지는 말라는 것이다. 염려한다고 키가 자라고 쌀이 생기는 것은 아니다. 염려는 삶의 근원에서 멀어져 삶을 생기 없고 메마르게 한다. 근심하고 걱정하며 염려할 시간이 있으면 그 시간에 기도하고 힘써 일하는 것이 몸과 맘의 건강에도 좋고 일도 잘 풀리게 한다. 염려에서 벗어나 믿음과 사랑을 가지고 삶의 속으로 들어가라는 것이다. 이제까지 살면서 내가 깨달은 지혜는 작은 일은 염려할 것이 없고, 큰일은 세월과 함께 보내야 한다는 것이다. 아무리 고통스럽고 가슴 아픈 일이라 해도 시간과 함께 지나가지 않을 일은 없다. 어떤 일이든 지나가면 삶을 다시 시작할 수 있다.

근심과 걱정으로 염려하는 사람은 행복할 수 없다. 가장 가난한 나라들인 파키스탄이나 인도, 아프가니스탄의 행복 지수가 가장 높다고 한다. 가진 게 몸과 맘밖에 없으니까 몸과 삶이 소중한 줄 알고 가족과 친구를 귀하게 여긴다. 가난한 사람은 인정이 많고 작은 것을 나누며 살기 때문에 서로 감동하고 고마워한다. 가난한 사람들은 어린아이처럼 단순한 삶을 사니까 행복하다. 가난한 사람은 들꽃과 가까운 삶을 산다. 힘들지만 생명을 느끼며 산다.

경제적으로 풍요를 누리는 선진국들의 행복 지수는 낮다. 삶은 풍요롭고 편리한데 경쟁이 치열하고 생활이 복잡해서, 신경이 날카롭고 맘이 거칠어져서 불행을 느낀다. 한국은 경제성장을 이루고 선진국이 되었다지만 경쟁이 치열하고 빈부격차가 커져서 불행을 느끼는 사람이 많고 자살률이 높아졌다. 굶주리며 가난하게 사는 것이 좋은 것은 아니지만 풍요롭게 살면서 영혼이 메마르고 불행하다면 바람직한 삶이라고 할 수 없다.

먹기 위해 살고, 입기 위해 살고 좋은 차를 타기 위해 산다면 음식을 목숨보다 소중하게 여기고, 옷을 몸보다 귀하게 여기고 가족과 친구보다 차를 더 좋아한다면 어떻게 행복한 삶을 살 수 있겠는가? 자신의 몸과 목숨을 소중히 알고 잘 느끼는 사람은 건강하고 행복하게 살 수 있다. 자신의 몸과 목숨을 소중히 여기고 잘 지키는 사람은 남의 몸과 목숨도 소중히 여길 것이다.

예수는 염려하면서 불행하게 살지 말고 하늘의 새와 들꽃처럼 믿음으로 행복하게 살라고 가르친다. 하늘의 새와 들꽃은 늘 기쁘고 고마운 맘으로 살아간다. 들꽃처럼 아름답고 성실하게 정성을 다해서 사는 존재가 없다. 들꽃은 자연스러운 생명 그 자체이기 때문에 창조자 하나님의 존재에 가까이 있고 하나님의 존재와 뜻을 잘 드러낸다. 사실 하나님이 지은 천지 만물이 다 하나님의 뜻과 말씀을 전달하는 매체다. 그런데 사람이 선악을 알게 하는 지식의 열매를 먹고 타락하여 제게 선하고 악한 것, 좋고 나쁜 것, 이롭고 해로운 것만 보고 하나님의 사랑과 뜻을 드러내는 생명 그 자체는 보지 못하게 되었다. 오늘 과학기술과 산업사회는 인간에게 이로운 것만을 자연 생명 세계에서 뽑아내고 있다. 그래서 현대문명은 자연 생명 세계에서 하나님의 사랑과 뜻을 볼 수 없게 되었다.

들꽃과 나무도 기쁨의 감정을 가지고 있다

들꽃은 누가 보는 이 없어도 온몸과 맘을 다해서 아름답고 깨끗하게 살아간다. 풀 섶에 숨어서 피는 들꽃을 가만히 들여다보라. 얼마나 아름답고 깨끗하고 싱싱하게 꽃과 잎을 피우는가? 들꽃은 지극정성을 다해서 자신의 생명을 아름답게 피워낸다. 가만히 들여다보면 들꽃은 기쁘고 고마운 맘으로 하나님을 찬양하는 것 같다. 인도의 시인 타고르는 풀과 나무도 기쁨의 감정을 가지고 있다고 하였다. "비가 올 때 가만히 나무들을 느껴 봐라. 나무들의 기쁨을 느낄 수 있다."

삶은 기쁘고 고마운 것이다. 믿음과 영성에 깊이 들어간 사람은 누구나 고마운 맘을 갖게 된다. 살아 숨 쉬는 것만으로도 하나님의 은혜를 느끼고 감사한다. 인생이 성공하고 실패하는 것과 관계없이, 병들거나 건강하거나 관계없이 하나님께 감사를 드리게 된다. 살아 숨 쉬며 이 세상을 한번 본 것만으로도 얼마나 고맙고 감사한 일인가! 기쁨과 고마움이 삶의 본질이다. 하나님의 본성, 하나님께서 지은 생명의 본질은 사랑이고 사랑하면 기쁘고 고맙게 마련이다. 사랑이신 하나님을 믿으면 고마운 맘을 버릴 수 없다. 지옥에 떨어져서도 고마워하는 사람은 지옥이 감당할 수 없는 사람이다. 지옥은 그런 사람을 내놓을 수밖에 없다. 하나님의 사랑이 지옥을 이긴다. 고마워하는 사람도 지옥을 이긴다. 인생을 아무리 험하게 살았어도 죽을 때는 "고맙습니다." 하고 죽어야 한다. 그래야 인생에서 승리한 사람이다.

행복 하려면 삶에 충실해야 하고 삶에 충실 하려면 삶의 기본에 힘써야 한다. 삶의 기본은 목숨과 몸이다. 또 목숨과 몸의 기본은 숨이다. 숨을 잘 쉬면 소화도 잘되고 피도 잘 돈다. 숨을 편하게 깊이 쉬면 몸과 맘이 편하고 건강해진다. 몸과 맘에 병이 들면 숨이 거칠어진다. 근심 걱정에 빠져 스트레스가 쌓이거나 화가 나면 숨이 거칠어진다. 어린아이는 숨을 잘 쉰다. 어린이와 건강한 사람은 배로 숨을 깊고 편하게 쉬는데 병이 들면 가슴으로 쉬다가 나중에는 목으로 쉬다가 죽게 된다.

하나님이 인간을 지을 때 코에 하나님의 숨을 불어넣으셨다. 히브리어, 그리이스어, 라틴어 인도 산스크리트어에서 숨과 영은 일치한다. 한자에서도 목숨을 나타내는 명(命)이 천명(天命), 사명(使命), 말씀을 나타낸다. 숨은 생명의 근본이면서 영의 세계로 통하는 실마리다. 숨을 잘 붙잡고 따라가면 하나님의 생명과 영에 이를 수 있다. 부활한 예수는 제자들에게 "숨을 내쉬면서 '성령을 받으라'"고 말했다. 중세 교부들은 숨을 기도의 방편으로 삼았다. 숨을 내쉬는 것은 나를 버리고 비우는 것이고 숨을 들이쉬는 것은 예수님과 성령님을 모시어 들이는 것으로 생각하고 숨 기도를 드렸다. 숨을 잘 쉬면 몸이 편해지고 피가 잘 돌며, 맘이 편해진다. 욕심이나 화가 나면 숨이 고르지 않게 된다. 숨을 잘 쉬면 몸과 맘이 건강하고 편해진다. 하나님이 주신 숨을 잘 쉬는 것이 사람의 첫째 도리이다. 숨을 잘 쉬면 힘 있게 잘 살 수 있다. 숨을 잘 쉬려면 먼저 염려하지 말아야 한다.

예수는 공중의 새와 들의 백합에게서 배우라고 하였다. 사람이 공중의 새와 들의 꽃처럼 살 수는 없다. 그러나 공중의 새와 들꽃의 자유롭고 단순한 삶, 참되고 성실한 삶에서 인간은 배워야 한다. 들꽃의 아름다움과 성실함에서 삶의 아름다움과 행복을 배워야 한다. 단순하고 소박한 삶을 배워야 한다. 몸과 마음이 단순하고 소박할 때 인간은 위대하고 아름다워진다. 예술의 세계도 영의 세계도 단순하고 소박함 속에 위대함과 아름다움이 숨겨져 있다. 인위적이고 복잡한 것에는 참 아름다움, 참 위대함은 없다.

들꽃에서 배우지 못하면 인류는 멸망한다. 러브록이라는 환경생태학자는 금세기 안에 인류는 멸절할 것이라고 단언한다. 지구가 따뜻해져서 북극의 얼음이 녹으면 바다가 차가워지고 유럽 지역은 추워져서 사람이 살 수 없는 지역이 된다고 하는 이들도 있다. 지나치게 사치하고 낭비하는 현재 인류의 삶을 유지할 수 없다. 인류 사회가 만들어 내는 공해와 오염과 쓰레기를 지구가 감당할 수 없다. 한쪽에서는 지나치게 사치와 낭비를 하는데 다른 쪽에서는 굶주림과 질병으로 죽어간다. 우리나라도 그렇지만 세계적으로도 양극화가 갈수록 심화 된다. 돈과 물질의 풍요를 쫓느라고 경쟁과 성장에 매달리다 보니 하나님의 창조세계인 지구는 파괴되고 인류 공동체는 무너진다. 하나님의 사랑과 정의는 짓밟히고 모욕당하고 있다. 인류는 죽음과 멸망의 길로 가고 있다. 우리는 멸망으로 가는 열차를 타고 있는데 그 속도가 갈수록 빨라지고 있다. 인류가 살려면 회개하고 생활방식을 바꿔야 한다. 한 사람이라도 조금씩이라도 삶의 양식과 태도를 바꾸어가야 한다.

하나님의 사랑과 의를 이루려면

하나님의 사랑과 의를 이루려면 우리가 욕심을 줄이고 검소하게 살며 서로 나누고 섬기는 삶을 사는 길밖에 없다. 예수가 우리에게 말한다. "너희가 살려면 들꽃에게서 배워라. 들꽃처럼 살아라." 유명한 철학자 한스 요나스가 현대문명을 오래 연구한 후 내린 결론은 욕심을 줄이는 길밖에 없다는 것이다. 우리가 들꽃이 될 수는 없다. 그러나 들꽃에게 배워서 들꽃에게 가까이 다가가는 삶을 살 수는 있다. 지구와 함께 멸망하는 길을 벗어나서 지구와 함께 영원히 사는 길을 가야 한다. 하나님의 사랑과 의, 하나님 나라의 의를 이루는 삶의 길을 가야 한다.

인도에는 1억 5천만 명 이상의 불가촉천민이 산다. 이들은 3천 5백 년 이상 절대적인 가난 속에서 짐승보다 못한 삶을 살았다. 이들이야말로 하나님의 사랑과 의에 굶주린 이들이다. 이들은 그리스도의 복음과 성도의 사귐을 목말라 한다. 이들뿐 아니다. 북한에는 2천만 동포가 굶주리고 있다. 남한 땅에도 파산으로 내몰리는 자영업자, 비정규직 노동자, 외국인 노동자, 노숙자들이 있다. 모두 하나님의 사랑과 의를 갈구한다. 이 나라가 정의로운 나라가 되려면 큰 기업체들은 이익금을 사회에 더 많이 돌려야 하고 시민들은 더 많은 세금을 낼 각오를 해야 한다. 굶어 죽는 사람을 살리는 일에는 이유도 조건도 붙이지 말고 도와야 한다. 삶은 스스로 하는 것이기 때문에 남의 도움만으로 살 수는 없다. 스스로 일어서서 스스로 살 수 있도록 도와야 한다.

인생은 짧다. 우리 삶에서 하나님의 사랑과 정의가 뚜렷이 드러나고 하나님의 생명이 빛나게 해야 한다. 믿음의 조상 아브라함이 세상에서 복의 근원이 된 것처럼, 우리 믿는 사람들은 우리가 사는 세상에 복의 근원이 되어야 한다. 우리가 있어서 세상이 환해지고 행복해져야 한다. 우리는 예수와 함께 죽음에서 생명으로 가는 길을 열어가야 한다.

14. 안식일 법과 해방자 예수

예수께서 다시 회당에 들어가셨습니다. 거기 회중 가운데 한쪽 손이 오그라진 사람이 있었습니다. 사람들은 예수를 걸어 고소하려고 예수께서 안식일에 그 사람을 고쳐주시는가 지켜보고 있었습니다. 예수께서 손이 오그라진 사람에게 "일어나 이 앞으로 나아오라" 하시고 회중을 향하여 "안식일에 착한 일을 하는 것이 좋으냐? 악한 일을 하는 것이 좋으냐?"하고 물으셨습니다. 그들은 잠잠했습니다. 예수께서 노하여 그들을 둘러보시고 그들의 마음이 굳어진 것을 탄식하시고 손이 오그라진 사람에게 "손을 펴라"하고 말씀하셨습니다. 그가 손을 펴자 그의 손은 회복되었습니다. 그러나 바리새파 사람들은 회당에서 나가 헤롯 당원들과 함께 예수를 처치할 음모를 꾸미기 시작했습니다. (마가복음 3장 1~6절)

하나님은 엿새 동안 천지 만물을 짓고 이레째 되는 날 안식을 취했다. 하나님의 안식은 창조의 기쁨과 생명이 가득한 안식이었고, 아무런 갈등과 대립이 없는 평화로운 안식이었다. 이 안식은 창조의 완성이며 인류 역사의 목적이다. 「히브리서」 3~4장에 의하면 하나님은 믿는 사람들에게 하나님의 안식을 약속하였다. 그리스도인들은 마지막 날에 이 안식에 들어갈 것을 기대하며 산다. 그리고 오늘에도 그들은 이 안식을 앞당겨 미리 맛보며 이 영원한 생명의 안식에 잇대어 산다.

하나님은 천지를 창조할 때 일과 휴식이라는 생명의 율동을 설정했다. 생명을 가진 모든 피조물은 낮에 일하고 밤에 휴식을 취하게 되어 있다. 일없는 휴식은 죽음이요, 휴식 없는 일은 기계의 작업일 뿐이다. 일과 휴식은 삶의 본질에 속한다. 노동이 삶을 지탱해 주고 삶을 풍부하게 하지만, 삶의 의미가 노동에만 있는 것처럼 노동을 절대화하는 것은 옳지 않다. 인생의 의미는 일과 노동에만 있는 게 아니다. 인생의 의미는 노동을 넘어서서 하나님과 더불어 안식을 취하는 데 있다. 하나님의 안식에서 인간은 자기 자신에게서 벗어나 자유를 누리며 이웃과 이해타산을 넘어선 사랑을 나눌 수 있다. 일과 노동에는 의무와 요구가 뒤따르기 마련이다. 그리고 강요된 노동은 허무하고 무의미한 반복처럼 여겨진다. 일과 노동이 하나님의 안식과 잇닿아 있을 때, 자유롭고 창조적인 행위가 되며 보람 있는 작업이 된다.

인류가 타락하기 전에 노동은 하나님의 창조 사업에 참여하는 기쁜 일이었다. 노동은 생명의 표현이었으며 자유롭고 창조적인 일이었다. 그러나 인류가 타락하여 생명의 중심과 근원에서 벗어나 자기 중심성에 빠졌을 때 억압과 수탈의 관계가 수립되었다. 노동이 수탈의 대상이 되었을 때 노동은 고달프고 지겨운 것이 되었다. 노동은 먹고 살기 위해 어쩔 수 없이 하는 것으로 되고 말았다(창세기 3장 17~18절). 먹고 살기 위해 품을 팔거나 종살이하고 강제 부역을 해야 했다. 이러한 사람들이 나쁜 기업가나 못된 주인을 만나면 휴식 없는 노동에 시달려야 했다.

휴식 없는 노동은 하나님의 창조 질서를 거스르는 것이며 생명의 본성에 어긋나는 것이다. 그래서 휴식 없는 노동에 시달리는 사람들을 위해 안식일 법이 제정되었다. 안식일 법은 기쁨과 평화가 넘치는 삶을 위한 것이다. 그것은 종과 주인의 관계를 넘어서는 하나님의 안식을 가리키는 것이다. 억압과 수탈, 증오와 불신에서 벗어나 주인과 종이 서로 화해하는 하나님의 안식을 가르치고 증거 하기 위해 안식일 법이 제정되었다. 안식일 법은 사람과 사람 사이의 화해를 위해서만이 아니라 다른 피조물인 가축들까지 하나님의 안식에 참여할 수 있도록 하려고 제정되었다. 인간과 인간 사이에서만이 아니라 인간과 자연 사이에서도 화해와 일치가 이루어져야 한다(출애굽기 20장 10~11절). 안식일 법은 인간의 삶을 온전하고 풍성하게 하려고 만든 것이다.

그런데 율법주의자들이 안식일 법의 기본 정신을 무시하고 안식일 법을 강제 규정으로 만들어 버렸다. 특수한 예외가 없지는 않았지만, 안식일에는 노동이 금지되었다. 하루 벌어 하루 먹고 사는 날품팔이들은 안식일을 지키기 어려웠다. 배꾼·목자·창녀들은 직업 때문에 안식일을 지킬 수 없었다. 이들은 모두 죄인으로 취급되었고 멸시의 대상이 되었다. 인간의 삶을 풍성하게 하고 보호하기 위해 제정된 안식일 법이 가난한 자들의 생계를 위협하고 힘든 직업에 종사하는 사람들을 소외시켰다. 본래 안식일 법은 휴식 없는 노동에 시달리는 사람들을 하나님의 안식에 참여시키기 위해 제정된 것이다. 이런 안식일 법이 율법주의자들에 의해 율법적인 강제 규정이 됨으로써 고달픈 노동자들을 하나님의 안식에 들어가지 못하게 가로막는 구실을 했다.

바리새파는 다른 사람이 율법을 위반했는가에 초점을 두고 율법을 위반한 사람을 정죄하고 죽이는데 열정을 품었다. 병든 사람과 예수에 대해서 바리새파는 구경꾼의 자리에서 냉정하고 객관적 자세를 취했다. 바리새파는 병든 이들과 예수를 삶의 주체로 보지 못하고 율법 규정의 대상으로만 보았다. 옳고 그름, 죄와 의를 삶 속에서 보지 않고 율법과 교리에 비추어 자신들의 율법 이해와 종교의식, 가치관에 따라 판단하려 했다. 예수는 삶 속에서 병든 이들과 죄인들과 함께 삶을 살려고 했고 그들과 자신의 삶을 살리려고 했다. 그러므로 예수는 "살리는 것이 옳으냐 죽이는 것이 옳으냐?, 착한 일을 하는 것이 옳으냐, 악한 일을 하는 것이 옳으냐?"고 묻는다. 살리는 것이 착한 일이고 옳은 일이며, 삶을 이루는 것이고 우주와 하나님의 뜻을 이루는 일이다. 바리새파는 선과 정의를 추구하면서 결국 죽이는 일, 악한 일을 일삼는다.

예수는 한쪽 손이 오그라진 사람을 안식일에 고쳐주었다. 한쪽 손이 오그라진 사람은 구걸하거나 남에게 의지해서 살아가는 불쌍한 사람이었을 것이다. 그는 장애인으로서 위축된 삶을 살았을 것이다. 그는 늘 불안하고 답답한 마음으로 남의 눈치를 보며 열등의식을 갖거나 노여움을 품고 살았을 것이다. 이 사람은 정신적으로나 육체적으로 평안을 누리지 못했을 것이다. 자신의 인생을 저주하며 좌절과 슬픔에 잠겨 살았을 것이다. 이런 사람을 고쳐주는 것은 얼마나 좋은 일인가! 풍성한 생명의 기쁨을 안겨준 것이 아닌가? 하나님의 안식에 참여시킨 것이 아닌가? 참으로 선하고 아름다운 일을 예수는 했다. 예수의 행위는 안식일의 목적을 실현하고 하나님의 창조 목적을 이룬 것이다. 그런데 바리새파 사람들은 이렇게 당연한 일을 범법 행위로 여겼다. 바리새파 사람들도 장애인을 고쳐 준 것은 좋은 일이라고 생각했다. 그러나 안식일에 병을 고쳐준 것은 잘못이라고 여겼다. 예수가 정면으로 안식일 법에 도전한 것은 용서할 수 없다고 생각했다. 그래서 당시의 권력층인 헤롯 당원과 결탁하여 예수를 처치할 음모를 꾸미기 시작했다.

왜 바리새파 사람들은 그처럼 안식일 법을 존중했을까? 선한 일을 한 예수를 죽여야 할 만큼 안식일 법이 중요한 것이었을까? 당시의 유대 국가는 로마의 식민지로서 총독 빌라도의 통치 아래 있었으나 사두개파(사제 특권층을 따르는 타협적인 종파)와 바리새파가 주도하는 종교 중심의 국가였다. 유대 사회는 유대교의 율법 체제에 의해 지배되었다. 이 율법 체제를 옹호하고 대변하는 중심 세력이 바리새파였다. 이들은 율법을 준수하는 것만이 유대민족이 살길이며 하나님에 대한 최고의 충성이라고 생각했다. 실제로 율법을 준수하는 것은 로마 제국과 헬레니즘적 외세 문화에 대응하여 민족적 정체성을 지키는 일이기도 했다. 그래서 이들은 율법을 지키는 데 열성적이었고, 율법을 어기는 자들에게는 가혹했다.

이 율법 체제는 당시의 사회 체제를 유지하고 강화하는 구실을 했다. 예루살렘 성전 중심의 특권층들은 율법 체제를 통해 막대한 부와 권력을 누릴 수 있었다. 반면에 이 사회 체제 안에서 수탈당하고 억눌린 가난한 사람들은 율법 체제를 통해 더욱 억눌리고 소외당했다. 생존을 위해 안식일에도 일해야 했던 가난한 사람들은 안식일 법을 어긴 죄인으로 여겨졌다. 안식일에 배고파서 밀 이삭을 잘라 먹은 것에 대해서도 바리새파 사람들은 정죄했다(마가복음 2장 24절). 당시의 가난한 사람들이 안식일 법 때문에 얼마나 위축되고 고통당했는지 알 수 있다.

안식일에 예수는 한쪽 손이 마른 사람에게 삶의 기쁨을 안겨 주고 환한 미래를 열어 주었다. 분명히 예수의 행동은 하나님의 안식을 이 땅에 실현한 것이다. 그러나 바리새파 사람들과 헤롯 당원들이 볼 때, 예수의 행동은 안식일 법을 정면으로 위반한 것이며 율법 체제와 사회 체제에 정면으로 도전한 것이었다. 예수는 하나님의 계명을 어겼을 뿐 아니라 종교 사회적인 질서를 교란시켰던 것이다. 그래서 바리새파 사람들은 예수를 죽이려 했다. 하나님의 뜻(하나님의 안식)을 실현하려 한 예수와 하나님의 계명을 내세운 바리새파 사람들이 충돌했다. 애수의 공생애(公生涯)는 이런 충돌 속에서 이루어졌다.

세상에는 오해나 입장의 차이 때문에 선한 뜻을 가진 사람들이 서로 부딪치는 경우도 있다. 이런 경우가 흔치는 않다. 인간의 생각과 경험이 유한하기 때문에 그런 일이 일어난다고 하지만 참으로 불행한 일이다. 그러나 대부분의 경우에 명분은 그럴듯하지만 실은 나쁜 의도를 가지고 싸운다. 예로부터 명분이 없어 못 싸우는 일은 없다. 명분은 얼마든지 만들어 낼 수 있다. 신문의 정치면을 보면 그 점을 잘 알 수 있다. 말만은 다 그럴듯하고 번지르하기 때문에 말만 듣고서는 어느 편이 옳은지 분간하기 어렵다. 정치적인 발언의 배후를 꿰뚫어 볼 수 있는 눈이 있고 역사에 대한 통찰력이 있어야 판단을 옳게 내릴 수 있다.

바리새파 사람들 가운데는 선한 뜻을 가졌으면서도 예수를 적대한 사람이 있었을 것이다. 그런 사람은 예수를 적대하는 것이 민족을 위한 것이고, 하나님의 법을 지키는 것이라고 믿었을 것이다. 그러나 그들의 신념이 개인적으로 선량하더라도 그 사회와 시대의 정의에 부합한다고 할 수는 없다. 그들의 신념은 하나님의 뜻에 맞는다고 할 수 없다. 오늘 그리스도인들은 당연히 예수가 옳았다고 생각하지만, 당시에는 그렇게 판단하기가 쉽지 않았다. 그 당시에 예수는 무명의 시골 청년에 지나지 않았으나, 바리새파는 국가 권력의 비호를 받았다. 그들은 종교적으로나 사회적으로 공인되었고 다수의 국민으로부터 지지를 받았다. 예수의 편에 서기 위해서는 용기가 필요했다. 당시의 권력층과 종교 지도자들에게 맞설 각오 없이는 예수의 편에 설 수 없었다.

예수는 국가 체제나 종교 체제를 전복하기 위해 활동했던 것 같지 않다. 여자·어린아이·병자들을 특별히 친애했던 것으로 미루어 보면 단순한 체제 전복이 목적은 아니었다. 체제를 전복하기 위해서는 군사적인 힘과 같은 물리적인 힘이 필요한데, 여자·어린아이·병자들은 그런 힘과는 거리가 멀었기 때문이다. 예수는 가난한 자들과 병든 자들을 억압하고 소외시키는 율법·종교·정치 ·권력을 거부했을 뿐이다. 가난한 자들과 병든 자들이 하나님의 안식을 취할 수 없게 가로막는 안식일 법을 거부하고 그들이 하나님의 안식을 누리게 했을 뿐이다. 하나님의 안식을 가로막는 율법 체제를 거부하고 하나님의 안식에 들어갈 수 있는 새로운 미래를 열었다.

예수가 선포한 하나님 나라는 하나님의 안식을 누리는 곳이다. 가난한 자와 병든 자들이 하나님 나라의 주인이란 말은 그들이 누구보다 먼저 하나님의 안식을 누려야 할 사람들이며, 그들에게서 하나님의 안식에 이르는 새로운 미래가 열린다는 말이다. 사회의 밑바닥에서 또는 사회의 변두리에서 억압받고 소외된 사람들에게, 먹고 살기도 힘든데 죄인이란 누명까지 쓴 이 사람들에게 예수는 다음과 같이 말했다.

> 수고하고 무거운 짐진 사람은 다 내게로 오라. 내가 너희를 편히 쉬게 하리라. (마태복음 11장 28절)

예수는 하나님의 안식을 가로막는 모든 인간들과 모든 정치·종교 체제에 대해 저항했다. 물론 예수의 활동은 저항에 초점이 있지 않았다. 위축되고 소외된 사람들에게 생명의 기쁨과 평화를 가져다주는 데 예수의 활동과 가르침의 초점이 있었다. 예수를 통해서 하나님의 창조 목적, 인류 역사의 목적이 실현되었다. 생명의 창조적 근원과 목적, 생명의 본성과 힘, 뜻과 보람, 생명의 근원적 기쁨과 사랑이 회복되고 실현되었다. 그러나 하나님의 계명을 내세워 하나님의 뜻을 어기는 자들에 의해 예수는 죽임을 당했다. 하나님은 돌무덤을 깨고 저들이 죽인 예수를 살렸다. 예수는 오늘도 우리를 하나님의 안식으로 초대한다. 그리고 하나님의 안식을 가로막는 모든 세력과 싸우고 있다.

오늘 이 땅의 그리스도인들도 안식일의 의미를 되새겨 보아야 한다. 일요일에 한 시간 예배드리는 것으로 안식일의 의미를 다 이룬 것일까? 오늘 우리 주변에는 일자리를 얻지 못한 젊은이들, 가난과 고독에 빠진 노인들, 파산으로 내몰린 자영업자들, 학생들과 학부모들의 폭력과 폭언으로 고통당하는 교사들, 신종 마약에 중독된 어린 중학생들이 하나님의 생명과 안식을 잃고 절망과 죽음의 나락으로 내몰리고 있다. 외로움에 빠진 사람, 슬픔과 좌절의 어둠에 싸인 사람, 부모에게 버림받거나 부모를 잃은 아기, 육체적으로나 정신적으로 장애를 가진 사람들, 이들은 모두 하나님의 안식을 갈망한다.

그리스도인이라면 예배만 보지 말고 이들에게 하나님의 안식을 전해야 한다. 하나님의 안식을 맛보고 이 영원한 안식을 기다리는 그리스도인은 이 땅에 하나님의 안식이 이루어지게 해야 한다. 하나님의 안식은 나 홀로 누릴 수 있는 것도 아니고, 몇몇 그리스도인들끼리만 누릴 수 있는 것도 아니다. 하나님의 안식을 절실히 필요로 하는 사람들과 함께 있을 때, 우리는 하나님의 안식을 풍성히 누릴 수 있고 하나님의 영원한 안식을 기다릴 수 있다. 그들을 떠나서는 우리가 하나님의 안식을 누릴 수도 없고 기다릴 수도 없다.

15. 잃은 양 하나가 잃어버리지 않은 99마리보다 크다

세리들과 죄인들이 모두 예수의 말씀을 들으려고 가까이 왔습니다. 바리새파 사람들과 율법 학자들은 서로 수군거리며 "이 사람이 죄인들을 환영하고 같이 식사를 하고 있다" 하고 말했습니다. 그러자 예수께서 또 비유를 들어 그들에게 말씀하셨습니다: "너희 중에 누가 양 백 마리가 있는데 그중의 한 마리를 잃었다면 아흔 아홉 마리를 들에 두고 그 잃은 양을 찾기까지 찾아다니지 않겠느냐? 찾으면 어깨에 메고 기뻐하며 집으로 돌아와 친구들과 이웃을 불러 모으고 '나와 함께 기뻐하여 주시오. 내 잃었던 양을 찾았다오'하고 말할 것이다. 내가 너희에게 말한다. 이와 같이 하늘에서는 회개할 필요가 없는 의인 아흔 아홉보다 회개하는 죄인 한 사람을 더 기뻐할 것이다."(누가복음 15장 1~7절)

사랑은 영혼의 열쇠다. 사랑은 죽은 영혼을 살리고 잠든 영혼을 깨운다. 사랑은 누구나 갈망하고 사모한다. 모든 사람들의 마음 깊은 곳에서는 완전한 합일의 근원적인 갈망이 있다. 상대방에게 완전히 받아들여지고 싶고 상대를 완전히 받아들이고 싶은 갈망이 인간의 심리 밑바닥에 잠겨 있다. 그래서 유행가나 텔레비전 연속극의 주제는 한결같이 사랑이다.

사랑에는 크게 에로스와 아가페가 있다. 에로스는 그리스인들이 추구한 것인데, 진실하고 선하고 아름다운 대상에 대한 갈망이다. 지금 내가 갈망하는 것, 내가 필요로 하는 것, 가치 있고 아름다운 것에 대한 추구다. 따라서 에로스의 사랑은 이상적인 인간, 고결하고 빼어난 인간을 추구한다. 아가페는 그렇지 않다. 아가페 사랑은 나의 욕구나 갈망과는 관계가 없다. 선하거나 악하거나 아름답거나 추하거나 관계없이 무조건 절대적으로 인간을 사랑하는 것이다. 이 사랑은 예수가 가르치고 몸소 실행한 사랑이다. 이 사랑은 악하고 추한 사람, 병들고 못난 사람에 대한 사랑이다. 또한 이 사랑은 소외되고 버림받은 사람, 잃어버린 사람에 대한 사랑이다.

오늘 산업 사회에서 공통적인 사실은 그 사회에 가치 있고 유용한 사람이 아니면 낙오되고 버림받는다는 것이다. 이것은 실질과 능률을 숭상하는 복잡한 산업 문명 속에서는 불가피한 일이다. 그러나 인간의 능력만을 중시하다 보면 인간 존재의 소중함을 잊게 된다. 능력 없고 쓸모 없는 사람은 얼마든지 다른 인간으로 대체할 수 있다. 이런 사회적 원칙이 개인 관계까지 지배하면, 아내는 필요에 따라 남편을 얼마든지 바꿀 수 있고 남편도 아내를 얼마든지 바꿀 수 있다. 아무튼 인간을 능력과 소유에 따라 평가하면, 중요한 것은 인간의 능력이나 소유지 인간 자신이 아니게 된다. 모든 사람이 능력과 소유만을 추구하면, 인간은 주체성과 정체성을 잃게 된다. 주체성과 정체성이 없는 삶은 진실이 없고, 진실이 없으면 기쁨과 보람이 없다.

인간의 진정한 주체성은 아가페 사랑에 의해 형성된다. 조건 없는 사랑 속에서만 인간은 자유롭다. 이런 사랑이 삶을 삶답게 한다. 이런 사랑이 삶에 기쁨과 보람을 준다. 사랑 없는 삶은 죽은 삶이다. 그러나 타산적인 사랑이나 조건적인 사랑은 인간에게 자유와 기쁨을 주지 않고, 오히려 환멸을 주고 갈증을 일으킨다. 이러한 사랑은 인간을 해방하는 게 아니라 인간을 예속시킨다. 조건적인 사랑은 고인 물처럼 썩기 쉽다. 고인 물이 더럽기 때문에 인간을 병들게 하고 갈증을 더하게 하듯이, 타산적인 사랑은 삶을 피곤하게 한다. 타산적인 사랑은 고인 물처럼 인간의 가슴속에서 썩고 만다. 그러나 아흔아홉 마리의 양을 버려두고 잃은 양 한 마리를 찾아 헤매는 사랑은 나와 너와 그의 가슴을 통해서 흐르고 흘러 모든 인간을 자유와 평등의 바다로 인도할 것이다.

예수가 세리와 죄인들을 영접하여 그들과 음식을 함께 먹는 것을 보고 바리새파 사람들과 율법 학자들이 원망하고 비판하였다. 이에 대한 답변으로 예수는 잃은 양의 비유를 말했다. 바리새파 사람들은 당시 유대 나라의 의회 역할을 하는 산헤드린의 주도권을 장악한 다수파였다. 그리고 이들은 율법과 종교의식을 엄격히 지킬 것을 주장한 율법주의자들이었다. 서기관들은 율법 학자들이다. 당시에는 정치와 종교가 결합되어 있었기 때문에 율법을 종교적인 관점에서만 이해할 수는 없다. 바리새파 사람과 율법 학자는 유대 나라의 사회·종교 체제를 옹호하는 보수적인 무리였다. 이들은 유대 민족이 구원받을 수 있는 유일한 길은 율법을 엄격히 지키는 것이라고 믿었다.

그런데 예수가 어울린 무리들은 당시 사회 체제로부터 배척받고 소외된 무리들이었다. 로마의 경제적 수탈을 위한 앞잡이로서 민족적으로 지탄받던 세리들도 대부분 비참한 생활을 하던 사람들이었다. 높은 직위에 있던 세리들을 제외하면 대부분의 세리들은 경제적으로도 빈곤했다. 그뿐 아니라 그들은 로마제국의 앞잡이로서 동포들로부터 세금을 걷었기 때문에 온 국민의 혐오와 증오를 받아야 하는 그야말로 딱한 무리들이었다. 예수는 가난한 농민·어부·날품팔이를 중심으로 하여 하나님 나라 운동을 펼쳤다. 그런데 그들 가운데는 장애인들과 병자들이 있었고 세리와 창녀들도 있었다. 아무리 위선적인 바리새파 사람이나 서기관이라 해도 가난한 사람들에게 하나님 나라의 복음을 전하고 병자들을 고쳐주는 예수를 비난할 수는 없었다. 그러나 세리나 창녀와 같이 누가 보아도 지탄받아 마땅한 무리가 자유롭게 예수와 어울리는 것을 보고 바리새파 사람이나 서기관은 예수를 비난하였다.

더욱이 바리새파 사람들은 사제들에게 적용되던 정결 예법을 일반 민중에게까지 적용시킴으로써 정결 예법을 제대로 지키지 못하는 민중을 죄인으로 여겼다. 먹고 살기에 바쁜 민중으로서는 복잡한 정결 예법을 지킬 만큼 한가하지도 않았고 그럴 의욕도 없었다. 그리고 그날그날 벌어서 먹고사는 민중으로서는 일주일에 하루는 일하지 말라는 안식일 법을 지킬 수 없었다. 이래저래 민중은 바리새파 사람이나 서기관의 눈으로 보면 멸망 받아 마땅한 죄인들이었다. 예수는 세리와 죄인의 친구가 되었을 뿐 아니라 그들을 정죄하거나 비난하지도 않았다. 오히려 세리나 소위 죄인들을 정죄하는 바리새파 사람이나 서기관을 혹독하게 비판하고 정죄하였다.

이런 상황을 배경으로 하여 비유를 살펴보자. 양 일백 마리 가운데 한 마리를 잃으면, 목자는 아흔아홉 마리를 들에 두고 잃어버린 한 마리를 찾아 나선다고 했다. 양을 치는 목자에게는 당연한 일인지 모르겠지만, 이 비유를 사회에다 적용하면 놀라운 결론에 이르게 된다. 아흔아홉 마리를 들에 버려두고 잃어버린 한 마리를 찾아 나선다는 것은 결국 잃어버린 하나가 다른 아흔아홉보다 크고 소중하다는 역설적인 생명 공동체의 진리를 나타낸다. 하나가 아흔아홉 보다 크다.

그러나 잃은 하나를 위해서 잃지 않은 아흔아홉을 위험 속에 빠뜨리는 행동은 상식적으로는 이해하기 어렵다. 공자의 말에 따르면 대(大)를 위해서 소(小)를 희생시키는 원칙은 모든 정치와 사회의 기본 원칙이다. 그러나 겉으로는 다수를 위한다는 명분을 내세웠지만, 실은 소수를 위해 다수를 억압하고 수탈했던 것이 지난 역사였다. 소수를 위해 다수를 회생시키면서도 명분만은 대를 위해 소를 회생시킨다는 것이다. 오늘의 모든 사회도 같은 원칙을 따르고 있다. 모든 국가의 법은 바로 이 원칙을 실행하는 장치다. 다수의 안전한 삶을 위해서는 소수를 교도소로 보내야 한다. 다수의 행복을 보장하기 위해 소수의 자유를 박탈하는 강제적 장치가 바로 법이다.

그런데 잃은 양의 비유는 다수를 위해 소수를 희생시켜야 한다는 원칙을 정면에서 부정하고 있다. 잃은 양의 비유는 적은 사람이라도 소외된다면, 남은 사람들이 온전한 삶을 누릴 수 없다는 것을 말해준다. 한 인간이라도 소외된 채로 버려둔다면, 이미 인간에 대한 형제적인 유대를 상실하기 때문에 공동체적 생명을 잃게 된다. 한 인간이 궁지에 빠져 외치는 호소를 외면하는 인간의 정신은 이미 닫혀 있다. 정신이 닫힌 사람은 형제애를 잃은 사람이다. 형제애를 잃은 사람들끼리 사는 생활이 행복할 리 있겠는가? 사람들 사이의 진정한 자유와 사랑을 생각한다면, 아흔아홉을 지키기 위해 잃어버린 하나를 버려둘 수 없다. 잃어버린 하나를 그대로 버려둔다면, 남은 아흔아홉도 안전하지 않다. 앞으로 양을 잃어버릴 때마다 남은 양 떼만 지킨다면 아흔아홉 마리의 양들도 마찬가지로 잃어버릴 위험을 안고 있는 것이다. 한 마리씩 잃어버리다 보면 결국 아흔아홉 마리가 80마리 70마리로 될 수도 있을 것이다. 그렇기 때문에 잃은 양 하나를 찾는 일은 다른 아흔아홉을 포함한 전체를 지키고 살리는 일이다.

여기서 법과 복음의 심층적이고 입체적인 관계가 나온다. 법은 국가와 사회의 기본 토대다. 법은 국가와 사회의 존재를 정당화시켜 줄 뿐 아니라 국가와 사회를 유지하고 기능하게 하는 제도적 장치다. 법은 생명과 재산을 보호하기 위해 제정된 것이다. 그러나 법이 인간의 죄에 사로잡히면, 권력욕과 소유욕에 사로잡히면, 법은 민중의 삶과 재산을 유린하는 흉기가 된다.

사도 바울은 이 문제를 심각하게 다루고 있다. 「로마서」 7장 10절에서는 이 문제를 실존적으로 표현해서 "생명에 이르게 할 그 법이 내게 대하여 도리어 죽음에 이르게 하는 것이 되었다."고 했다. 「고린도전서」 15장 56절에서는 "죽음의 흉기는 죄요, 죄의 권력은 법이다."라고 했다. 바울은 "법은 본래 생명을 위해 있는 것인데 바뀌어서 죄와 죽음을 위해 있게 되었다."고 갈파했다. 그는 죽음과 죄와 법을 동일선상에 놓음으로써 법을 아주 부정적인 의미로 파악하였다. 그러나 바울도 법 자체가 악하다고는 말하지 않았다. 오히려 법 자체는 거룩하고 선하고 의로운 것이라고 했다(로마서 7장 12절). 그런데 이 법이 죄와 죽음의 지배 아래 놓인 인간에게는 죄와 죽음에서 벗어나지 못하게 옭아매는 권력이 된다. 더 나아가서 이 법이 소수의 권력욕과 소유욕을 실현하는 도구가 될 때, 이 법이 거짓을 정당화하는 강제적 장치가 될 때, 삶을 죽이는 흉기가 된다.

　법, 율법은 본래 하나님의 말씀, 계명이다. 법의 근본 내용과 목적은 하나님의 사랑과 정의다. 하나님의 사랑과 정의를 실현하기 위해 제정된 법이 어떻게 인간의 생명을 죽이는 흉기가 되었을까? 예수는 율법의 본래 정신인 하나님의 사랑과 정의를 실현하려고 하나님 나라 운동을 펼쳤다. 예수는 율법의 본래 정신에 따라 하나님의 사랑과 정의를 실현하기 위해서 가난하고 병들고 소외된 사람들을 살리고 높이었다. 그러나 율법을 내세우는 바리새파와 율법 학자들은 율법의 형식적인 문자와 규정을 내세워 가난하고 병들고 소외된 사람들을 정죄하고 비난하였다. 예수는 율법의 내용과 목적, 뜻과 정신에 충실했고 바리새파는 율법의 형식과 규정, 조문과 문자에 충실했다. 같은 율법을 가지고 예수와 바리새파는 서로 대립하고 싸웠다.

　율법을 둘러싸고 예수와 바리새파가 싸움으로써 율법과 복음의 관계와 차이가 뚜렷이 밝혀지고 예수의 복음이 지닌 의미와 성격이 분명히 드러난다. 예수의 복음은 예수가 실현한 하나님의 아가페에 관한 기쁜 소식이다. 아가페는 가난하고 병든 사람들, 더러운 죄인들, 버림받고 소외된 사람들에 대한 하나님의 조건 없는 사랑이다. 복음은 가난하고 소외된 민중을 주인으로 삼는 나라 다시 말해 하나님의 아가페가 지배하는 나라에 대한 기쁜 소식이다. 복음의 핵심은 아가페 사랑이다.

　인간의 욕망과 갈등으로 가득 찬 이 역사가 존속하는 한, 복음의 사랑이 법을 대신할 수는 없다. 욕망과 갈등이 가득한 사회를 유지하기 위해서는 법적인 강제력이 필요하다. 그렇지만 법만으로 사회를 바르게 이끌 수도 없다. 악한 세력이 사회를 지배할 경우, 법은 악의 도구로 전락하기 마련이다. 법이 아무리 완벽하더라도, 설사 악의 도구로 전락하지 않는다고 하더라도, 법만으로는 인간에게 자유와 사랑의 기쁨, 삶의 주체성과 자발성을 가져다줄 수 없다. 법은 억압과 수탈의 도구로 전락하거나 그 자체를 절대화함으로써 사람들을 법의 체제에 예속시키게 된다. 법은 그 자체가 목적이 되어서는 안 되고 아가페를 실현하는 도구여야 한다.

법의 목표는 인간의 존엄과 행복, 자유와 평등을 이루는 데 있다. 자본주의 사회의 법이 소수의 강자들을 더욱 강력하게 하고 다수의 약자들을 더욱 무력하게 하는 구실을 한다면 지탄받아 마땅하다. 사회주의 사회의 법이 그 자체를 절대화하여 인간 위에 군림한다면, 역시 용납될 수 없다. 어떤 의미에서도 법은 인간 위에 군림해서는 안 된다. 예수가 말했듯이 "안식일이 사람을 위하여 생긴 것이지, 사람이 안식일을 위하여 생긴 것이 아니다."(마가 2:27) 안식일이나 안식일 법은 사람을 위해 있는 것이다.

하나님의 아가페 사랑에 대한 예수의 복음은 법보다 훨씬 깊고 높은 자리에서 인간과 사회를 본다. 잃은 양의 비유는 법의 관점을 넘어서서 인간과 사회를 보는 복음의 관점을 보여준다. 잃은 양의 비유에 따르면 잃은 양 한 마리를 다른 아흔아홉 마리로 대체할 수는 결단코 없다. 그 잃은 양 하나에 모든 것이 걸려 있는 듯이 행동하는 목자를 보자. 잃은 양 하나를 찾았을 때 목자의 기뻐하는 모습을 보자. 찾은 양을 어깨에 메고 집으로 돌아가는 목자, 집에 와서 벗과 이웃을 불러 모으고, "다 함께 즐거워하자. 잃은 양을 찾았노라."고 말하는 목자를 보자. 잃은 양 하나를 값으로 따져서는 도저히 목자의 기쁨을 알 수 없다. 소외된 인간 하나를 찾아 만나는 기쁨은 소외되지 않은 인간 아흔아홉으로부터 얻는 기쁨보다 크다. 한 인간의 생명과 영혼은 하나님과 직결된 것이며 절대적이고 궁극적인 가치와 의미를 지니고 있다. 그러므로 한 영혼은 대체할 수 없는 존귀함을 가지고 있다. 이것은 정치적인 사고나 법적인 사고로는 도저히 이해할 수 없는 일이다.

한 인간에 대한 절대적이고 무조건적인 사랑(아가페)만이 인간과 사회를 구원할 수 있다. 아가페 사랑을 잃어버리면 인간과 사회는 속에서부터 무너지기 시작한다. 그러나 국가 사회 속에는 언제나 아가페 사랑을 용납하지 못하는 세력이 있다. 국가사회의 지배체제가 용납하지 못하는 아가페 사랑에 끝까지 자신을 바쳤기 때문에 예수는 십자가에 달려야 했다. 그는 적대자들을 죽이거나 억압하거나 소외시키는 정치 혁명의 길로 갈 수 없었다. 그래서 자신이 십자가에 달려 죽음으로써 예수는 전체를 끌어안는 아가페 사랑으로 적대자들까지 끌어안으려 했던 것이다. 세상의 어떤 혁명도 십자가에 달린 예수의 사랑이 없이는 완성될 수 없다. 예수가 보여준 희생적인 아가페 사랑만이 인간의 주체와 정체를 확립하여 자치와 협동의 나라를 이루게 한다. 자치와 협동으로 이루어지는 진정한 민주공화의 나라는 예수의 십자가 사랑을 통해서 동터 온다.

16. 예수의 절규

> 세 시에 예수께서 큰소리로 "엘로이 엘로이 라마 사박다니?" 하고 부르짖으셨습니다. 그것은 "나의 하나님, 나의 하나님, 어찌하여 나를 버리셨습니까?"라는 뜻입니다. (마가복음 15장 34절)

죽음을 맞이하는 모습을 보고서 그 사람의 인간 됨을 가늠해 볼 수 있다. 자기의 소신과 인생관에 투철한 사람이라면, 더욱이 정신적인 도덕을 숭상하는 동양인이라면, 죽음 앞에서 여유 있고 침착한 모습과 초연하고 평안한 마음을 유지하는 일이 무엇보다 중요할 것이다. 위대한 정신력으로 다가오는 죽음을 압도한 사람들이 많이 있다. 공자의 수제자였던 증자는 효도로 유명한 사람인데, 그는 임종할 때 제자들을 불러 놓고 이렇게 말했다.

> "애들아 내 손과 발을 만져 보아라. 어디 상처 난 데나 훼손된 데가 있더냐? 부모로부터 물려받은 몸을 다치지 않으려고 깊은 물가를 걷듯, 얇은 얼음 위를 걷듯 조심조심 이때까지 살아왔다."

증자의 이 말에는 죽음에 대한 두려움이나 조바심이 전혀 없고, 오히려 어려웠지만, 후회 없는 인생을 무사히 마치게 되는 것에 대한 안도의 한숨을 엿볼 수 있다. 소크라테스는 죽을 때 어찌나 침착하고 평온했던지 제자들을 울렸을 뿐 아니라 약사발을 가져온 사형 집행인까지 감복시켰다고 한다. 중국의 승조 스님은 참수형을 당하기 전에 남긴 시의 "목을 치는 칼날이 마치 봄바람을 베는 듯 하다."는 구절은 죽음을 앞둔 마음의 평정을 잘 드러내 주고 있다. 또 이런 예도 있다. AD 42년 로마의 클라우디우스 황제에게 반역을 꾀했다가 사전에 발각된 파에투스에게 그의 아내 아리아는 자살을 권하면서 시범을 보였다. 아리아는 자신의 가슴에 단검을 찌르곤 다시 뽑아 남편에게 주면서 "여보, 아프지 않아요!"라고 말하고 숨을 거두었다고 한다.

그리고 초대 기독교인들이 로마제국으로부터 박해를 받아 죽을 때 보여준 숭고하고 아름다운 이야기들도 많이 있다. 한겨울에 로마 군인들이 기독교인 수백 명을 잡아다가 발가벗겨 호수에 얼음 구멍을 내어 한 사람씩 집어넣었다. 누구든지 그리스도를 부인하기만 하면 살려 준다고 했다. 그러나 모든 그리스도인들이 평화로운 모습으로 확신에 차서 찬송을 부르며 죽어갔다. 그런데 단 한 사람 고통을 못 이기고 얼음 구멍을 뛰쳐나와 군인들에게 살려달라고 하면서 그리스도를 부인했다. 그때 깊은 감동에 싸였던 군인 한 사람이 옷을 벗어 던지고 "저 빈 구멍을 내가 채우겠다."고 하면서 그리스도인들과 함께 죽었다고 한다.

그러면 예수의 죽음은 어떠한가? "나의 하나님, 나의 하나님, 어찌하여 나를 버리셨습니까?"라고 한 예수의 죽는 모습은 위에서 예로든 사람들의 죽는 모습과는 너무 다르지 않은가? 십자가에 달리기 전 예수는 겟세마네 동산에서 할 수만 있으면 죽음을 면하게 해달라고 피땀을 흘리며 밤새워 기도하였다. 예수의 이 절규는 성경에서 가장 이해하기 어려운 대목 중의 하나다. 도대체 예수가 어떻게 하나님을 향해 원망이나 항의를 할 수 있을까? 아니 하나님이 예수를 버린 다는 일이 가능하기나 한 것일까? 예수의 제자 베드로는 십자가에 바로 달리기가 황송해서 거꾸로 달려 죽었고, 사도 바울은 죽기 전의 감옥에서 기쁘고 감사하다는 말을 그치지 않았는데 ……예수는 죽음을 두려워하고 고통과 수치를 참지 못할 만큼 나약하고 미숙했 을까? 죽음에 임한 모습만을 보면 그렇게 보아야만 할 것 같다. 그러 나 다음과 같이 말한 예수가 과연 죽음을 두려워했을까?

> 몸은 죽여도 영혼은 능히 죽이지 못하는 자들을 두려워 말고 오직
> 몸과 영혼을 능히 지옥에 멸하시는 자를 두려워 하라.(마태복음 10
> 장 28절)
> 목숨을 얻는 자는 잃을 것이요, 자기 목숨을 잃는 자는 얻으리라.(마
> 태복음 10장 39절)
> 아무든지 나를 따르려거든 자기를 부인하고 자기 십자가를 지고 나
> 를 쫓으라.(마가복음 8장 34절)

더욱이 자신이 권세 있는 사람들에 의해 십자가에 달릴 것을 훤 히 내다보았던 그가 자신의 목숨에 그다지 연연했을까? "원수를 사 랑하라.", "오른뺨을 치면 왼뺨도 돌려대라.", "속옷 달라면 겉옷도 주 어라.", "핍박하는 자를 위해 기도하라."고 한 그가 정신적으로 미숙 할 수 있을까? "왜 나를 버리셨느냐?"는 예수의 절규는 아무래도 성 경의 맥락에 부합되지 않는 것 같다.

그래서 많은 학자들이 이 구절을 설명해 보려고 고심해 왔다. 우

찌무라 간죠는 "엘로이 엘로이 라마 사박다니?"란 구절이 「시편」 22편의 서두에 나온다는 사실에 착안해서 아마 예수는 경건하게 죽어가는 고통 속에서 이 구절을 암송했을 것이라고 설명하였다. 이 설명은 아주 경건하기는 하지만 설득력은 없다. 예수는 이 구절을 경건하게 조용히 읊조린 게 아니고 크게 소리 질렀기 때문이다. 어떤 사람은 "나의 하나님, 나의 하나님"이란 문구에 주목해서 예수가 하나님과의 깊은 단절을 맛보고 절규하면서도 "나의 하나님"이라고 부른 것은 하나님에 대한 신뢰를 잃지 않은 것으로 설명한다. 이 설명은 좀 역설적이고도 실존적이다. 그러나 이 설명도 너무 인위적일 뿐 아니라 성경의 전체적인 맥락과의 관계를 밝혀 주지는 못한다.

예수의 이 절규는 성경을 이해하는 데 가장 큰 거침돌(장애)이지만, 바로 거침돌이기 때문에 성경을 이해하는 열쇠가 될 수도 있다. 아니 나는 바로 이 구절이 성경의 기본 줄기를 열어 보일 수 있는 열쇠일 뿐 아니라 성경 진리의 가장 분명한 표현이라 생각한다. 예수의 죽음은 자연스러운 죽음이 아니다. 그것은 정치적인 처형이었다. 그의 죽음은 단순히 나사렛 예수라는 젊은이의 종말도 아니다. 예수에게는 자아(ego)가 없었다. 그에게는 오직 민중과 함께하는 하나님의 나라가 있었을 뿐이다.

예수의 죽음은 그가 민중과 함께 일으킨 하나님 나라 운동 즉 사랑과 정의의 나라 운동의 실패와 좌절이었다. 그의 죽음은 정치 사회적인 그리고 역사적인 현실을 그대로 드러냈다. 그것은 과거·현재·미래의 모든 민중이 겪고 있는 고통스러운 운명을 상징한다. 이스라엘 민중은 오랜 세월 십자가의 죽음 같은 삶을 살아왔고 앞으로도 그렇게 살아야 한다. 그러므로 예수의 이 절규는 역사와 사회의 근본적인 모순과 갈등으로부터 우러나온 것이다. 그것은 바로 이 모순과 갈등에 대한 항의요 절규다. 하나님이 살아 있다면, 하나님이 역사와 사회를 주관한다면, 이렇게 부당한 일이, 이렇게 억울하고 분한 일이, 이렇게 허무한 일이 있을 수 있느냐고 하나님에게 항의하고 절규하고 호소하는 것이다. 이 같은 항의와 호소는 성경을 이루는 두 개의 줄기 중 하나다.

나는 이 두 줄기를 '예'와 '아니오'란 말로 규정지어 구분하고 싶다. '예'의 전통은 주로 개인의 경건을 나타낸다. 이는 기쁘거나 슬프거나 좋거나 궂거나 모든 일을 하나님의 뜻으로 돌리고 하나님에게 감사하며 기뻐하는 섭리 신앙이다. 이것은 하나님에게 무조건 절대로 순복하는 생활이다. 말하자면 이는 오직 하나님만을 의지하고 따르는 신앙 자세다. 아마 이런 신앙 전통에는 원수를 사랑하라든지, 오른뺨을 때리면 왼뺨도 돌려대라든지, 하루에도 일흔 번씩 일곱 번 용서하라든지, 박해하는 자를 미워하지 말고 그를 위해서 기도하라는 계명들도 속할 것이다. 또 조건 없는 사랑, 계산을 모르는 사랑을 나타내는 탕자의 비유나 잃은 양의 비유도 여기에 속한다. 이것은 물질의 제약과 속박을 초월한 생명의 영적 자유를 나타낸다.

'아니오'의 전통은 출애굽 사건을 비롯해서 현실의 모순과 부조리를 고발하고 항의하는 예언서, 억압과 착취에 신음하며 탄식과 절규를 토해내는 「시편」, 부당하고 억울한 운명에 항의하는 「욥기」, 예수의 십자가를 포함시킬 수 있다. '아니오'의 전통에서는 무조건 하나님에게 순복하는 게 아니라 오히려 하나님에게 대들고 맞서려고 한다.

야곱은 자기를 잡아 죽이려 했던 형 에서와의 만남을 앞두고 얍복 강가에서 밤을 새우며 하나님 (또는 하나님의 사자)와 싸움을 했다. 눈 앞 애 닥친 불행한 운명을 하나님의 뜻으로 받아들이기보다는 그 운명을 거부하려고 하나님과 싸우는 야곱에게서 하나님에게 대들며 항거하는 '아니오'의 전통을 볼 수 있다. 아니오의 전통은 물질의 법칙적 제약과 인과적 속박 속에서 그리고 사회·역사의 갈등과 대립 속에서 사는 생명의 육체·심리적 고통과 갈등을 나타낸다.

의로운 사람 욥은 어느 날 갑자기 모든 자녀를 잃고 전 재산을 빼앗기는 재난을 당했다. 거기다가 심한 피부병이 생겨 기와 조각으로 온몸을 긁고 있는 욥을 향해 아내마저도 욕을 퍼부으며 떠나갔다. 재난을 당한 욥을 위로하러 온 세 친구는 욥이 이같이 끔찍한 참변을 당한 것은 무언가 죄를 지은 탓이니 회개하고 하나님에게 용서를 빌라고 권고한다. 이에 대하여 욥은 단호히 거절하고 "나는 아무리 돌이켜 보아도 이런 재난을 당할 만한 죄를 지은 일이 없다. 이 재난은 억울하고 부당하다."는 주장을 편다. 세 친구들은 지극히 경건한 어투로 "의로우신 하나님이 까닭 없이 재난을 내릴 리가 있느냐? 욥, 네가 아무 죄도 없다면 하나님이 부당하고 불의하시단 말이냐?"고 욥을 나무랬지만, 욥은 조금도 굽히지 않고, "어딜 가야 하나님을 만날까? 만나기만 하면 따져볼 텐데."라고 벼른다.

「시편」과 예언서에서는 하나님을 향한 항의, 억압자와 착취자에 대한 준열한 고발, 적대자에 대한 노골적인 저주가 나온다. 이런 대목들은 원수를 사랑하라든지, 속옷 달라면 겉옷까지 주라는 식의 말과는 연결 지을 수 없다. 원수 사랑과는 너무 동떨어진 말들이 「시편」이나 예언서에 많지만, 「시편」에서 몇 구절 인용하겠다.

> 악인이 당하는 보복을 기뻐하고 악인의 피에 발을 씻으리.(시편 58편
> 10절)
> 대적자들은 일찍 죽고…… 그 자녀들은 고아가 되고 부인은 과부가
> 되라………후손들은 빌어먹어라. 대가 끊기라. 가난한 자를 핍박하
> 는 무리여 수치를 옷 입듯 하라. (시편 109편 8절 이하 참조)

「시편」 137편은 바벨론 제국에 포로로 잡혀간 이스라엘 백성들
이 신세를 탄식하며 바벨론 제국을 저주한 노래인데, 마지막 대목은
이렇다.

> 계집 같은 멸망할 바벨론아 네가 우리에게 행한 대로 네게 갚은 자가
> 복이 있다. 네 어린 것들을 바위에 메어치는 자가 복이 있다.

이런 구절들이 성경에 있다는 사실 자체가 놀랍고 당혹스럽다. 우
리는 이 구절들을 어떻게 이해해야만 할까? 경건한 신앙의 틀 속에
서는 도저히 이해할 수 없다. 그래서 본회퍼는 「시편」에 나오는 저주
들의 대상을 인간이 아닌 사탄이나 악마로 이해하자고 한다. 이런 설
명은 경건하기는 하지만 성경의 적나라한 현실주의와는 거리가 멀다.
「시편」은 억압자와 착취자들을 향해 저주를 퍼붓고 이들로부터 당
하는 혹독한 고통을 그대로 노래함으로써 역사와 사회의 본질적인
모순과 갈등을 증언해 준다. 모든 역사와 사회의 고통과 부조리를 뿌

리에 이르기까지 깊이 있게 증언해 준다. 「시편」과 예언서는 역사와 사회 속에서 직접 몸으로 겪은 그 아픔을 말해 준다.

예수가 십자가에서 부르짖은 외침은 성경에 일관성 있게 흐르는 '아니오'의 전통, 예수 자신의 삶 속에 맥맥히 흐른 '아니오'의 전통을 가장 극적으로 그리고 가장 철저하게 나타낸다. 예수의 외침은 단순한 개인의 외침이 아니라 역사의 뿌리와 사회의 밑바닥으로부터 터져 나온 외침이다. 왜 나를 버렸느냐는 이 외침은 이 역사와 이 사회가 왜 이렇게까지 되었느냐는 부르짖음이요, 왜 죄 없는 민중이 이토록 힘없이 죽음의 고통을 당해야 하느냐는 항의다.

성경은 이 두 개의 전통이 긴밀히 결합돼 있다. 어느 하나만을 가지고는 성경과 그리스도교를 말할 수 없다. 보수적인 교단이나 순복음 교회에서 하는 설교는 '아멘'이나 '할렐루야'란 말을 중심으로 하는데, 이는 대체로 '예'의 전통에 속한다고 본다. '아멘'은 "예, 그렇습니다."라는 뜻이고, '할렐루야'는 "하나님을 찬양하라."는 뜻이다. 이렇게 일방적으로 개인 경건을 위주로 '예'의 전통에만 매달리면, 진정한 그리스도교라고 할 수 없다. 반대로 사회 역사적인 비판과 항의에만 몰두한다면, 역시 진정한 그리스도교라 할 수 없다. 왜냐하면 그리스도교는 비판 의식과 계급적 투쟁만을 내세우지 않고, "수고하고 무거운 짐 진 자들아 다 내게로 오라. 내가 너희를 쉬게 하리라"는 말씀도 전하기 때문이다.

여기서 '예'와 '아니오'의 대립적이면서 통합적인 관계를 말하지 않을 수 없다. 개인과 사회의 관계를 보더라도 개인과 사회를 분리시키면, 관념적 추상적인 생각에서 벗어날 수 없다. 개인을 무시한 사회

과학은 독단적 이데올로기가 되어 관념화되고, 사회를 무시한 개인 윤리는 맹목적 감상주의가 되어 현실성을 잃게 된다. 물론 개인적 접근이나 사회적 접근이 있을 수 있지만, 그 어느 것도 현실을 충족시킬 수는 없다. 그래서 '예'와 '아니오'를 결합시키는 일이 중요하다.

그리스도교는 인간을 관계 속에서 파악한다. 인간은 자기 안에 중심을 두고 살아가도록 창조된 게 아니라 하나님과의 관계 속에서 하나님을 중심으로 살아가도록 창조되었다. 관계란 무엇일까? 관계란 서로 자신을 열 때 성립하며, 서로 자신을 여는 행위는 곧 사랑이다. 관계란 나를 너에게 내주는 행위며, 너를 내 안에 받아들이는 행위다. 이것은 나의 존재를 거는 용기요 모험이다. 이렇게 나의 존재를 걸고 살 때 삶의 충실이 있고 기쁨이 있다. 오늘 삶이 쇠퇴하고 삶의 기쁨과 의미가 사라졌다면, 그것은 삶의 주체와 전체의 중심인 하나님을 잃은 탓이다.

'하나님'이란 단어의 어원은 의미가 깊다. '하나님'이란 말의 '하나'는 '흔'에서 온 말이고, '흔'이란 '하나' 또는 '크다'는 의미를 가지고 있다. 모든 언어의 공통적인 음운 현상 가운데 하나는 'ㅎ'과 'ㅋ' 음이 쉽게 동화되는 것이다. 예를 들면 징기스칸의 '칸'은 위대하다는 말이며 임금을 나타내는 말인데, '한'이나 '간(干)'으로도 쓰인다. 대전(大田)을 '한밭'이라 부르는 것도 그 예라고 생각된다. '하나님'이란 말은 주체의 깊이(자유)와 전체의 통일(사랑)을 상징한다.

그래서 나는 하나님은 흐린 물과 맑은 물을 같이 받아들이는 바다처럼 선·악을 구별하지 않고 모든 사람을 포용하는 참된 주체라고 생각한다. 하나님은 빈부 귀천을 생각하지 않고, 잘나고 못난 것을 가리지 않고 무조건 사랑하고 받아들이는 주체다. 이러한 하나님의 조건 없는 사랑이야말로 인간을 그 자체로서 존중하고 세워주는 인간 평등의 확실한 근거가 된다. 다른 어디서도 인간을 인간 그 자신으로 주체로 존중하고 세워주는 인간 평등의 토대를 찾기 어렵다.

또 하나님은 인간과 인간 사이의 모든 장벽을 무너뜨리고 모든 분단을 극복하는 진정한 전체다. 전체인 하나님은 모든 인간을 고립되고 폐쇄된 상태에서 불러내고 모든 적대 관계에서 불러내어 사랑의 일치를 이루게 한다. 나의 과거와 폐쇄된 고립 상태에서, 모든 열등감과 우월감에서, 모든 증오와 적대 관계에서, 나 자신에 대한 집착에서 벗어나는 탈아적인 기쁨, 인류의 통일적 유대를 얻는 기쁨을 하나님은 우리에게 준다. 그러나 우리는 굳게 닫혀 있다. 깊은 열등감이나 독단적인 고집에서, 깊은 좌절이나 증오에서 두려움과 욕망에 사로잡혀 닫혀 있다. 인간은 관계 속에서 살아야 하는 존재지만 사회의 현실 속에서 인간의 관계는 막혀 있고 닫혀 있다. 닫혀 있는 것, 서로 통할 수 없는 것, 그것이 인간의 조건이다. 앙드레 말로의 「인간조건」에는 다음과 같은 구절이 있다.

> 인간이란 서로 통할 수 없다. 내가 내 언행을 판단할 때는 언행의 동기까지 고려하지만, 다른 사람은 그 동기를 고려하지 않기 때문에 나의 판단과 타인의 판단은 일치할 수 없다. 서로 소통할 수 없다는 것, 이것이 인간의 조건이다.

실로 인간은 많은 관계 속에서 살지만, 뒤집히고 왜곡된 관계 속에서 주체성도 자유도 잃게 된다. 「솔개」라는 노래 가사에 "관계와 관계 속에 잃어버린 나의 솔개여."란 대목이 있는데, 이는 잘못된 관계 속에서 잃어버린 나의 자유와 주체성을 노래한 것으로 생각된다.

세상에 어느 누구도 완전한 내적 통일을 이루고 있지는 않고, 완전한 개방 속에 사는 이도 없다. 하나님은 언제나 우리에게 "너 자신을 열어라, 내게로 돌아오라."고 한다. 하나님의 이 말씀에 응답해서 나 자신을 열 때, 자유와 주체성이 주어진다. 여기서 우리는 '예'의 전통의 정당성을 말할 수 있다. 인간은 끊임없이 자기를 부정하고 자기를 포기하며 하나님을 향해 자기를 열어 가야 하는 실존적 존재다.

그러나 실존적 차원에 머물러서는 안 된다. 하나님은 정의와 사랑의 하나님, 사회 역사적 관계의 하나님이다. "너 자신을 열어라. 내게로 돌아오라."는 하나님의 실존적 부름은 우리를 십자가에 달린 그리스도에게로 부르기 때문이다. 만일 그리스도인이라고 자처하는 사람들이 아무리 경건하고 아무리 아멘, 할렐루야란 말을 많이 해도 십자가에 달린 그리스도의 부르짖음에 귀를 기울이지 않는다면, 그들은 그리스도와는 관계가 없다. 그리스도는 우리에게 "자기를 부인하고 자기 십자가를 지고 나를 따르라."고 말한다. 나 자신을 부인하는 실존적 행위는 그리스도의 뒤를 따라 그리스도의 십자가에 연결되어야 한다.

그리스도의 십자가는 버림받는 민중의 고통스러운 현장이다. 죽음의 자리, 처형당하는 자리에서 "나의 하나님, 나의 하나님, 왜 나를 버리셨습니까?"라고 외친 절규는 역사와 사회를 지배하는 죽음의 세력에 대한 항거요 부르짖음이다. 그것은 죽음의 세력을 깨뜨리고 사랑과 생명을 주는 하나님을 향한 절규요 호소다. 그리고 그것은 하나님을 향해 자신을 열어 가는 우리에게 하는 절규요 호소다.

　　나사렛 예수의 십자가(죽음)로 나갈 때, 우리는 고통받고 신음하는 민중과 함께 해방과 구원의 길로 갈 수 있다. "엘로이 엘로이 라마 사박다니?" 예수의 이 외침을 외면하는 사람들에게는 해방도 구원도 없다. 그런 이들은 하나님이 누구인지 알 수도 없다.

17. 기쁨과 사랑의 포도주가 떨어진 시대

　　사흘째 되던 날 갈릴리 가나에 결혼잔치가 있어서 예수의 어머니가 거기 가 계셨고, 예수와 그의 제자들도 그 잔치에 초대를 받아 갔습니다. 마침 포도주가 떨어지게 되니 예수의 어머니가 예수에게 "포도주가 떨어졌다"하고 말했습니다. 예수께서 어머니에게 말씀하셨습니다. "어머니, 그것이 내게 무슨 상관이 있습니까? 아직 내 때가 오지 않았습니다." 예수의 어머니가 일군들에게 "무엇이든지 그가 하라시는 대로 하라."고 일렀습니다. 그런데 유대 사람의 정결 예법에 따라 거기에 너댓 말씩 드는 돌항아리 여섯이 놓여 있었습니다. 예수께서 일꾼들에게 말씀하셨습니다. "항아리에 물을 채우라." 그래서 그들이 항아리마다 가득히 물을 채웠습니다. 예수께서 그들에게 "이제는 물을 떠서 잔치 맡은 이에게 가져가라."하고 명령하셨습니다. 그들은 그대로 했습니다. 잔치 맡은 이는 포도주가 된 물을 맛보았습니다.(요한복음 2장 1~9절)

갈릴리 가나에서 결혼잔치가 열렸다. 예수의 어머니 마리아와 예수 그리고 제자들이 이 잔치에 참여하게 되었다. 동서고금을 막론하고 결혼 잔치는 흥겹다. 결혼은 성숙한 한 남자와 성숙한 여자가 만나서 새로운 삶과 사랑을 만드는 일이므로 보기에도 아름답고 기쁜 일이 아닐 수 없다. 「요한복음」을 살펴보면, 세례자 요한에게 세례를 받고 몇몇 제자들을 부른 다음 예수는 가나의 결혼 잔치에서 비로소 공적인 활동을 시작했다. 예수가 세상에서 제일 먼저 행한 기적이 바로 가나의 결혼 잔치에서 물로 포도주를 만든 기적이다.

이렇게 예수가 공생애를 가나의 결혼 잔치에서 시작하고, 첫 기적을 결혼잔치에서 행해서 잔칫집 분위기를 흥겹게 해주고, 잔칫집 사람들에게 기쁨을 가져다준 것은 무엇을 의미하는가? 예수는 이 세상에 슬픔과 고통을 가져온 게 아니라 기쁨과 즐거움을 가져왔다. 그래서 예수는 공적일 활동을 시작할 무렵에 결혼 잔치에 참여해서 사람들과 기쁨을 함께 나누었다.

잔치의 흥겨운 분위기가 한창 무르익어 가는데, 포도주가 떨어졌다. 포도주는 잔칫집에서 가장 중요하고 필요한 것이다. 포도주가 없으면, 잔치의 분위기를 낼 수 없다. 그 당시 결혼 관습에 의하면, 신랑 집에서 7일 동안 잔치를 열어야 했다. 들러리들이 신부를 기다리는 7일 동안 신랑은 손님들을 접대할 의무가 있었다. 그러기 때문에 잔치 도중에 포도주가 떨어지는 것은 신랑에게 큰 낭패요 부끄러운 일이었다.

오늘 우리 마음에는 포도주가 떨어지지 않았는가? 가슴에 손을 얹고 내 가슴에 사랑과 기쁨의 포도주가 떨어지지 않았는지 살펴보

자. 우리 속에 생명의 기쁨과 사랑의 포도주가 떨어졌다면, 생명의 창
조적 근원이고 주인인 하나님, 생명의 샘이고 님인 예수에게 생명의
포도주를 얻자. 오늘 우리가 살고 있는 시대는 포도주가 떨어진 시대
다. 포도주가 떨어진 시대라는 것을 어떻게 알 수 있을까?

첫째, 이 시대는 참된 감동을 잃어버렸다. 인간들 사이에 진정한
감동이나 감격이 없어졌다. 권투나 축구에는 흥분하고 텔레비전 연
속극에는 감동하지만, 이웃의 기쁨과 아픔에 대하여는 함께 기뻐하
고 함께 울지 못한다. 우리나라는 자살률이 가장 높은 나라다. 왜 그
렇게 많은 사람이 자살하는가? 자신의 외로움과 아픔, 절망과 슬픔
을 알아주는 이가 없기 때문이다. 돈과 기계의 종이 된 사람들이 욕
망과 감정의 기계가 되어서 이웃을 죽이고 가족을 죽인다. 자식을 죽
이고 부모를 죽이고 친구를 죽인다.

자살과 살인을 밥 먹듯 하는 이 시대는 예수가 말했듯이 울어도
같이 울 줄 모르고 피리를 불어도 춤추지 않는 시대다. 우리의 마음
은 콘크리트 건물처럼 딱딱하고 아스팔트처럼 메말라 있지 않은가?
왜 우리의 마음이 돌처럼 딱딱해졌을까? 이 시대 사람들은 악마의
유혹에 넘어가서 돌로 만든 떡을 먹고 가슴이 돌로 변한 것은 아닌
가? 예수가 40일간 금식하고 악마에게 시험받을 때, 악마의 첫 번째
유혹이 돌로 떡을 만들어 먹으라는 것이었다. 하나님의 뜻은 어찌 되
었건, 윤리·도덕은 어찌 되었건 먼저 먹고 보자는 주장이 바로 악마
의 주장이었다.

우리는 지난 세월 다른 모든 것을 희생해서 경제 개발을 했고, 수
많은 노동자와 농민들의 피눈물을 흘려서 수출을 하고 경제성장을

이룩했다. 우리가 경제성장을 위해서 모든 것을 희생한 것은 돌로 떡을 만들어 먹으라는 악마의 유혹을 받아들인 것이 아닐까? 예수는 돌로 떡을 만들어 먹으라는 악마의 유혹을 단호히 거절하였지만, 우리는 악마의 유혹에 넘어가 돌로 만든 떡을 먹게 된 것이 아닌가? 돌로 만든 떡을 먹고 우리의 가슴, 우리의 심장은 돌처럼 딱딱해진 것이 아닌가? 우리의 마음에 영혼의 포도주가 떨어진 것을 절실히 느낀다. 우리 속에 영혼의 포도주가 가득하다면, 이 사회에 정신적인 포도주가 풍족하다면, 우리의 삶은 훈훈하고 생기 있는 삶이 될 것이다.

둘째, 이 시대가 포도주가 떨어진 시대라는 것은 사랑이 부족한 시대라는 데서 알 수 있다. 이 시대는 사랑할 줄 모르는 시대다. 하나님은 사랑 속에서만 자신을 나타낸다. 인간이 자신의 깊은 영혼을 드러내는 것도 사랑을 통해서다. 우리는 사랑을 통해서 하나님도 만나고 인간도 만난다. 왜 그럴까? 「요한 1서」에 의하면 하나님은 사랑이라고 했다. 하나님의 형상대로 인간을 창조했기 때문에, 하나님이 사랑이면 인간도 사랑이다. 그러므로 인간이 본모습대로 살려면 사랑을 받을 수 있어야 하고 사랑을 할 수 있어야 한다.

세상에서 가장 불행한 인간은 사랑을 받아 보지도 못하고 사랑을 해보지도 못한 인간이다. 남의 사랑을 받아들이지도 못하고 남을 사랑하지도 못하는 인간은 육신은 살았으나 영혼은 죽었다. 고아가 왜 불쌍한가? 부모의 사랑을 못 받았기 때문에 불쌍하다. 사랑을 잃어버렸기 때문에 이 시대는 불행하다. 텔레비전 연속극에서는 하루도 빠짐없이 사랑하고 유행가 가수는 빠짐없이 사랑을 노래하는데,

왜 우리는 사랑이 부족하다고 느끼는 것일까? 목마른 사람을 구해 줄 수 있는 물은 불순물이 섞이지 않은 맑은 물이어야 한다. 깨끗하지 않은 물을 마시면 마실수록 더욱 목마르게 한다. 이처럼 조건적인 사랑이나 계산적인 사랑은 인간의 영혼을 구해 주지 못한다. 조건적인 사랑이나 타산적인 사랑은 웅덩이에 고인 물과 같아서 인간의 영혼을 더욱 갈증 나게 한다.

하나님의 사랑은 조건 없는 사랑, 계산하지 않는 사랑이다. 예수가 우리에게 가르쳐 준 것은 바로 이런 사랑이며, 예수가 우리에게 몸으로 보여준 것도 바로 이런 사랑이다. 죄악 속에서 재산을 탕진하며 방탕한 생활을 하던 아들이 돌아오기를 동구 밖에 나와 기다리는 아버지의 사랑, 방탕한 아들이 돌아오자 얼싸안고 눈물을 흘리는 아버지의 조건 없는 사랑, 아흔아홉 마리의 양을 버려두고 잃은 양 한 마리를 찾아 가시밭길 벼랑 길을 헤매는 목자의 사랑, 잃어버리지 않은 아흔아홉 마리 양보다 잃어버린 양 한 마리를 더 귀하게 여기는 계산하지 않는 사랑, 십자가에서 자신의 모든 것을 남김없이 내준 그리스도의 사랑, 이런 사랑을 이 시대는 잃어버렸다.

이런 조건 없는 사랑만이 죽은 영혼을 살릴 수 있고 남의 가슴에서 사랑을 불러일으킬 수 있다. 조건적인 사랑이나 계산적인 사랑은 각자의 가슴속에서 고인 물처럼 썩고 말지만, 조건 없는 사랑이나 계산하지 않는 사랑은 한 사람의 가슴에서 다른 사람의 가슴으로 그리고 또 다른 사람의 가슴으로 시냇물처럼 흐른다. 또 이런 사랑은 나의 가슴에서 너의 가슴으로 너의 가슴에서 그의 가슴으로 불길처럼 번진다.

그런데 이 시대의 인간들은 참된 사랑을 잃어버렸기 때문에 인간 본래의 모습을 잃어버렸다. 그래서 짐승들도 하지 않는 짓을 하게 되었다. 자식이 부모를 죽이고 부모가 자식을 죽이는 시대, 토막살인이 유행하는 시대, 아들이 방에서 목숨을 끊었는데도 열흘 동안이나 부모가 모르고 사는 시대, 같은 집에 세 들어 사는 사람이 죽어도 한 달이 지나도록 모르고 사는 시대, 이 시대는 분명 사랑의 포도주가 떨어진 시대다. 살맛이 없어진 시대, 자살률이 점점 높아가는 시대, 분명 이 시대는 포도주가 떨어진 시대다.

어머니 마리아가 예수에게 포도주가 떨어졌다고 했을 때, 예수의 답변은 냉정했다.

어머니, 그것이 내게 무슨 상관이 있습니까?
아직 내 때가 오지 않았습니다.

원문에는 '어머니' 대신 '여자여!'라고 되어 있다. 예수의 태도는 단호하고 냉정하다. 아직 내 때가 오지 않았다는 것이다. 예수는 언제나 때를 의식하며 살았다. 하나님의 일은 언제나 때와 관련이 있다. 인정에 끌려서 하나님의 일을 할 수는 없었다. 예수는 항상 십자가의 죽음을 눈앞에 둔 긴박한 삶을 살았다. 그는 때의 엄숙성 속에서 살았다. 사실 예수는 삶과 죽음이 걸려 있는 운명의 때를 의식하며 살았기 때문에 기적을 베푸는 경우에도 때를 의식하지 않을 수 없었다.

중동에서 그리고 러시아와 우크라이나에서 전쟁이 일어나고, 민주주의 선진국이라는 미국과 유럽에서 민주주의 제도와 체제가 무너지는 소리가 들린다. 샌프란시스코와 로스앤젤레스에서 파괴와 약탈이 일상화되었다. 유럽에서는 극우 정치세력이 활개를 치고 파리에서는 집단적인 폭력과 방화가 자주 일어나고 있다. 한국이나 미국이나 영국에서 사람다운 사람을 길러내는 교육은 불가능하게 된 지 오래다. 자유롭고 평등한 사회, 정의롭고 평화로운 사회는 언제 이루어지게 되나? 자치와 협동의 민주공화국은 갈수록 멀어지는 것일까? 민족의 분단과 전쟁이 일어난 지 70년이 지났는데 민족통일의 날은 갈수록 멀어지는 것만 같다.

이 시대에 사랑과 희망의 포도주가 떨어졌다고 아무리 간구해도 응답이 없는 것 같다. 이 역사에 포도주가 주어질 징조도 보이지 않는 것 같다. 마치 예수는 우리에게도 내 때가 이르지 않았다고 냉혹하게 거절하는 것 같다. 그러나 좌절해서는 안 된다. 예수의 어머니 마리아는 거절의 말을 듣고도 낙심하지 않았다. 오히려 일꾼들에게 "무엇이든지 그가 하라시는 대로 하라."고 일렀다. 예수를 굳게 믿었다는 것을 알 수 있다. 예수가 냉혹히 거절했지만, 분명히 해줄 것을 알았던 것이다. 이 시대를 사는 우리도 믿어야 한다. 아무 징조가 없고 희망이 없어 보여도 이루어질 것을 굳게 믿고 할 일을 해야 한다.

잔칫집에는 큰 돌항아리 여섯 개가 있었다. 이 항아리는 손·발·몸 전체를 씻을 물을 담아두는 항아리였다. 그런데 이제 발 씻는 데 사용되는 물항아리들이 포도주를 담는 항아리들로 변하는 기적이 예수에 의해서 일어난 것이다. 이 기적은 인간 변화의 기적을 상징한다. 짐승처럼 그날그날 그럭저럭 먹고 자고 싸는 생활을 이어가는 인간들이, 마치 발 씻을 물 담아 놓은 돌항아리 같은 인간들이 사랑과 기쁨 넘치는 새로운 인간들로, 하나님 나라의 일꾼들로 변하는 기적이 일어나야 한다. 그리스도와 더불어 영원한 생명을 맛보고 누리는 하나님의 자녀가 되어야 한다.

어떻게 이런 일이 일어날 수 있을까? 먼저 항아리를 비워야 한다. 항아리에 다른 것으로 가득 차 있으면 포도주는 만들어질 수 없다. 내 속에 있는 항아리에서 욕심·증오·게으름·교만을 비워 내야 한다. 이 시대의 항아리에서 폭력과 부조리, 부패와 악습의 모든 악한 귀신들을 몰아내야 한다. 항아리를 비운 다음에 할 일은 그 항아리에 찰랑찰랑 넘치도록 물을 가득 채우는 일이다. 비운 채로 있으면, 포도주는 만들어질 수 없다. 비운 채로 두면 더 위험하다. 귀신 하나 쫓아내고 가만히 있으면, 일곱 귀신이 들어온다고 한다. 역사적으로 자유당이 독재한다고 해서 내쫓고 제대로 수습하지 못하니까 군사 독재가 시작된 게 아닌가? 군사 독재가 끝나는가 했더니 더 흉악한 군사 독재가 시작되었다. 시민들의 촛불혁명으로 진정한 민주 세상이 오는 줄 알았는데 한국의 정치와 사회는 더욱 혼란과 갈등의 늪에 빠져드는 것 같다.

항아리에 물을 가득 채워야 한다. 물은 진리의 말씀을 상징한다. 물은 지식과 지혜를 뜻한다. 시민들의 민주철학과 신념이 확립되고 생활화되어야 한다. 생활철학과 생활신학이 확립되고 정치사회교육의 모든 영역에서 민주질서와 관행이 혁신되어야 한다. 개인의 생활이 바뀌고 사회의 관행과 악습이 바뀌려면 먼저 올바른 철학과 신념이 확립되어야 한다. 올바른 철학과 신념을 가지려면 어떻게 해야 할까? 먼저 마음의 항아리에 말씀과 지식의 물을 가득 채워야 한다. 마음의 항아리에 생명과 영의 말씀과 사회와 역사의 지식의 물을 가득 채우면, 때를 분별하는 신앙을 얻게 된다. 때를 분별하는 신앙, 그것이 바로 민주적인 생활철학이고 생활신학이다.

　그러나 돌항아리에 물을 채운 것으로 다 된 것은 아니다. 철학과 신념만으로는 부족하다. 맹숭맹숭한 물이 포도주로 변하는 기적이 일어나야 한다. 성경의 말씀과 지식을 많이 가지고 있다고 다 된 것은 아니다. 맹숭맹숭한 물이 기쁨을 주고, 향기를 토하는 포도주로 변하듯이, 우리 속에 있는 말씀과 지식이 나와 세상을 새롭게 하는 영혼의 힘으로 변하는 기적이 일어나야 한다. 포도주는 굳게 닫힌 마음을 열고 공동체 세상으로 나아가게 한다. 포도주는 나와 너를 하나 되게 한다. 포도주는 이기적인 성벽을 허물어 주고 위선의 가면을 벗게 한다. 그리하여 고난받고 소외당한 사람들의 손을 잡고 민주화와 남북통일의 길목에서 하나님 나라를 기다릴 수 있는 진실과 용기를 준다.

18. 영생을 얻으려면

　　예수께서 대답하셨습니다: "어떤 사람이 예루살렘에서 여리고로 내려가다가 강도들을 만났다. 강도들이 그의 옷을 벗기고 상처를 입혀 거의 죽게 된 것을 버려두고 갔다. 마침 한 제사장이 그 길로 내려가다가 그 사람을 보고 피하여 지나갔다. 이와 같이 레위 사람도 그곳에 이르러 그 사람을 보고 피하여 지나갔다. 그러나 한 사마리아사람이 그 길로 지나가다가 그 사람에게 와서 그를 보고 측은한 마음이 들어 가까이 가서 그 상처에 감람유와 포도주를 붓고 싸맨 후에 자기 짐승에 태워 여관으로 데리고 가서 돌보아주었다. 다음 날 그는 두 데나리온을 꺼내어 여관주인에게 주며 '이 사람을 돌보아주시오. 비용이 더 들면 내가 돌아오는 길에 갚겠소'하고 말했다. 너는 이 세 사람 중에 누가 강도 만난 사람에게 이웃이 되었다고 생각하느냐?" 그 율법교사가 대답했습니다: "자비를 베푼 사람입니다." 예수께서 그에게 말씀하셨습니다. "너도 가서 이와 같이 행하라." (누가복음 10장 30~37절)

모든 종교는 영원한 생명을 추구한다. 두 발로 서서 생각할 능력을 갖게 되었을 때부터 인간은 영원한 생명에 대하여 심각하고 진지하게 생각했다. 하늘의 별들을 바라보며 꽃이 지고 낙엽이 떨어지는 것을 보면서, 아내와 남편의 시체를, 부모와 자식의 시체를 앞에 놓고 인간은 생명에 대하여 생각했던 것이다. 문명의 빛이 비치기 훨씬 이전부터 아주 아득한 태고 시대부터 인간은 삶과 죽음의 문제로 고민해 왔다.

오늘 우리는 어떠한가? 인간이란 존재가 얼마나 왜소하고 인생이 얼마나 짧은지 우리는 모두 알고 있다. 무한하게 광대한 우주에 비하면 지구는 티끌처럼 작고, 인간은 그 티끌의 먼지만큼이나 작은 존재다. 몇십억 년이란 우주적 시간에 비하면, 인생이란 그야말로 순간이요 찰라다. 이런 사실을 상식처럼 알고 있으면서도 현대인들은 옛사람들보다 생명의 문제를 진지하게 생각하지 않는 것 같다. 물질문명의 요란한 빛깔에 눈이 어두워, 틀에 박힌 기계 문명에 얽매여 그저 눈앞에 주어진 것만을 보고 그것에만 몰두하게 된다. 일상적인 삶 속에 묻혀서 그저 하루하루를 사는 것이 오늘 우리들의 삶은 아닌지? 우리의 삶이 그러하다면, 오늘 예수로부터 영원한 생명에 이르는 길에 대하여 들어보기로 하자.

한 율법 교사가 예수에게 와서 '무엇을 행해야 영원한 생명을 얻을 수 있는가.' 물었다. 예수는 이 질문에 직접 답변하는 대신 그에게 율법에 무어라 씌어 있느냐고 반문하였다. 율법 교사는 율법에 정통하였기 때문에 율법의 핵심을 다음과 같이 말했다.

> 네 마음을 다하고 목숨을 다하고 힘을 다하고 생각을 다하여 주 너의 하나님을 사랑하며 또 네 이웃을 네 몸과 같이 사랑하라.

이 대답을 듣고 예수는 율법 교사를 칭찬해 주었다. "네 대답이 옳다." 그의 답변은 옳았다. 그러면 무엇이 문제인가? 질문하는 율법 교사의 자세에 문제가 있다. 그는 생명을 얻게 하는 율법에 대하여 잘 알고 있었지만, 그것이 자신의 삶 속에서 구체적으로 무엇을 의미하며 어떻게 하라는 것인지는 모르고 있었다. 그뿐 아니라 첫 질문은 예수를 시험하기 위해 물은 것이며, 둘째 질문은 자기를 옳게 보이려고 물은 것이다. 율법 교사는 자신의 율법 지식을 과시하려 했다. 그는 영원한 생명을 얻는 길에 대하여 예수로부터 들으려는 진지하고 겸허한 자세가 없었다. 잘 아는 바와 같이 그는 예수와 토론하려 했다. 토론을 통해서는 결코 생명을 얻을 수 없는 법이다. 자기 지식을 자랑하거나 자신을 옳게 보이려는 자는 하나님의 말씀을 들을 수 없다. 어린아이같이 마음을 열어야 생명의 말씀을 들을 수 있다.

자세히 살펴보면, 율법 교사의 자세와 그가 대답한 내용은 상반되고 있다. 그의 자세가 남을 시험하려는 오만한 자세이고 자기를 옳게 보이려는 자기중심적 자세라면 그가 답변한 말의 내용은 그와는 반대되는 것이다.

첫째, 하나님 사랑의 계명에서 나의 중심은 전적으로 하나님에게 옮겨진다. 모든 것이 하나님에게 향해 있다. 위에 인용된 성경 구절에 "마음을 다하고 목숨을 다하고 힘을 다하고 생각을 다하여 하나님을 사랑하라."고 했다. 이 말은 나를 활짝 열어서 나의 중심을 하나님에게 옮겨 놓으라는 것이다.

둘째, 이웃 사랑의 계명도 마찬가지다. 네 이웃을 네 몸같이 사랑하라는 말도 나 자신을 열고 나의 중심을 이웃에게 두라는 말이다. 내가 내 몸을 사랑하듯이 내 이웃이 마치 나인 듯이 사랑하라는 것이다. 하나님 사랑 계명과 이웃 사랑 계명에서 볼 수 있듯이 사랑은 나의 중심을 옮겨 놓는 행위다. 중심이 내게만 있을 때는 사랑하지 못할 뿐 아니라 사랑이 무엇인지 알지도 못한다.

예수가 어린아이와 같아야 한다고 말하는 데에는 그럴 만한 이유가 있다. 어린아이는 마음을 통째로 주고받는다. 다시 말해 어린아이는 자기의 중심을 주고받는다. 어린아이는 속과 겉이 다르지 않다. 어린아이에게는 위선이 없다. 위선자는 자기 위주로 사는 자이며 이중적으로 자기를 닫고 가두는 자이므로 사랑할 수도 사랑받을 수도 없다.

인간은 본래 자기 자신 안에 중심을 두고 살도록 창조되지 않았다. 인간은 하나님에게 중심을 두고 또 이웃과 더불어 살도록 창조되었다. 그러므로 인간이 자기 자신 안에만 중심을 두고 살 때, 인간은 참된 생명을 누릴 수 없다. 하나님 안에서 이웃과 더불어 살 때, 인간은 참된 생명을 누리게 된다.

예수는 율법 교사의 답변을 듣고 "네 대답이 옳다. 그것을 행하라. 그리하면 살 것이다."라고 말하였다. **"행하라!"**는 말이 중요하다. **"행하라!"**고 말함으로써 예수는 토론을 배제하고 지식의 영역에서 실천의 영역으로 관심을 옮겨 놓는다. 아무리 하나님 사랑의 계명과 이웃 사랑의 계명을 잘 알고 있어도, 아는 것만으로는 영원한 생명에 이를 수 없다. 인간의 앎과 행함 사이에 깊은 단절이 있다는 것, 인간의 말이 공허하다는 것, 이것이 타락한 인간의 비극이다. 하나님은 말씀으로 세계를 창조하고 말씀으로 인간을 구원한다. 앎과 행함 사이가 단절된 인간은 실제로 행함으로써 생명에 이를 수 있다. 또 **"행하라!"**는 말에는 이웃 사랑이 문제 되고 있음을 알 수 있다.

위에 인용된 성경 구절에서 볼 수 있듯이 하나님 사랑에 관한 계명은 더 이상 문제 되지 않고, 이웃 사랑에 관한 계명만이 논의의 대상이 된다. 그 당시에 하나님 사랑은 자명한 것으로 받아들여졌다. 그러나 이웃 사랑에 대하여는 이론이 분분하였고, 많은 문제가 제기되었다. 도대체 누가 나의 이웃이냐? 어디까지를 이웃으로 보고 어디까지를 원수로 보아야 하는가? 당시 선민사상에 깊이 빠져 있던 유대인들에게는 이웃 사랑이 대단히 심각한 문제가 아닐 수 없었다. 예수 당시만이 아니라 오늘도 하나님 사랑보다는 이웃 사랑이 문제가 되는 것 같다. 어느 시대 어느 교파 어느 종교에서건 하나님 사랑에 대하여는 이론의 여지 없이 승복한다. 그러나 이웃 사랑에 대하여는 누가 이웃이냐 하는 문제에서부터 어떻게 어떤 방식으로 이웃을 사랑하는가 하는 문제에 이르기까지 논란이 있게 된다.

예수는 "누가 내 이웃이냐?"라는 물음에 답하기 위해 착한 사마리아사람 이야기를 하였다. 어떤 사람이 예루살렘에서 여리고로 내려가다가 강도들을 만나 상처를 입고 거의 죽게 되었다. 마침 한 제사장이 그 길로 내려가다가 그 사람을 보고 피하여 지나갔고, 레위사람도 피하여 지나갔다. 그런데 사마리아사람만이 강도 만난 자를 측은히 여겨 구해 줬다.

제사장과 레위인은 종교인을 대표한다. 이들은 율법에 대하여 훤히 알고 있고 신앙도 가지고 있다고 자부했을 것이다. 그러나 그들의 율법 지식과 신앙은 살아 있는 것이 아니었다. 그들의 율법 지식과 신앙은 성전에서만 쓰이는 것이었다. 그것은 그들 마음의 서랍 속에 들어 있어서 필요할 때만 끄집어내는 물건과 같았다. 입으로는 늘 율법과 하나님의 사랑을 말했지만, 그들의 실제 생활과는 아무런 관계가 없었다. 죽은 율법 지식과 고식적인 신앙을 가지고 있다는 점에서 제사장과 레위인은 율법 교사와 다를 바 없었다. 율법 교사·제사장·레위인, 이들은 당시 유대 나라의 종교 도덕적 지도자들이었다. 그러나 이들의 죽은 지식과 틀에 박힌 신앙이 하나님의 사랑과 생명을 가렸다. 하나님의 생명에 대한 지식이 도리어 그 생명을 가렸다. 더 나아가 종교 지도자들이 하나님의 사랑과 생명을 떠난 생활을 함으로써 이들은 유대 민중과 하나님 사이를 가로막는 장벽이 되었다.

작은 신앙과 지식의 등불은 하나님의 생명의 빛을 가릴 수 있다. 캄캄한 밤중에 두 나그네가 길을 간다. 한 사람은 가난하므로 보따리 하나를 들고 어두운 길을 걸어간다. 다른 한 사람은 부자여서 마차를 타고 등불을 밝히고 밝은 길을 간다. 부자는 등불이 있어서 길을 밝힐 수 있지만, 바로 그 등불 때문에 하늘의 찬란한 별빛을 볼 수 없다. 가난한 자는 등불이 없기 때문에 아름다운 별들을 바라보면서 길을 갈 수 있다. 이 이야기는 위에 인용된 성경 구절의 비유를 잘 설명해 주는 듯하다. 제사장과 레위인은 율법과 신앙에 대하여 너무도 환하게 알고 있기 때문에 하나님과 나와 이웃 사이에 있는 영원한 생명의 줄을 보지 못하게 된다. 자기 자신에게 집착하여 이웃의 생명이 죽어가는 것을 보지 못한다.

이제 사마리아인을 살펴보자. 사마리아인과 유대인 사이의 반목은 매우 뿌리가 깊었다. 아주 오랜 시대에 에브라임 지파(북이스라엘의 중심적 지파)와 유대 지파의 갈등에서부터 적대 감정은 시작되었다. 더욱이 사마리아는 북이스라엘의 수도로서 오랫동안 유대와는 경쟁 관계에 있었다. BC 722년 아시리아 제국은 사마리아를 함락시키고, 많은 사마리아인들을 포로로 잡아가고, 다른 민족들을 사마리아에 이주시켜 살도록 했다. 그래서 사마리아인들은 이스라엘 민족의 순수한 혈통을 보존하지 못하고, 다른 민족들과 피가 뒤섞이게 되었다. 게다가 사마리아는 아합왕 때부터 바알 신당이 세워진 곳으로서 이교적인 영향을 깊이 받았으며 유대교와는 다른 종교 전통을 지니게 되었다. 또 바벨론 포로 생활에서 유대인들이 돌아왔을 때 사마리아인들은 땅을 소유한 지주들로서 기득권을 가진 자들이었고, 바벨론에서 돌아온 유대인들은 땅 없는 가난한 자들일 수밖에 없었다. 이런 경제적인 문제까지 얽혀 유대인과 사마리아인은 서로 원수가 되었다. 갈릴리에 있는 유대인들은 사마리아인들과 마주치지 않으려고 먼 길로 돌아서 예루살렘에 가곤 했다.

이렇게 원수처럼 여기는 사마리아인을 모범적인 이웃으로 설정한 것은 유대교 지도자들에게는 큰 충격을 주고 엄청난 도전이 되었다. 더욱이 영원한 생명을 얻는 문제를 사마리아인과 관련지음으로써 유대교 신앙과 교리에서 벗어나게 된다. 여기에 나오는 사마리아인은 유대교 신앙과 거리가 멀기 때문에, 율법 지식이 없기 때문에 마치 가난한 나그네가 등불이 없어서 찬란한 별빛을 볼 수 있었듯이, 영원한 생명을 볼 수 있었던 것이 아닐까?

생명은 살아 움직이는 것이다. 생명은 죽음을 거부하는 것이며 생명은 생명에 응답한다. 생명은 생명을 낳고 생명을 지키며, 생명을 살리고 키운다. 어린 자녀에 대한 부모의 애정이 바로 이런 생명의 본질을 잘 드러내 준다. 어린 자녀가 상처를 입고 죽게 되었는데도 못 본 척하는 부모가 있다면, 그 부모는 살아 있는 사람이 아니다. 내 속에 생명이 있다면, 다른 생명이 죽음의 고통을 당하는 것을 보고 아픔을 느끼지 않을 수 없다.

사마리아인은 상처를 입어 죽게 된 사람을 측은히 여겼다고 했다. 맹자가 말했듯이 인간에게 측은하게 여기는 본성이 있다면, 어린아이가 우물에 빠지려는 것을 보거나 어린아이가 차에 치이려는 것을 보고 측은히 여겨 구해 주지 않겠는가? 죽어가는 인간을 보고 측은함을 느낀 사마리아인은 산 마음·산 영혼을 지닌 살아 있는 사람이다. 측은함을 못 느낀, 느꼈다고 하더라도 측은한 마음을 쉽사리 억누를 수 있었던 제사장과 레위인은 몸은 살았으나 죽은 인간이다. 이들에게는 하나님과 잇닿은 영원한 생명이 없다. 제사장과 레위인의 자세는 자기 본위의 삶을 벗어나지 못했다. 어디까지나 그들은 자기를 중심으로 생각하고 행동했다. 이 세상은 나 혼자 사는 곳이 아니다. 나 혼자 살려고 하기 때문에 세상은 삭막해지고 차가워지는 것이다.

모든 범죄와 인간 소외는 나 혼자 살려고 하는 데서 나왔다. 모든 전쟁과 모든 살상은 나를 본위로 사는 데서 일어났다. 또 이 세상은 나와 너만이 사는 곳도 아니다. 나와 너를 위해서 눈에 보이거나 눈에 보이지 않는 제3자가 얼마나 희생되고 소외되는가? 우리가 사는 사회는 나와 너를 위해 제3자인 '그'를 희생시키며 사는 사회가 아닌가? 나를 중심으로 해서 사는 길은 나와 너와 그를 죽음으로 이끄는 길이다. 나만 살려고 나를 중심으로 해서 살 때, 이 세상은 죽음이 지배하는 세상이 된다.

나의 중심을 하나님에게 두고 나의 중심을 이웃과 함께 나눌 때, 이 세상은 생명의 길로 나아가며 생명이 지배하게 된다. 생명의 진리를 예수는 살았고 십자가의 죽음으로써 가르쳐 주었다. 예수는 남을 위한 존재가 됨으로써 친히 생명이 되고 생명에 이르는 길이 되었다. 참되고 영원한 생명에 이르는 길이 된 예수는 모든 인간을 참된 생명의 길로 이끄는 그리스도가 되었다. 예수를 따라 생명의 길로 가는 그리스도인은 자기 삶을 열고 가정을 개방해서 상처받은 사람들을 맞아야 한다.

이제 사마리아인의 행동을 살펴보자. 그는 시종일관 상처 입은 자 중심으로 행동했다. 그는 측은히 여겼지만, 자신의 감정에 지배되지도 않았다. 상처 입은 자의 필요에 따라서 현실적으로 행동했다. 그는 현실적으로 요구되는 행동을 할 뿐 그 이상의 행동도 그 이하의 행동도 없었다. 값싼 동정도 아니었고 감상적인 친절도 아니었다. 이런 점에서 사마리아인의 행위는 매우 성숙한 행위였다.

율법 교사가 예수에게 영원한 생명에 대하여 물었을 때, 예수는 「누가복음」 10장 27절과 28절에서 두 번이나 "이같이 행하라."고 말하였다. 여기서 주목해야 할 점은 예수가 영원한 생명을 믿음과 연결하지 않고, 행위에 연결했다는 것이다. 죽어버린 믿음, 교리로 굳어져서 생명력을 상실한 믿음, 지식만의 믿음은 영원한 생명과 아무 관계도 없음을 여기서 알 수 있다. "이같이 행하라. 그리하면 살 것이다."라고 하는 예수의 답변은 유대교뿐 아니라 그리스도교의 교리주의자나 틀에 박힌 신자에게는 도전과 충격을 준다.

그러나 믿음이 필요 없다는 것은 아니다. 야고보서에 따르면 행함이 없는 믿음은 죽은 믿음이다. 살아 있는 믿음은 행동하는 믿음이다. 산 믿음만이 생명을 얻을 수 있다. 사랑을 행하면, 영원히 살 수 있다. 그러나 영원히 살 수 있는 사랑의 행위는 조건 없는, 계산하지 않는 사랑의 행위다. 조건을 붙인 사랑, 돌려받을 것을 계산한 사랑은 오염된 물이 질병과 죽음을 초래하듯이 인간을 피곤하게 할 뿐이다. 계산하지 않는 사랑만이 맑은 샘물과 같아서 인간의 마음에서 마음으로 흐르며 생명을 풍부하게 해준다. 사마리아인의 행위는 보상을 염두에 두지 않은 행위다. 예수는 영원한 생명이 율법 지식에 있지도 않고, 단순한 믿음에 있지도 않고, 사랑의 행위에 있다고 말해 준다.

우리의 삶에 눈을 돌려 보자. 이 사회에서 강도는 누구며 상처 입은 자는 누구인가? 우리가 먹는 쌀을 생산하기 위해 손해를 보면서도 농사를 짓는 농부들, 돈 때문에 도시인들의 배설구가 되어 버린 성매매 여성들, 군사 반란을 일으킨 군부 세력에게 살육을 당한 광주 5·18 민주화운동 희생자들, 이 나라 국민이 모두 지켜보는 가운데 바다에 빠져 죽은 세월호 희생자들, 이태원 길거리에서 떠밀려 죽은 젊은이들, 진실을 밝히고 정의를 지키려다 권력에 짓밟힌 사람들, 일자리를 얻지 못해 절망하는 젊은이들, 빚을 지고 파산에 내몰리는 자영업자들, 먹고 살길이 없어 홀로 죽어가는 사람들, 부모를 잃은 어린아이들, 자녀와 부모를 위해 헌신하다 버림받고 홀로 사는 노인들, 입시 지옥의 무한경쟁 속에서 절망하는 교사들과 학생들, 이들이 바로 강도 만나 상처 입은 사람이 아닌지? 사회 밑바닥에서 가난과 소외 속에 살다가 죄수라는 낙인이 찍혀 감옥에 갇힌 자들이 상처 입은 자들이 아닌지? 이들은 자신들의 잘못과 허물이 없다고 할 수는 없지만, 사회의 구조적인 모순과 부조리, 결함과 불완전 때문에 상처를 입은 사람들이다.

그러면 누가 강도들이겠는가? 바로 모순과 부조리로 가득 찬 이 사회 구조를 형성하고 지배하는 자들이 아닌가? 우리 사회의 약자들과 국민들에게 상처를 주는 정책과 관행을 고집하는 정치인들, 그들을 혹사하고 착취하는 악덕 재벌이나 기업주들, 이런 사회 구조가 잘 유지되도록 기름을 칠해 주는 지식인들, 종교인들이 아닌가? 누가 제사장이고 레위인인가? 강도들이 사람들에게 상처를 입히고 강탈하는 현장을 보고 있으면서도 외면해 버리는 우리가 제사장이고 레위인이다. 그리스도의 십자가 사랑을 말하면서도 사랑의 행동을 하지 않는 내가 바로 그런 위선적인 종교인이다.

그리스도는 어디에 있는가? 교회당에 있는가? 하늘에 있는가? 성경에서는 십자가에 달린 그리스도는 지극히 작은 형제들 속에 있다고 하였다. 십자가에 달린 그리스도는 상처 입고 쓰러진 강도 만난 자의 모습으로 현존하고 있다. 이 세상에서 피·땀 흘리며 천대받는 자들이 바로 피와 눈물을 흘리며 십자가에서 모독을 당한 하나님의 아들 예수 그리스도를 상징한다.

상처 입고 쓰러진 자에게서 영원한 생명인 그리스도를 발견할 수 있다. 나 자신의 문제와 내 가정의 일에만 집착하면 참 생명인 그리스도를 만날 수 없다. 밀폐된 자아 속에는, 밀폐된 가정의 울타리 속에는 영원한 생명인 그리스도가 없다. 나 자신을 열고 나의 삶을 열 때, 상처받은 너를 발견하게 되고, 상처받은 너에게서 충만한 생명인 그리스도의 사랑을 발견할 수 있다. 나의 일상적인 일에만 관심을 두면 하나님의 큰 사랑, 충만한 생명을 모르게 된다. 자신의 문제로, 직장 일로 바쁜 이들이여 나만을 위해 그리고 내 가정만을 위해 켜 놓은 등불을 끄고 밖을 바라보자. 그러면 하늘의 별처럼 찬란한 그리스도의 생명과 사랑을 볼 수 있을 것이다.

19. 저 들꽃을 보라

> 들의 꽃이 어떻게 자라는가 살펴보라. 수고도 하지 않고 길쌈도 하지
> 않는다. 그러나 내가 너희에게 말한다. 온갖 영화를 누리던 솔로몬도
> 이 꽃 하나만큼 입지 못하였다… 그러므로 무엇을 먹을까 무엇을 마
> 실까 무엇을 입을까 염려하지 말라. 이런 것들은 모두 이방 사람들이
> 구하는 것이요 하늘 아버지께서는 이 모든 것이 너희에게 필요하다
> 는 것을 아신다. 너희는 먼저 하나님의 나라와 그의 의를 구하라. 그
> 리하면 이 모든 것을 더하여 주실 것이다. (마태복음 6장 28~33절)

인도의 시인 타고르는 "푸른 잎사귀가 인간을 구원한다."고 노래
했다. 자연과의 합일, 자연 속에서 자연과 어우러지는 삶을 추구했던
동양적인 인생관을 담고 있는 말이다. 그러나 콘크리트 건물과 아스
팔트로 둘러싸인 도시 문명 속에서 자연과 단절된 삶을 살아가는 현
대인들은 타고르의 말을 이해할 수 없다. 오랫동안 흙을 밟아 보지
못한 채, 자동차·텔레비전·컴퓨터에 둘러싸여 살아가는 인간들이
"푸른 잎사귀가 인간을 구원한다."는 말을 이해하지 못하는 것은 당
연하다. 자연과 단절된 인간의 삶은 위축되고 삐뚤어졌다. 어머니의
품속과 같은 자연을 떠난 인간의 삶은 사막처럼 메마르고 난폭해졌
다. 자연 세계에서는 찾아볼 수 없는 무한한 탐욕과 집착에 사로잡힌
인간은 언제나 결핍을 느끼면서 삶의 보람과 의미를 얻지 못하고 있
다.

왜 그럴까? 하나님은 인간을 흙으로 만들었다. 인간을 흙으로 창

조했다는 이야기는 인간의 몸이 자연과 연결되어 있음을 말해 준다. 인간은 흙에서 나온 푸성귀와 곡식을 먹고 산다. 하나님은 흙과 햇빛과 물과 바람으로 나뭇잎을 빚어내고, 아름다운 꽃들과 열매와 곡식을 만들어 낸다. 흙으로 빚어진 인간은 흙으로 빚어진 자연물 속에서 그 자연물을 먹고 살도록 창조되었다. 푸른 잎이 탄소 동화 작용을 통해 산소를 만들어 내고, 인간은 그 산소를 호흡하며 살아간다. 푸른 잎은 자연의 생명계를 지탱해 주는 가장 기초적인 양식이다. 모든 초식 동물은 풀잎을 먹고 살며, 모든 육식 동물은 초식 동물을 먹고 산다. 풀잎이 없으면, 모든 생물의 생존이 불가능하다. 모든 동물이 죽으면, 그 시체를 풀잎의 양분으로 내준다. 이렇게 모든 생물이 서로 얽혀 있고 한데 어우러져 살아간다.

푸른 잎사귀는 모든 생명계를 지탱해 줄 뿐 아니라 깨끗하고 영원한 것을 상징한다. 푸른 빛은 자연 생명 세계의 바탕을 이루는 색이다. 푸른 풀잎이 대지와 산들을 뒤덮고 있으며, 거의 모든 나뭇잎이 푸른색을 띠고 있다. 하늘도 강물도 바다도 푸른 빛을 띠고 있다. 푸른 잎은 영원한 생명, 영원한 젊음, 영원한 순수를 상징한다. 함석헌이 그의 시(詩)에서 "진리는 푸르다."고 말한 적이 있다. 어떤 이들이 "진리에 무슨 색깔이 있단 말이요? 진리가 푸르다는 게 무슨 뜻이요?"라고 따졌다고 한다. 그러나 가만히 생각해 보면, "진리가 푸르다."는 것을 가슴으로 느낄 수 있다. 푸른 빛은 타협을 모르는 깨끗함을 나타내며 생기와 희망을 준다. 늘 푸른 솔잎과 대나무는 지조를 나타낸다.

푸른 잎사귀가 인간을 구원한다는 말에는 두 가지 뜻이 있다. 첫째, 인간은 자연과의 합일을 통해서 구원을 받는다. 인간은 자연 속에서 자연과 어우러짐으로써 자유롭고 풍성한 삶을 누릴 수 있다. 둘째, 푸른 잎사귀는 애욕에 물들지 않은 푸른 마음, 탐욕과 집착을 끊는 영원한 진리의 세계를 상징한다.

오늘처럼 탐욕이 가득하고 폭력이 난무하며 불신이 지배하는 사회에서 "저 들꽃을 보라,"고 한 예수의 말은 더욱 깊은 의미를 지닌다. 들꽃은 제 존재와 생명에 충실할 뿐 다른 아무런 욕망이 없고, 폭력을 행사하는 일도 없고, 거짓을 말하는 일도 없다. 이 시대의 끝없는 탐욕, 끔찍한 폭력, 깊은 불신을 이처럼 통절히 책망하는 예수의 말을 또 찾을 수 있을까? 권세와 부를 얻기 위해 혈안이 되어 있는 사람들에게, 남보다 앞장서기 위해 여념이 없는 사람들에게 예수는 "저 들꽃을 보라."고 한다. 치열한 생존 경쟁에서 밀려나 뒷전에서 낙심하며 시름에 잠긴 이들에게, 먹고 살 일을 걱정하는 이들에게 예수는 "저 들꽃을 보라."고 말한다.

인간의 욕심이 한없듯이 인간의 근심·걱정도 끝이 없다. 다른 동물들의 욕망은 한계가 있다. 그들은 성욕을 발정기에만 느낀다. 먹을 것과 잠자리에 대한 욕구도 필요 이상을 넘지 않는다. 짐승들은 개체의 욕구보다는 종족의 본능을 따른다. 짐승들의 욕망은 자연법칙에 순응하고, 자연 질서와 조화를 이룬다. 그러나 인간의 욕망은 무한하며, 인간은 자기를 절대화시키는 존재다. 하나님처럼 되기 위해 선악과를 따먹고 타락했다는 성경의 이야기는 인간이 하나님을 떠나 자연 조화를 깨뜨리고 자기중심적 존재로 전락했음을 말해 준다. 인간은 자기를 절대화하는 자기중심적 존재면서도 자신으로부터 무한히 자유로울 수 있는 존재다. 이것이 인간의 양면성이다. 이것이 본능의 굴레를 벗어나지 못하는 짐승과 인간의 다른 점이기도 하다.

현대 사회는 텔레비전 광고를 통해, 호화로운 백화점을 통해 인간의 욕망을 끝없이 자극한다. 끝없는 욕망에 사로잡히면 하나님도 친구도 없이 자기만을 사랑하게 된다. 자신에 대한 끝없는 걱정과 근심, 자기 문제에 대한 염려를 떨치지 못하는 것이 현대인의 병이다. 오늘 신체적인 질병 가운데 상당수가 심리적인 이유로 생겼다고 한다. 이 사실은 삶에 대한 현대인의 불안과 초조를 말해 준다. 불안과 초조, 걱정과 근심 속에서 우리의 삶은 위축되고 비인간화된다. 이것은 사랑 없는 삶, 실천 없는 삶이다. 이것은 비굴하고 교활한 삶이다. 왜소해진 인간들에게 들꽃은 많은 교훈을 준다.

나는 홍성 교도소에서 아름다운 들꽃 하나를 보았다. 2년 동안 교도소 생활을 했을 때였다. 산기슭에 교도소를 지었기 때문에 뒤쪽 담벽은 언덕 위에 있었다. 하루 한 시간 정도 산보나 운동을 하는 것이 허락되었다. 운동 시간에는 자주 언덕 위에 올라갔다. 언덕에 오르면 멀리 홍성 시내가 한눈에 보였다. 이른 봄이었는데 언덕을 오르다가 덤불 속에서 이름 모를 들꽃 하나를 발견했다. 길고 가는 줄기와 잎사귀 위에 작은 노란 꽃이 달려 있었다. 이를 데 없이 청순하고 아름다웠다. 앙증맞은 꽃송이는 오밀조밀하게 갖출 것을 모두 갖추었다. 삭막한 교도소에서 긴 겨울을 지내고 나서 우연히 마주친 이 들꽃 한 송이가 나의 마음을 사로잡았다. 청순한 푸른 줄기와 잎새, 섬세하고 정교한 꽃술과 꽃잎은 하나님의 솜씨를 말해 주었다. 햇빛과 바람과 물과 흙을 가지고 저 이름 모를 꽃을 만들어 낸 하나님에게 깊은 감사를 드렸다. 하나님이 천지를 창조하면서 "좋구나! "하였던 것처럼 나도 이 들꽃을 통해 하나님의 창조의 기쁨에 참여할 수 있었다. 자연의 아름다움은 바로 기쁨으로 통한다는 것을 알 수 있었다. 그런데 나는 들꽃을 들여다보면서 부끄러운 생각이 들었다. 알아주는 이나 보아주는 이도 없는데, 혼자서 저렇게 자신을 키워 내고 자랑스럽게 자신을 드러내고 있는 들꽃 앞에서 나 자신이 초라하게 느껴졌다. 저 들꽃은 얼마나 성실히 자신을 가꾸어 냈는가? 그 꽃은 하나님으로부터 받은 본성을 남김없이 활짝 펼쳐 보이지 않는가?

오늘 인간은 들꽃에서 삶의 지혜를 배워야 한다. 나무와 들꽃이 서로 어우러져 사는 모습에서 인간은 공동체적 평화를 배워야 한다. 더불어 사는 평화, 이것이야말로 핵무기와 전쟁의 위협 속에서, 죽음의 그늘 아래서 겨우 생존해 가는 인간이 배워야 할 진리다. 서로 불신하고 미워하며 사는 인간은 저 들꽃에서 더불어 사는 삶의 지혜를 배워야 한다. 교만과 허영에 빠진 인간은 겸허하고 검소한 삶을 배울 수 있다. 교활하고 위선적인 인간은 담백하고 진솔한 삶의 태도를 배울 수 있다. 쉽게 좌절하는 나약한 인간은 어떤 역경에서도 꽃을 피우는 들꽃의 강인한 삶을 배울 수 있다. 뿌리를 내릴 수 있는 작은 빈틈만 있어도 들꽃은 자신의 생명을 꽃 피운다.

현대 문명의 냉혹하고 탐욕스러운 삶에서 벗어나려면 들꽃에게 배워라. 자신에 대한 집착과 번뇌에서 벗어나려면 들꽃에게 배우라고 예수는 말한다. 현대 문명은 자연과 단절되었을 뿐 아니라 자연을 파괴하고 오염시킨다. 현대 문명을 일으킨 과학기술은 자연법칙의 일부를 응용한 것에 지나지 않는다. 그런데 오만하게도 기술 문명은 자

연을 파괴하고 적대시한다. 자연과 만나 화해하는 일이 현대 문명의
큰 과제다.

"저 들꽃을 보라."는 예수의 말은 인간의 본분을 일깨운다. 인간
의 본분에는 두 가지가 있다.

첫째, 피조물로서의 본분이다. 앗시시의 프란시스처럼 해와 달, 새
와 나무를 형제자매로 알고, 자연 속에서 자연과 함께 하나님을 찬
양하는 것이 인간의 본분이다. 자연과 어우러져 사는 것, 자연과의
합일에 이르는 것이 인간의 본분이다.

둘째, 인간은 다른 피조물들과는 달리 하나님의 형상으로 창조되
었다. 다른 피조물들을 돌보고 가꿀 책임이 인간에게 있다. 하나님과
인간과 자연의 평화로운 공동체, 복된 하나님 나라를 실현하는 데
있어서 인간은 하나님의 동역자(同役者. 파트너)다. 인간과 자연의 화해,
인간과 인간의 화해, 인간과 하나님의 화해가 이루어지는 하나님 나
라를 위해 일하는 것이 인간의 본분이다.

"저 들꽃을 보라."는 말은 자신에 대한 어리석고 쓸데없는 근심·
걱정에서 벗어나 주어진 대로 그리고 생긴 대로 열심히 살라는 말이
다. 하나님 안에서 모든 것이 가능하다. 하나님에게 너 자신을 맡기고
들꽃처럼 힘을 다해 살아가라! 헛된 공상이나 나약한 생각 떨치고
이마에 땀 흘리며 적극적으로 살아가라.

"저 들꽃을 보라."는 말은 자신에 대한 집착과 번뇌를 끊고 하나
님 나라와 그 의를 위해 나서라는 부름이다. 그런데 하나님 나라를
위해 나서면 십자가 고난이 뒤따른다. 그리스도의 십자가 죽음을 통
해서 하나님 나라의 길이 열린다. 인류의 구원은 고난과 죽음을 통해

서 주어진다. "저 들꽃을 보라."는 말은 십자가에 달린 예수를 보라는 말로 이어진다. 하나님 나라를 이루기 위해서는 그리스도의 고난과 죽음이 있어야 한다는 것이 인류 역사와 인류 사회를 구원하는 하나님의 경륜이다. 예수의 십자가는 인류 구원의 길이며 인류 역사의 심오한 진리다.

"푸른 잎사귀가 인간을 구원한다."는 타고르의 말은 인류 구원의 한 면밖에 드러내지 않는다. 그것은 인간 구원의 중요한 측면을 드러내지만, 결정적인 인간 구원의 길을 열어 주지 못한다. 십자가와 푸른 잎사귀가 결합 될 때 온전한 구원의 길이 열린다. 십자가는 구원의 중심적인 표적이며, 푸른 잎사귀는 구원을 위한 부수적인 표적이 될 수 있다.

예수는 우리에게 "저 들꽃을 보라."고 한다. 쓸데없는 근심·걱정에 사로잡힌 우리에게, 어리석은 미움과 불신 속에 사는 우리에게 근심·걱정·미움·불신 떨쳐 버리고, 어리석은 집착과 번뇌를 끊고, 저 들꽃처럼 자유롭고 진실하게 살라고 한다. 하나님 나라와 그 의를 위해 십자가에 달린 예수는 고문받고 죽은 박종철을 보라고 하며, 불의한 독재 권력에 맞서 싸우다 최루탄을 맞고 죽은 이한열을 보라고 한다. 이 땅의 정의와 평화를 이루기 위해서 하나님 나라와 그 의를 위해 죽어간 저들을 보라고 한다. 십자가와 푸른 잎사귀, 유관순·전태일의 죽음과 들꽃을 통해 하나님은 우리를 하나님 나라로 부른다.

3부

예수의 복음을 체화한 기독교인의 믿음과 삶

3부 예수의 복음을 체화한 기독교인의 믿음과 삶

예수의 가르침을 체화하고 실천해야 한다

"나더러 '주님, 주님' 하는 사람이라고 해서, 다 하늘나라에 들어가는 것이 아니다. 하늘에 계신 내 아버지의 뜻을 행하는 사람이라야 들어간다. 그날에 많은 사람이 나에게 말하기를 '주님, 주님, 우리가 주님의 이름으로 예언을 하고, 주님의 이름으로 귀신을 쫓아내고, 또 주님의 이름으로 많은 기적을 행하지 않았습니까?' 할 것이다. 그 때에 내가 그들에게 분명히 말할 것이다. '나는 너희를 도무지 알지 못한다. 불법을 행하는 자들아, 내게서 물러가라.'"

"그러므로 내 말을 듣고 그대로 행하는 사람은, 반석 위에다 자기 집을 지은, 슬기로운 사람과 같다고 할 것이다. 비가 내리고, 홍수가 나고, 바람이 불어서, 그 집에 들이쳤지만, 무너지지 않았다. 그 집을 반석 위에 세웠기 때문이다. 그러나 나의 이 말을 듣고서

도 그대로 행하지 않는 사람은, 모래 위에 자기 집을 지은, 어리석
은 사람과 같다고 할 것이다. 비가 내리고, 홍수가 나고, 바람이 불
어서, 그 집에 들이치니, 무너졌다. 그리고 그 무너짐이 엄청났다.”
예수께서 이 말씀을 마치시니, 무리가 그의 가르침에 놀랐다. 예수께
서는 그들의 율법학자들과는 달리, 권위 있게 가르치셨기 때문이다.
(마태 7:21~29)

    종교 개혁자 마틴 루터는 죄인인 인간이 산상설교의 가르침을 실
행할 수 있다고 보지 않았다. 루터에 따르면 산상설교는 실행해야 할
율법적 계명이 아니라 인간이 하나님의 말씀과 법을 실행할 수 없다
는 것을 보여주는 거울이다. 산상설교는 스스로 구원받을 능력이 인
간에게 없음을 드러내는 거울이다. 현대신학자들은 흔히 산상설교
의 가르침을 종말론적 윤리, 특수한 종말론적 상황에서 실행할 의무
가 있는 윤리로 보고, 일상생활에서 실천할 윤리로 보지 않았다. 그
러나 재세례파, 메노나이트파는 평화에 대한 산상설교의 가르침을
실행해야 할 말씀으로 진지하게 받아들였다. 오늘날 많은 기독교 평
화주의자들은 산상설교를 진지하게 실천에 옮길 말씀으로 본다.
    산상설교 끝부분 7장 21~23절에 따르면 하늘 아버지의 뜻을 실
천하는 이만이 하늘나라에 들어간다. 7장 24~27절은 말씀을 듣고
그대로 행하는 이는 반석 위에 집을 짓는 지혜로운 이와 같고, 실행
하지 않는 이는 모래 위에 집을 짓는 어리석은 이와 같다고 한다. 산
상설교에서 예수는 그의 가르침을 반드시 실천해야 한다고 분명하게
말했다.

역사적 예수를 연구한 존 도미니크 크로산에 의하면 예수의 말은 이론이나 철학이 아니라 연주되어야 할 악보이며 실행되어야 할 프로그램이다. 예수는 자신의 가르침이 실행되어야 한다는 것을 분명히 말했다. 하나님을 아버지로 친밀하게 느끼며 하나님의 나라와 뜻을 땅에서 실현하려고 몸과 맘과 얼을 다 바쳤던 예수의 가르침은 예수 자신이 분부한 대로 마땅히 실행되어야 한다.

산상설교 마지막 대목인 7장 28~29절은 가르치는 예수가 율법 학자들과는 달리 권위가 있었다고 한다. 율법 학자들은 모세의 권위에 의지해서 율법을 문자적으로, 모든 경우에 일률적으로 적용해서 해석한다. 그러나 예수는 모세를 뛰어넘어서 주체적이고 주권적으로 그리고 상황과 사람과 경우에 따라 임의로 자유롭게 율법을 해석하고 율법을 새로운 내용과 형태로 선언한다.

한신대학을 설립하고 초창기 교육을 이끌었던 신학자 김재준은 말년에 '학문의 자립'을 말하였다. 1980년대 한국의 학자들이 지나치게 각주(외국학자들의 사상과 이론)에 의존하는 것을 보고 김재준은 각주에 의존하는 학문이 아니라 "글과 내가 하나로 되는 경지"에 이르러야 한다고 말하였다. 학문도 신앙도 스스로 깨닫고 체험하는 것이어야 한다. "누가 그랬다더라!" 하는 학문이나 신앙은 힘이 없다. 자신의 삶에서 체험하고 깨닫는 학문, 자신의 몸과 맘과 얼에 혈맥이 통하고 민족의 문화 전통과 정신을 살리고 시대정신과 사명을 구현하는 학문이 되어야 한다. 생명의 복음, 생명의 신앙, 생명의 학문은 체험하고 깨닫고 실천하는 학문이 되어야 한다.

율법은 하나님의 뜻을 담은 하나님의 말씀이다. 하나님의 뜻은 창조자의 마음, 피조물과 인간에 대한 하나님의 사랑과 정의다. 율법과 말씀의 핵심은 하나님의 사랑과 정의다. 예수는 율법의 자귀, 문장에 매이지 않고 하나님의 말씀을 말했다. 예수는 하나님의 말씀과 뜻을 체험적으로 알았고 몸과 맘으로 깨닫고 체득하고 체화했다.

산상설교는 산에서 이루어졌다. 이스라엘과 한국에서 산은 하나님을 만나는 곳이다. 산은 하늘을 향해 솟아올랐다. 높은 산에 오르면 세상에서 벗어나 마음이 맑아지고 고요해진다. 산은 하나님과 생명, 얼과 신의 진리를 깨닫고 체험하는 곳이다. 생명의 진리를 깨닫고 체험하여 인류를 구원하는 일에 앞장선 예수는 말과 행동을 일치시켰다. 삶에서는 말과 사상, 믿음과 생각이 행동과 분리될 수 없다. 생명체 안에서는 육체와 영혼, 물질과 정신, 몸과 맘이 분리될 수 없고 하나로 통합되는 것처럼, 말이나 믿음은 행동과 통합되어야 한다.

본래 히브리어에서 말, 다바르는 사건과 행동을 일으킨다. 하나님은 말씀으로 세상을 창조했다. 성경에서 말은 행동, 사건과 분리되지 않는다. 하나님의 말씀은 반드시 사건과 행동을 일으킨다. 하나님의 말씀인 율법은 하나님의 뜻과 의지를 담은 계명이다. 말씀은 반드시 인간과 세상의 실천적 변화를 가져온다. 인간의 세상은 하나님의 말씀 위에 터를 잡고 있으며 하나님의 말씀에 의해 창조되고 혁신된다.

말과 행동을 통합시켰던 예수는 이렇게 말했다. "이 말을 듣고 행하지 아니하는 자는 그 집을 모래 위에 지은 어리석은 사람 같으리니."(마태 7, 26) 삶의 반석은 말이 아니라 행함이다. 행함 없이 말만 하는 이는 모래 위에 집을 지은 것과 같다. 행함이 없는 말은 공허한 관념일 뿐이다. 행함이 없이 말과 이론만 늘어놓는 사람의 삶은 실체가 없고 힘이 없다. 그런 사람의 삶은 어려움과 시련이 가득한 현실 속에서 지탱할 수 없다.

하나님의 말씀은 인간의 생명력과 정신력을 창조하고 살리고 키우고 높인다. 이런 정신력과 생명력을 가진 사람이 생각과 뜻을 실천할 수 있다. 하나님의 말씀으로 사는 사람은 하나님과 생명에 대한 믿음과 사랑의 힘을 가진 사람이다. 믿음과 사랑의 힘을 가진 사람이 예수의 가르침을 실행할 수 있다. 이러한 행함이 삶과 현실의 뿌리이고 토대이며 창조적 동인이다. 행함이 없는 말은 공허한 관념이고 사변이다. 행함이 없는 말은 삶을 새롭게 하지 못하고 현실을 바꾸지 못한다. 행위만이 삶을 새롭게 하고 현실을 바꾼다.

(모든 가르침과 사상의) 말은 행위를 통해 삶 속에 뿌리를 내리고 싹이 트지 않으면 죽은 개념에 지나지 않는다. 말이 내 혼에 몸에 새겨지고 녹아들어 혼과 몸을 움직일 때 비로소 행위로 옮겨질 수 있다. 머릿속에서만 맴돌고 가슴 속에서만 움직이는 말은 현실 속에서 살아 있는 말이 아니다. 육체가 된 말만이 살아 있는 말, 행동으로 옮겨지는 말이다. 말이 내 살과 피와 뼛속에 녹아들고 내 창자 속에 소화되고 흡수될 때 내 손과 발을 통해 실행되는 말이 된다. 말이 내 몸과 하나가 될 때 천지 만물 속에서 천지 만물을 지은 하나님의 말씀을 듣게 된다.

예수는 "너희는 세상의 빛"이라고 했고 "나는 율법을 폐지하러 온 것이 아니라 완성하러 왔다."고 하면서 율법의 한 글자, 한 점이라도 가볍게 여기면 심판을 받을 것이라고 하였다. 이것은 자신의 가르침을 그저 믿기만 할 것이 아니라 실행해야 할 것임을 역설한 것이다.

또한 "등불을 켜서 말 아래 두지 말라."고 한 것도 예수의 가르침과 복음을 알리고 실행해야 한다는 것을 분명히 말한 것이다. 등불을 말(斗) 아래 두면 등불은 말 아래서 자기만 환하게 비춘다. 예수는 사람들 앞에 비추어 "너희 착한 행실을 보고 하나님을 찬양하게 하여라."고 가르쳤다.

20. 결혼식 말씀, 몰라주는 사랑

> 예수께서 대답하셨다. "사람을 창조하신 분이 처음부터 그들을 남자와 여자로 지으셨다는 것과, 그리고 그가 말씀하시기를 '그러므로 남자는 아버지와 어머니를 떠나서, 자기 아내와 합하여서 둘이 한 몸이 될 것이다' 하신 것을, 너희는 아직 읽어보지 못하였느냐? 그러므로 그들은 이제 둘이 아니라 한 몸이다. 하나님이 짝지어 주신 것을 사람이 갈라놓아서는 안 된다." (마태 19:4~6)

예수는 하나님이 짝지어 주신 것을 사람이 나누지 못한다고 하였다. 그러나 결혼했다 이혼하는 사람들이 많다. 하나님이 짝지은 것이 아니라 사람의 욕심으로 짝을 지었기 때문이다. 하나님이 짝지었다는 것은 하나님에 대한 믿음과 사랑으로 하나님의 품 안에서 짝지은 것을 뜻한다. 오늘 결혼하는 두 사람의 거실에서 보니 작은 책상 위에 책들이 있고 그 위에 하나님에 대한 믿음과 사랑과 헌신을 다짐하는 글이 씌어 있었다. 오늘 결혼하는 신랑과 신부는 하나님에 대한 믿음과 사랑으로 결혼한 것이 분명하다. 하나님이 짝을 지어주신 것이다. 하나님이 짝을 지어주셨다고 해도 하나님에 대한 사랑과 믿음을 버리면 결혼은 위태로워진다. 믿음과 사랑 속에서 결혼은 지켜져야 한다.

유영모는 '오늘'을 '오! 늘'로 풀이하였다. '오!'는 감탄사이고 '늘'은 영원을 나타낸다. 오늘의 삶 속에서 감격하며 영원을 맞이해야 한다는 말이다. 오늘에 대한 유영모의 풀이를 따라서 나도 신랑, 신부에게 말한다. "오! 늘, 신랑 신부 두 사람 오늘 먹은 마음을 오! 늘 잊지 마오. 그러면 아름답고 보람 있는 가정을 끝까지 지킬 수 있을 것이다."

결혼하여 가정을 꾸린다는 것은 기쁘고 아름다운 축복이다. 오늘 이 자리가 가나의 혼인 잔치처럼 흥겹고 풍성한 자리가 되기를 바란다. 가나의 혼인 잔치에서 예수가 물로 포도주를 만든 이야기가 나온다. 정말 맹물이 포도주로 변하는 기적이 일어났는지는 모르겠다. 그러나 맹물같이 맹숭맹숭한 삶이 포도주처럼 흥겹고 충만한 삶으로 바뀌는 기적은 일어날 수 있다. 포도주나 술을 마시지 않아도 하나님의 영이 우리의 몸과 맘을 채워주면 그런 기적이 오늘도 일어날 수 있다.

결혼이란 홀로 살다가 남녀가 같이 살게 되는 것이다. 내게 말 걸어주고 내가 말할 상대가 생긴다는 것이 얼마나 큰 축복이고 은혜인가! 나의 '또 다른 나'가 생기는 것이다. 내가 '너'가 되는 것이다. 내가 '나'가 아니고 '너'가 되는 것이 얼마나 놀라운 기적인가! 이것이 천국이다. 내 속에 네가 있고 네 속에 내가 있는 것 이것이 천국이다.

그러나 천국이 지옥이 되기 쉽다. 사람이 같이 살기가 쉽지 않다. 철학자 사르트르는 싫어하는 사람이 함께 있는 것이 지옥이라고 했다. 요새 우스개 말로 부부가 서로 '원수'라고 부른다. 농담만이 아니라 씨가 있는 말이다. 부부 사이가 지옥이 되어서 고생하는 사람이 많다.

왜 결혼하고 부부가 되었는데 부부가 원수가 되고 천국이 지옥이 될까? 가장 일반적인 원인은 서로 모르면서 안다고 생각하기 때문이다. 내가 나를 모르는데 남이 어찌 나를 알까? 사람의 속을 다 안다고 할 수 없고, 사람의 감정이나 생각이 늘 변하는데 그것을 다 알 수 없다. 나도 나를 모르는데 남이 어떻게 나를 알까? 그런데 부부는 상대를 잘 안다고 착각한다. 이보다 더 큰 착각이 없다. 그래서 넘겨짚고 서운해하고 원망하고 미워한다. 사실은 어디까지는 알지만 그 이상은 모른다. 공자도 아는 것은 알고 모르는 것은 모른다고 했다. 부부 사이에 아는 것과 모르는 것을 구별할 수 있다면, 서로 원수가 되는 일은 없을 것이다.

유영모는 모름을 지키라고 했다. '모름지기'라는 말은 '마땅히, 꼭'이라는 말인데 마땅히 꼭이 되려면 모름을 지켜야 한다고 했다. 모름지기는 '모름을 지킴', '모름을 지키는 이'라는 뜻을 가졌다는 것이다. 우리가 모르는 것은 '하나님', '하나'다. 하나님, 하나는 나눌 수 없는 절대의 영역에 속한다. 하나님, 하나의 절대 세계를 지켜야 반드시 꼭이 성립한다. 반드시 꼭이 있어야 약속할 수 있고, 약속을 지킬 수 있어야 부부공동체가 성립한다. 오늘 두 사람이 하나님과 사람 앞에서 사랑을 다짐하고 약속했다. 이 다짐과 약속은 '반드시, 꼭' 지켜져야 한다. 그리고 반드시, 꼭 지키기 위해서는 모름을 지켜야 한다. 그래야 모름을 지키고 약속과 다짐을 반드시 꼭 지키는 '모름지기'가 된다.

사람 속에는 하나님이 계신다. 부부 사이에도 모름의 세계, 절대의 세계가 있다. 생명과 정신의 깊은 속을 들여다볼 수 없다. 상대가 어떻게 변할지 알 수도 없다. 모름을 지키는 모름지기가 되어야 부부 관계를 천국으로 유지할 수 있다. 서로 모르니까 조심조심 살아야 한다. 안다고 생각하니까 함부로 말하고 행동한다. 나의 작은 말 한마디가 저 사람을 아프게 하고 마음을 다치게 할 수도 있다. 부부 사이도 해서는 안 될 말이 있고 해서는 안 될 행동이 있다. 하나님이 계시니까, 서로 모르니까 얇은 얼음 위를 걷듯이 조심조심 살고, 깊은 물가를 걷듯이 조심해서 대해야 한다.

사실은 몰라주는 것이 믿어주고 알아주는 것이다. 사람을 다 안다고 생각하고 속을 다 들여다봤다고 생각하는 것은 사람을 업신여기는 것이고 불신하는 것이다. 사람의 속에, 사람의 뒤에, 사람의 곁에는 하나님이 계신다. 사람을 하나님의 형상대로 지으셨다고 했으니 사람의 속에는 하나님의 모습이 있다. 사람의 속은 우주보다 깊다. 그러므로 사람의 속을 들여다볼 수 없고, 들여다봐도 안 된다. 사람의 속을 아는 체해서는 안 된다.

함석헌은 이렇게 말했다. "몰라주는 것이, 믿어주는 것이고, 알아주는 것이다. 내가 그를 다 알 수 있는 것처럼, 그 속을 꿰뚫을 수 있다 생각하는 것은 그를 너무도 업신여기는 일이다. '한 치 벌레에도 세 치 혼이 있다' 하는 일본 격언이 있다. 이걸 몰라주나 할 때는 가슴이 답답하다. 그러나 '그래, 모를 거다'하면 중추 9월 달빛에 비친

바다처럼 가라앉는다." 몰라주는 마음은 기다려주는 마음이다. 몰라
주는 것이 정말 믿어주고 알아주고 기다리는 것이다.

칼릴 지브란은 부부를 아름다운 소리를 내는 기타 줄에 비유했
다. 기타 줄이 엉키면 좋은 소리를 낼 수 없다. 그러나 서로 나란히 팽
팽히 줄을 맞출 때 기타 줄에서 가장 좋은 소리가 난다. 이처럼 부부
도 나란히 서 있는 기타 줄처럼 두 영혼이 마주 서 있어야 한다. '함
께 또 따로' 있어야 한다. 그럴 때 두 영혼을 통해서 하나님이 아름다
운 생명의 음악을 연주하고 생명과 영의 기적을 일으킨다.

부부 사이에 하나님이 있을 때 천국은 유지된다. 하나님은 삶의
중심이고 경계다. 기하학적 평면이나 3차원 입체의 세계에서는 중심
과 경계를 동시에 나타낼 수 없다. 무한 차원을 지닌 생명과 영의 세
계에서만 하나님을 중심과 경계로 나타낼 수 있다. 독일의 신학자 디
트리히 본회퍼에 따르면 홀로 있는 아담에게 하와가 하나님을 대신
하여 중심과 경계로 나타났다. 자신의 중심과 경계를 넘는 것은 초월
이고 축복이다. 그것은 신적 은총이고, 무한한 행복이다. 그러나 그
것은 엄청난 분노와 상처를 줄 수 있다. 인간의 몸과 맘 깊은 곳에서
는 경계에 대한 맹렬한 분노가 있고 중심을 침범하는 것에 대한 상
처가 크고 깊다. 그러므로 중심과 경계를 공유하는 부부는 천국과
지옥을 함께 가지고 있다. 유영모는 결혼은 알몸을 맡기는 것인데 알
몸만 맡기지 말고 "얼 맘이 되어서 서로 얼 맘을 보이라."고 하였다.
얼 맘을 드러내 보이는 부부는 늘 새롭게 살 수 있다. 늘 신혼으로 살
수 있다.

우리가 사는 세상은 부부만 사는 세상이 아니다. 우리는 부모를

통해서 세상에 나왔다. 부모가 없었으면 오늘의 우리도 없다. 부모가 나의 몸과 마음, 생각과 감정을 낳았다. 인생이란 부모와 자식과 함께 살아간다. 자식에 대한 사랑은 여전한데 부모에 대한 사랑은 작아지는 것 같다. 1990년에 미국에 갔을 때 미국에서는 1년에 한 번 전화하면 효자 소리 듣는다고 했다. 자식은 부자로 잘 산다는데도 찾아오기는커녕 전화 한 통도 없이 산다는 것이다. 이런 세상이 좋은 세상 같지 않다. 요즈음에는 미국에서도 삼대가 함께 사는 가정이 늘고 있다고 한다.

어린 아기가 떠오르는 해처럼 반갑고 소중하듯이 늙은 부모는 하늘을 붉게 물들이며 지는 해처럼 존귀하고 아름다운 존재다. 누구나 언젠가는 지는 해가 된다. 부모에게 효도하고 자녀들에게 부모 노릇을 잘해야 한다. 부모가 자식을 아무리 사랑해도 대신 살아줄 수는 없다. 자녀가 사는 세상은 부모가 사는 세상과 다른 세상이다. 부모는 하나님과 함께 부모의 세상을 살고 자녀는 하나님과 함께 자녀의 세상을 살아야 한다. 부모가 자녀의 머리 위에 서려고 해서는 안 된다. 사람이 사람 노릇을 잘하려면 하나님을 머리에 이고 사람 사이에 하나님을 두고 살아야 한다. 우리 삶 속에 하나님이 살아계시게 해야 한다.

부모 자식만 사는 세상이 아니다. 하나님과 이웃과 함께 사는 세상이다. 오늘 시작하는 새 가정이 세상에서 지치고 목마른 사람이 물 한 그릇이라도 맘 편히 먹고 갈 수 있는 집이 되기를 바란다. 힘들고 낙심한 사람이 이 가정에서 위로받고 힘을 얻을 수 있기를 바란다. 사막과 같이 삭막하고 메마른 세상을 살다가 이 가정을 생각하면 맘이 흐뭇해지는 그런 가정이 되기를 바란다.

21. 그리스도인의 가정과 하나님 나라

> 그런데 예수의 십자가 곁에는 예수의 어머니와 이모와 글로바의 아내 마리아와 막달라 마리아가 서 있었습니다. 예수께서 자기 어머니와 그 곁에 서 있는 사랑하는 제자를 보시고 어머니를 향하여 "어머니, 보십시오. 당신의 아들입니다"하고 말씀하시고 다음에 그 제자를 향하여 "보라, 네 어머니다"하고 말씀하셨습니다. 그때부터 그 제자가 예수의 어머니를 자기 집에 모셨습니다. (요한복음 19장 25~27절)

모든 어머니가 여성이라는 사실 하나만으로도 여성은 존경받아야 한다. 이 세상에서 가장 믿을 만하고 가장 변치 않는 것이 어머니의 사랑이다. 인류사적으로도 여성은 위대한 역할을 했다. 임신과 출산과 양육을 통해 가정을 꾸리고 지탱한 주역은 어머니 여성이었다. 인류 종교사의 맨 처음에 나타난 신들은 여신들이었다. 후대에 확립된 남성 중심의 가부장제 사회에서 여성의 역할은 점차 작아지고 줄어들었다. 그러나 여성은 밑바닥에서 신음하며 보이지 않게 궂은일과 힘든 일을 했다. 가부장 사회에서도 여성이 가정을 가꾸고 지킨 주역이었다. 문명사학자 토인비에 의하면 가정은 인류 정신사의 가장 위대한 문화적 산물이다.

현대는 가정이 파괴되는 시대다. 이미 50여 년 전 서독의 통계에 의하면, 양친 부모 밑에서 자라난 아이는 전체 아이의 40여 % 밖에 안된다. 나머지 아이들은 홀어머니나 홀아버지 밑에서 자라거나 고아원에서 자란다는 것이다. 이제 한국에서도 젊은이들이 결혼하여 가정 꾸리는 것을 두려워하고 가정을 꾸린다고 해도 아이를 낳으려고 하지 않는다. 가정이 무너지고 있다. 가정과 사회의 틀을 근본적으로 바꿀 때가 온 것이다.

예수는 불효자다. 그는 이미 2천 년 전에 가정이 인류의 삶의 진정한 토대가 아님을 알았다. 하나님 나라 복음을 전하기 위하여 예수는 가정을 떠났다. 「마가복음」 3장 31~35절에서는 예수의 어머니와 형제·자매들이 예수를 찾아왔을 때 예수는 냉정하게 하나님의 뜻을 행하는 사람이 내 형제·자매·어머니라고 했다. 십자가 사건은 어머니 마리아의 가슴을 천 갈래, 만 갈래 찢어 놓았다. 예수는 하나님의 뜻, 하나님의 나라를 위해 가정을 떠났고 결혼하지 않았다. 하나님의 뜻은 하나님의 나라를 선포하고 실현하는 것이며, 하나님 나라는 하나님이 하나님으로 인정되고 인간이 인간답게 사는 나라다. 하나님 나라는 혈연이나 가족, 학연이나 지연에 의존하는 나라가 아니다. 하나님 나라는 오직 하나님의 사랑과 정의에 대한 믿음과 헌신으로 세워지는 나라다.

예수가 홀어머니와 어린 동생들을 버리고 하나님 나라를 선포하기 위해 나선 것은 본능적인 가족의 정만으로는 하나님 나라를 이룰 수 없기 때문이다. 어머니 사랑이 아무리 위대하다고 해도 혈육의 정으로 그치면, 그것은 하나님 나라를 오게 할 수 없다. 그것은 새 시대 새 나라를 열 수 없다. 예수는 생활을 통해서 새로운 어머니상, 새로운 가족관계를 가르쳐 준다. 하나님의 뜻을 실현하는 사람이 진정한 가족이라 했다.

십자가에 달려 죽으면서 예수는 사랑하는 제자에게 어머니를 부탁하였다. 예수의 십자가는 혈육에 의한 가족관계를 깨뜨리고 새로운 가족관계를 수립한다. 먼저 어머니 마리아와 아들 예수는 서로 관계가 단절되는 아픔을 맛보았다. 그 아픔은 십자가의 죽음에서 가장 애절하게 나타났다. 그러나 다시 십자가에서, 십자가를 통해서 새로운 가족관계가 이뤄진다.

보라 네 어머니다.
어머니, 이 사람이 어머니의 아들입니다.

하나님의 뜻을 행하는 자가 나의 어머니이고 형제·자매라는 예수의 가르침은 철저히 하나님 나라를 중심으로 어머니와 가정을 생각한 것이다. 하나님 나라를 중심으로 어머니와 가정을 생각한 예수의 가르침에 비추어 기독교 신앙과 정신이 추구하는 어머니와 가정에 대하여 생각해 보자. 그리스도인들의 새로운 가족관계는 하나님 나라와 연결되어야 한다. 하나님 나라는 끊임없이 새롭게 도래하는 새 나라·새 공동체다. 이 시대는 새 공동체를 탄생시키기 위해 산고를 겪고 있다. 그리스도교적 어머니는 이 산고를 함께 겪어야 한다.

그리스도교의 어머니상을 잘 보여준 두 사람을 예로 들자. 어떤 목사의 어머니는 옥고를 치르는 아들에게 순교할 각오를 당부했다고 한다. 이처럼 혈연의 정을 끊는 아픔에서 새로운 나라가 태동한다. '사랑의 집'을 운영하는 정 목사 부부는 부인이 한양대 메이퀸 출신인데, 지적 장애인을 위해 헌신한다. 밤새도록 지적 장애인들의 똥오줌 묻은 옷들을 빨아야 한다. 이들의 삶 속에서 새 공동체가 태동한다.

본능과 혈육에 의한 가족 공동체는 이 이상 유지되기 어렵다. 그런 가정 공동체는 무너져 가고 있다. 새로운 가족 공동체가 요청된다. 새 시대를 열고 새 공동체를 실현하는 하나님 나라 사업에 동참할 때 가정을 위한 새로운 토대가 주어진다. 도래하는 하나님 나라 속에서 토대와 목적을 발견할 때, 가족 공동체는 굳건해진다. 새 시대, 새 나라를 위한 개방적인 가족 공동체가 필요하다. 고아·과부·장애인·고학생 등 도움이 필요한 사람이 너무 많다. 자기 자신에게 쏟는 정성 가운데 1/10이라도 다른 사람에게 쏟아야 한다. 최소한 그 정도 돼야 그리스도인이다. 자기 가정을 열고 고통받는 이들, 도움이 필요한 이들을 섬겨라. 이렇게 하는 데는 아픔이 따른다. 가정을 여는 아픔은 십자가의 아픔, 구원에 이르는 아픔이다.

그리스도인다운 가정은 새로운 나라, 하나님 나라 실현을 위해 일하는 공동체다. 말하자면 그것은 이 땅의 민주화와 통일을 위해 기도하고 힘쓰는 공동체다. 찌들리고 이지러진 사람 없이 모두 하나님 모습대로 자유롭고 평등하게 사는 나라, 더불어 사는 나라를 추구해야 한다. 자식 없이 사는 외로운 여인, 의탁할 곳 없는 노인에게 "보라, 네 아들이다."라고 하는 말은 복음이다. 가정과 사회에서 버려진 고아들에게 "보라 네 어머니다."라는 말도 복음이다. 복음은 십자가를 통해 실현된다. 몇 년 동안 옥고를 치르는 아들에게 순교할 각오를 당부하고, 지적 장애아들을 위해 신명을 바치는 아름다운 삶이 있는 것은 이 역사에 희망이 있다는 표징이다. 이들을 통해 하나님 나라의 빛이 비쳐 온다.

22. 결단

> 만일 네 손이 너를 범죄하게 하거든 그 손을 찍어버리라. 두 손을 가지고 게헨나 꺼지지 않는 불 속에 들어가는 것보다는 장애인으로 생명에 들어가는 편이 오히려 나을 것이다. 만일 네 발이 너를 범죄하게 하거든 그 발을 찍어버리라. 두 발을 가지고 게헨나에 들어가는 것보다는 다리를 절며 생명에 들어가는 편이 오히려 나을 것이다. 또 만일 네 눈이 너를 범죄하게 하거든 그 눈을 빼어버리라. 두 눈을 가지고 게헨나에 들어가는 것보다는 한 눈으로 하나님 나라에 들어가는 편이 오히려 나을 것이다(마가복음 9장 43~47절)

보통 예수의 초상화는 여성적으로 섬세하고 부드럽게 그려져 있다. 실제로 예수의 삶은 여성적인 다정함과 어머니다운 포용심으로 가득 차 있다. 세리와 창녀를 영접하고 어린아이들을 품에 안아주고 잃은 양의 비유와 탕자의 비유를 가르치며 "원수를 사랑하라."고 이른 예수를 생각한다면, 어질고 포근한 모습을 그려보지 않을 수 없다. 그러나 예수에게는 전혀 다른 모습이 있다. 헤롯왕을 가리켜 여우라 하고, 위선적이고 독선적인 바리새인들을 향해 독사의 자식들이라 꾸짖고, 손이 범죄하게 하면 손을 잘라 버리라고 한 예수의 모습은 아주 단호한 면을 보여 준다.

이런 성경 구절은 우리를 당황케 한다. 손으로 죄를 짓게 되면 손을 잘라 버리라니! 어떻게 그럴 수가 있나? 눈 때문에 유혹을 받아 죄를 짓게 되면, 눈을 빼 버리라니 정말 그래야 하나? 이 본문은 우리에게 아무런 타협의 여지를 남겨 주지 않는다. 오직 단호한 결단만을 요구한다. 물론 이 말을 문자적으로 이해해서는 안 된다. 손을 자르고 눈을 뺀다고 죄에서 벗어나는 건 아니다. 도박에 미친 어떤 사람이 도박을 그만두려고 단호한 마음으로 양손을 잘라 버렸으나, 양손을 자르고 나서 발가락으로 화투를 하더란다. 욕심이나 습관을 끊지 않으면 손을 잘라도 소용이 없다. 손은 내 의지의 도구일 뿐이기 때문이다.

문제는 인간의 의지가 근본적으로 잘못되어 있다는 데 있다. 우리의 의지는 자유롭지 않다. 헛된 욕망과 터무니없는 교만의 노예요, 허위와 쾌락의 노예요, 죄의 노예가 바로 우리의 의지다. 이 문제는 바로 저 유명한 에라스무스와 루터 사이에 벌어졌던 논쟁이기도 하다. 에라스무스는 휴머니스트로서 의지의 자유를 말했지만, 루터는 진지한 신앙인으로서 의지의 노예성을 주장했다. 도덕이나 교육의 일정한 범위 안에서는 의지의 자유를 말할 수 있다. 그러나 인간의 존재와 본성 그 자체에 관해서 말할 때는 다시 말해 낡은 인간 존재의 죽음과 새로운 탄생을 말하는 영의 차원에서는 의지의 자유를 말할 수 없다.

어떤 사람이 살인을 저지를 때, 그는 자유로이 선택해서 살인한 것이 아니다. 원한이나 분노, 강한 욕망이나 증오에 사로잡혀서, 원한과 분노, 욕망과 증오의 노예가 되어 살인을 저지른 것이다. 그가 만일 자신의 욕망과 감정을 통제할 수 있는 성숙한 사람이라면 그는 결코 살인을 하지 않았을 것이다. 치밀하게 계획된 살인도 자유로이 선택한 행위라기보다는 그의 의식을 사로잡은 거부할 수 없는 내적 충동과 외적 상황의 강제에 굴복한 행위다. 아무튼 우리에게는 우리 자신의 존재를 해방하거나 변혁할 수 있는 의지의 자유가 없다. 우리는 우리 자신에게 깊이 사로잡혀 있기 때문에 우리 자신에게서 자유로울 수 없다. 오직 하나님의 은총에 자신을 내어 맡김으로써 인간은 자신에게서 벗어나 의지의 자유를 얻을 수 있다.

손이나 발이 범죄케 하거든 끊어 버리란 극단적인 말은 자신의 자기(自己)를 끊어 버리라는 말이다. 이 말은 돈이나 권력에 매달리는 자기, 자신을 내세우려고 남을 격하시키는 자기를 끊으라는 말이다. 자신의 이익과 쾌락을 위해 사는 자기를 떠나라는 말이다. 사람이 자기에게서 자유롭지 못하면 자신의 생명과 영혼을 자유롭게 힘껏 살 수 없다. 하나님의 자녀로서 하나님이 창조해준 생명과 영혼을 참되고 자유롭게 제대로 살려면 자기 자신에게서 자유로워야 한다. 낡은 육체적 자아는 죽고 새로운 영적 자아로 새롭게 태어나야 한다. 순간순간 찰라찰라 자기를 버리고 죽이고 초월하여 새로운 자아로 태어나는 것이 예수를 따라 하나님을 믿는 것이고 은혜로 새로운 생명을 사는 것이다.

그런데 현대산업기술문명은 우리를 물질적이고 육체적 자아에 더욱 매여 살게 한다. 과학기술이 발달한 산업 문명의 목적은 좀 더 편하게 좀 더 많은 쾌락을 누려보자는 것이다. 우리는 컴퓨터·인터

넷·로봇·자동차·비행기·텔레비전·신문·전화를 비롯해서 현대식 주택과 값싸고 질긴 화학섬유 등등 그야말로 편리하고 안락한 시대에 살게 되었다. 이런 문명의 선물들은 우리를 자기중심적 삶과 자기 숭배에 빠지게 했다. 재산을 모으고 감각적 쾌락을 누리는 일이 가장 중요한 일이 되었다. 우리는 자신을 생리적이고 물질적인 존재로 격하시키고, 타인을 나의 욕구 충족을 위한 도구로 격하시킨다.

이렇게 자신이 물질적 존재로 타락하고 타인을 이익 추구의 대상이나 욕구 충족의 대상으로 만듦으로써 우리는 참된 관계를 상실하고 근본적인 위선에 빠지게 되었다. 자신은 물질적 존재로 타락했으면서도 그렇지 않은 듯 살아가고, 타인을 나 자신의 도구로 이용하면서도 그렇지 않은 듯 행동하는 현대인의 위선은 사랑을 불가능하게 한다. 위선이란 자신에 대하여 자신을 닫아 버림이요, 타인에 대해서도 자신을 닫아 버림이다. 위선자는 남에게 사랑을 받을 수도 없고 남을 사랑할 수도 없다.

현대를 사는 우리는 누구나 어느 정도는 위선자다. 위선적인 현대인은 밥도 돈도 섹스도 풍족할지 모르지만, 영혼은 고아와 같다. 고아와 같은 우리에게는 참된 친구를 찾아보기 어렵다. 우체국도 없고 전화도 없고 자동차도 없던 옛날에 40리·50리·100리 길을 걸어 친구네 집 사립문 앞에서 친구 이름을 부르면, 그 친구가 반가움에 못 이겨 버선발로 뛰쳐나와 맞던 시대에 비해 말과 지식이 홍수를 이루고 대도시의 인구수는 늘어만 가는데도 우리는 더 고독하고 우리의 삶은 깊이를 잃어 가고 있다. 재치 있고 영리해지는데도 우직함은 없고, 세련되고 아름다운데도 단순하고 소박한 맛은 없다.

우리의 삶이 깊이를 잃게 된 것은 기술 문명의 탓만은 아니다. 노동자와 농민들의 피땀 어린 희생을 강요해서 얻어진 경제 발전 그 자체에 문제가 있다. 경제성장을 이루고 부를 얻기 위해 수단·방법을 가리지 않는 사회는 이미 악마의 유혹에 넘어간 것이다. 예수가 공적 활동을 시작하기 전 빈 들에서 40일을 금식했을 때, 악마가 했던 첫째 유혹은 바로 "돌을 가지고 떡을 만들어 먹으라."는 것이었다.

> 너 배고프지? 너처럼 배고픈 사람이 세상에는 많다. 이 돌들을 가지고 떡을 만들어 먹으면 얼마나 좋겠냐? 세상에 떡보다 중요한 게 어디 있겠냐? 이 돌들로 떡을 만들어 먹어라.

이런 악마의 유혹에 대해 예수는 단호하게 "사람이 떡으로만 살 것이 아니라 하나님의 말씀으로 살 것이다."라고 대답하였다. 예수는 돌로 떡을 만들어 먹으라는 악마의 유혹을 물리쳤지만, 이 나라, 이 문명은 악마의 유혹에 넘어가 돌로 만든 떡을 먹고 있는 것은 아닌지? 떡이나 돈이나 섹스는 그 자체로서는 좋은 것이지만, 그것이 삶의 목표가 돼버리면 인생은 허무해진다. 떡이 삶의 목표가 되고, 수단·방법을 가리지 않고 얻은 떡은 돌로 만든 떡이다. 돌로 만든 떡을 먹고 우리 가슴은 돌가슴이 되어 돌처럼 메마르고 냉정한 게 아닌가? 사랑을 하기에는, 풍성한 삶을 약속하기에는 우리 가슴이 너무 메마른 게 아닐까?

소유욕과 쾌락에의 욕구에 내맡겨진 우리, 물질적 존재로 전락해 버린 우리, 이기적인 자기의 노예가 돼버린 우리에게 예수는 결단을 요구한다. 손이 범죄하게 하면 손을 끊어 버리란 말은 무슨 말인가? 손은 내 의지를 직접 실현하는 수단이다. 소유욕을 충족시키려, 부정한 재물을 움켜쥐고 지배욕을 충족시키려 강권을 휘두른다. 내 뜻을 관철하기 위해 폭력을 휘두르고 살인을 한다. 손을 끊으라는 말은 소유욕과 지배욕을 끊어 버리란 말이다. 발을 끊으란 말은 무엇인가? 내가 가야 할 길을 벗어나 그릇된 길로 빠져드는 유혹을 잘라 버리란 말이다. 눈을 빼란 말은 눈에 보이는 대로 감각적인 욕심에 끌려 수동적으로 살지 말고 뚜렷한 주체성을 가지고 살란 말이다. 이 말은 겉모습에 사로잡히지 말고 속을 뚫어보는 새로운 눈을 뜨라는 말이다.

그러나 돌가슴을 깨뜨리는 일, 돈이나 이기적 욕구에 의존하지 않고 사는 일은 아프고 고독한 행위다. 그것은 소유욕과 쾌락에 잠겨 사는 수동적이고 낡은 인간에서 새로운 인간이 되기 위한 몸부림이요 결단이다. 이것이야말로 물질적인 삶의 토대에 안주하는 비겁한 행위가 아니라 순수한 존재가 되려는 용기다.

나는 며칠 전 마음이 쓸쓸하고 외로웠다. 사람들은 각기 저만의 관심에 사로잡혀 제 갈 길로 가고, 나만 혼자 어리석게 남아 있는 듯 같았다. 친구를 기다리는데 약속 장소가 어긋나서 친구는 오지 않고, 맞은편에 앉은 여자는 아파트 당첨이니 집값에 대해 쉬지 않고 떠들고 있다. 나는 그 소리를 오래 듣고 있노라니 더 마음이 울적해졌다. 그러나 나는 내가 번역한 조그만 책을 읽다가 하나님이 주는 격려의 말을 듣게 됐다. 장 파토카가 민권 투쟁을 하다가 마지막 상황에 닥쳐서 남긴 말이 바로 그것이었다.

기회나 사정, 또는 돌아올 이득에 구애되지 않는 확신 없이는, 도덕적 기반 없이는 고도의 산업기술 사회가 인간다운 사회로 될 수 없다.

이 말은 손을 끊고 발을 끊고 눈을 빼는 확신이 없으면 인간다운 노릇을 할 수 없다는 말이다. 기회나 사정, 이해득실에 구애되지 않는 확신은 바로 손을 끊고 발을 끊고 눈을 빼는 확신이라고 할 수 있다.

인간은 거대한 시·공(時·空)의 한 점에 불과하다. 인간은 무(無)의 심연으로 싸여 있고, 죄와 죽음으로 둘러싸여 있다. 그런 인간이 눈앞의 작은 일에 모든 것을 걸고 영원히 살 것처럼 살아간다. 이런 삶은 무(無)의 나락으로 빠져든다. 자신의 삶만이 아니라 남까지 파멸로 이끈다. 그러나 무의 심연 앞에서 물질적인 삶의 토대에 매달리지 않고 하나님의 말씀에 매달릴 때, 우리에게 새 세계가 열린다. 완고한 자기를 깨뜨릴 때, 위선의 너울을 용기 있게 벗어버릴 때, 새 하늘과 새 땅이 열린다. 자기를 버리고 하나님 안에서 새로운 중심을 발견하여 하나님의 말씀과 은혜로 살게 된다. 손을 자르고 발을 자르고 눈을 뺌으로써 새로운 삶의 차원이 열리게 된다.

손을 끊고 발을 끊고 눈을 빼라는 말은 개인적 차원에서만이 아니라 정치 경제적 차원에도 해당된다. 우리는 반민주적 관행과 경제 사회적 양극화의 악순환 속에 살고 있다. 우리의 손과 발은 불의한 체제와 낡은 관행의 사슬에 매여 있다. 우리의 눈은 이 악순환의 거대한 체제와 거짓된 이념에 현혹되어 있다. 손을 끊고 발을 끊고 눈을 빼라는 말은 불의한 체제와 낡은 관행의 사슬을 끊으라는 말이다. 이것은 이 정치·사회의 장벽과 쓰라린 분단의 벽을 무너뜨리라는 말이다. 우리의 손과 발이 폭력과 거짓의 사슬에 매이고 우리의 눈이 거짓 주장과 이념에 현혹되면 우리는 끊임없이 죄를 짓게 된다. 우리는 손을 끊고 발을 끊고 눈을 빼는 결심으로 부패하고 낡은 관행과 위선적이고 거짓된 이념과 주장의 고리를 끊어야 한다. 그럴 때 새로운 나라가 열린다.

우리 앞에는 두 가지 길이 있다. 재물에 의지하고 돌로 만든 떡을 먹으면서 이기적인 탐욕의 노예가 되어 손과 눈으로 감각적인 쾌락을 즐기다가 모든 것을 소멸시키는 하나님의 분노의 불길에 빠져드는 길이 있다. 그리고 이기적인 안락한 삶에 빠져 있는 손을 끊고 발을 끊고 눈을 뺌으로써 영원한 생명의 나라, 참된 민주의 나라에 들어가는 길이 있다. 십자가의 길을 따라 자만과 안일에 잠긴 손을 끊고 발을 끊고 눈을 뺄 때, 우리는 하나님의 영원한 삶을 누리게 된다. 그리고 낡은 관행과 거짓 이념의 사슬에 사로잡힌 손을 끊고 발을 끊고 눈을 뺄 때, 하나님의 나라, 영원한 생명의 나라, 진정한 민주의 나라는 동터 오게 된다.

23. 그리스도인이여, 행동하라

"악하고 게으른 종아, 너는 내가 심지 않은 데서 거두고 뿌리지 않은 데서 모으는 줄 알았다면 내 돈을 돈놀이하는 사람에게 맡겨두어 내가 와서 본전에 이자를 붙여 받도록 했어야 할 것이 아니냐? 그에게서 그 한 달란트를 빼앗아 열 달란트 가진 사람에게 주어라. 누구든지 있는 사람은 더 받아 풍족하게 되고 없는 사람은 있는 것까지 빼앗길 것이다. 이 쓸모없는 종을 바깥 어두운데 내어쫓으라. 거기서 슬피 울며 이를 갈 것이다" (마태복음 25장 26~30절)

오늘 그리스도를 믿고 따르는 생활은 어떠해야 할까? 교회도 많고 그리스도인도 많은데, 정말 교회다운 교회와 그리스도인다운 그리스도인을 만나보기 어렵다. "이것이 진짜 교회다, 이래야만 구원받는다."고 주장하는 이들은 많이 있다. 성령을 팔아먹으려는 사람들도 있고, 복음을 헐값으로 뿌리려 드는 이들도 있다. 교회의 십자가는 우뚝우뚝 서고, 몇억 원씩 들여서 웅장하고 호화스러운 교회당들이 건립되고 있다.

그러나 이 모든 현상들을 보고 들으면서도 마음은 흡족하지 않다. 정말 그리스도는 거기에 있을까? 이것이 진짜 교회라고 말하는 자들에게, 이래야만 구원받는다고 외치는 자들에게 그리스도는 함께 있을까? 수없이 서 있는 첨탑, 수억 원을 삼키면서 버티고 있는 예배당 건물에 그리스도는 있을까? 그분은 마구간의 말구유 위에 태어났는데, "여우도 굴이 있고, 공중의 새들도 깃들일 곳이 있으나 인자(人子)는 머리 둘 곳이 없다."고 말하였는데, 아흔아홉 마리 양을 들에 그대로 버려두고 잃어버린 한 마리 양을 찾아 가시밭길 벼랑 길을 헤매었는데, 로마 군병들의 손에 의해 십자가에 못 박혀 죽었는데, 지금 그분은 어디에 있을까?

마틴 루터 킹 목사가 죽은 뒤 그의 부인은 어느 여자 대학교 졸업

식에서 축사를 하였다. 그때 부인은 다음과 같이 말했다.

> 다 제쳐 놓고 한마디만 합시다. 예수께서 다시 오신다면 어디로 오실
> 까요, 백악관으로 오실까요, 부유한 백인들의 교회로 오실까요? 아니,
> 그분은 할렘가, 가난과 범죄가 들끓고 인간들의 신음이 그치지 않는
> 그곳으로 오시지 않겠습니까?

교회가 있는 곳에 그리스도가 있다는 말이 꼭 옳은 말은 아니다.
반대로 그리스도가 있는 곳에 교회가 있다, 그리스도가 가는 그곳에
교회도 간다고 말해야 옳다. 그러면 그리스도는 어디에 있는가? 그리
스도가 어디에 있는지 알기 위해 맑고 깨끗한 눈을 가지고 세상을 보
아야 한다. 탐욕으로 충혈된 눈이나 허위의식으로 가려진 눈으로는
그리스도가 있는 자리를 볼 수 없다. 그리스도가 어디로 가는지 알
기 위해서 역사의 흐르는 물줄기에 귀를 기울여야 한다. 역사의 흐름
속에서 그리스도가 가는 곳을 알리는 미세한 소리를 들어야 한다.
여러 가지 시끄러운 소음들이 우리의 귀를 막기 때문에 그리스도의
소리를 분별할 수 있는 예민한 청각을 가져야 한다.

올바른 교회가 되기 위해, 올바른 그리스도인의 삶을 살기 위해
그리스도의 가르침을 들어보자. 위에 인용된 성경 구절은 그리스도
인의 삶이 어떠해야 하는지를 가르쳐 주고 있다. 이 구절은 하나님
나라 비유에 속한다. 하나님 나라와 관련해서 인간이 어떻게 행해야
하는가를 이 비유는 말해 주고 있다. 앞부분에는 '열 처녀의 비유'가
나온다. 다섯 처녀는 기름을 예비해서 신랑을 맞고, 다른 다섯 처녀

는 기름이 없어 신랑을 맞지 못하고 잔치에서 쫓겨난다. 뒷부분에는 대심판의 이야기가 나온다. 굶주린 자, 목마른 자, 집 없는 자, 헐벗은 자, 병든 자, 옥에 갇힌 자들에게 한 것이 그리스도에게 한 것이라는 심판이 내려진다. 열 처녀 비유나 대심판 이야기는 모두 하나님 나라와 관련해서 이 세상에서 그리스도인들이 어떻게 살아야 할 것인지를 가르쳐 주는 내용이다.

달란트 비유도 마찬가지다. 주인이 맡긴 달란트를 가지고 어떻게 했나에 따라 심판을 받게 된다. 요즈음 달란트(탤런트)는 텔레비전 배우들을 일컫는 말이 되었다. 본래는 무게를 나타내는 가장 무거운 단위였다. 그것은 가장 큰 화폐 단위로도 쓰였다. 1달란트는 약 6,000데나리온이다. 1데나리온은 농장의 날품팔이 노동자의 하루 임금이기도 했으며, 로마군 졸병의 하루치 급료이기도 했다. 여기서 차이는 있지만, 주인이 종들에게 대단히 큰 액수의 돈을 맡겼다는 것을 알 수 있다. 그런데 이 비유에서 대단히 중요한 사실 중 하나는 돈 액수의 차이에 대해 아무런 관심도 나타내지 않는다는 점이다. 종들이 장사해서 이윤을 남겼을 때, 5달란트 받은 자나 2달란트 받은 자에게 주인은 똑같은 말을 그대로 반복한다.

> 착하고 신실한 종아, 잘하였다. 네가 작은 일에 신실했으니 이제 내가 큰일을 네게 맡기겠다. 와서 주인의 기쁨을 함께 누리자.

1달란트 받은 자도 장사를 해서 1달란트를 더 남겨 왔더라면 틀림없이 주인은 같은 칭찬을 했을 것이다. 여기에 나오는 종들의 행위는 하나님 나라의 기쁨, 즉 주인의 기쁨과 관련해서 이해해야 한다. 그들은 주인의 기쁨에 참여하기 위해서 행동했다고 볼 수 있다. 주인의 기쁨이 나의 기쁨이 될 수 있도록, 주인의 기쁨이 이뤄지도록 일했던 것이다. 그들은 자기 자신의 평안을 위해서가 아니라 주인을 위해서 주인의 일에 충실했다. 그런데 1달란트 받은 종은 다르게 행동했다. 그는 가서 땅을 파고 돈을 감춰 두었다. 이 종이 묻어 두었던 돈을 그대로 내놓으면서 "주인이여, 나는 주인께서 뿌리지 않은 데서 거두고 해치지 않은 데서 모으는 무서운 분임을 알고 두려워서 그 달란트를 가지고 가서 땅에 감추어 두었었습니다. 보십시오, 여기 그 돈이 그대로 있습니다."라고 변명했을 때, 주인의 심판은 준엄했다.

**이 쓸모없는 종을 바깥 어두운 데 내쫓으라.
거기서 슬피 울며 이를 갈 것이다.**

왜 이 종은 이렇게 엄한 심판을 받아야 하는가? 이 종의 행동은 어디가 잘못되었는가? 그 행동은 무엇을 의미하는가?

첫째, 이 종은 책임을 회피하고 있다. 주인이 엄하기 때문에 두려워서 장사하지 않고 돈을 땅에 묻었노라고 주인에게 책임을 전가한다. 그가 장사하지 않고 돈을 묻어 둔 것은 주인이 엄한 탓이라는 것이다. 그러나 주인의 심판에서 이 책임 전가가 허구라는 것을 알 수 있다. 주인이 엄한 사람인 줄 알았다면, 그 달란트를 감춰 둘 것이 아니라 장사를 했어야 한다. 1달란트 받은 종이 다른 두 종에 비해 장사하는 데 특별히 어려운 상황이나 조건을 가지고 있었다는 암시는 없다. 1달란트 받은 종도 다른 두 종과 마찬가지로 장사를 해서 1달란트를 더 벌어들일 수도 있었을 것이다. 그러나 장사는 이익만 보는 것이 아니라 손해를 입을 수도 있기 때문에 위험한 것이고 모험이다. 1달란트 받은 종은 장사의 결과에 대한 책임을 지기 싫어했다. 그래서 주인이 맡긴 그 달란트를 땅에 감춰 두었다.

둘째, 이 종은 주인에게 충성했던 것이 아니라 자신에게 충성했다. 주인을 기쁘게 한다든지 주인의 사업을 성공시키는 일보다는 혹시 장사하다 실패할 때, 자신이 위험하게 될 것을 더 걱정했다. 주인의 사업이 어찌 되었건 우선 나 자신이 안전할 수 있는 길을 택했다. 미지의 세계와 새로운 세계로 뛰어들 용기가 없었다. 주어진 것을 단지 보관하는 것으로 만족했다. 주어진 현실에 그냥 매달렸을 뿐 현실을 변경하려는 노력은 안 했다. 그는 돈을 묻어 놓고 나서 안전하다 여겼다. "한 달란트를 간수하기만 하면 상은 못 받아도 벌은 면할 수 있겠지."라고 그 종은 생각한 것이다. 그러나 바로 이것이 아주 위험한 생각이었다. 받은 것을 간수하기만 하면 큰 잘못은 면하리라는 생각이 결정적인 잘못이었다. 바로 그렇게 한 것이 그를 파멸에 몰아넣었다. 그렇게 했기 때문에 그는 주인의 준엄한 심판을 받았다.

셋째, 이 종은 행동을 거부했다. 그는 잘못을 저지르지 않으려고 가능하면 가만히 있으려 했다. 1달란트 받은 종의 생각은 과오를 범하지 않으면 죄가 없으리라는 소극적인 생각이었다. 그러나 하나님 앞에서의 죄는 무엇을 저질렀기 때문에 지은 죄보다 무엇을 하지 않았기 때문에 지은 죄가 더 큰 죄다. 그래서 가장 큰 죄는 예수를 믿고 따르지 않은 죄고, 굶주린 자와 억눌린 자와 병든 자에게 해야 할 일을 하지 않은 죄다. 이것을 무작위죄(無作爲罪)라고 한다. 대심판 이야기에서도 정죄를 받는 자들은 무슨 잘못을 저질렀기 때문이 아니라 해야 할 일을 안 했기 때문에 정죄를 당했다. 1달란트 받은 종도 나쁜 짓을 해서가 아니라 해야 할 일을 안 했기 때문에 준엄한 심판을 받았다.

이 비유는 그리스도인이 어떻게 살아야 하나, 교회는 무엇을 해야 하나를 알려 준다. 그런데 오늘 한국교회는 1달란트 받은 종처럼 행동하고 있지 않은가? 한번 오늘의 그리스도인들에게 눈을 돌려 보자.

첫째, 1달란트 받은 종처럼 책임을 회피하고 전능한 하나님에게 세상과 역사에 대한 책임을 전가한다. 하나님이 마지막 날에 다 이루어 줄 것으로 여기고 사회와 역사를 방관한다. 그러나 이런 변명도 1달란트 받은 종의 변명처럼 허구다. 하나님이 전능하니까 전능한 하나님을 믿고 기다리면 된다는 생각은 아주 잘못된 것이다. 오히려 하나님의 전능은 새로운 미래를 위한 희망의 근거다. 하나님은 세상과 역사를 우리 인간에게 맡겨 주셨다. 하나님이 전능하니까 우리는 전능한 하나님을 믿고 희망과 사랑을 가지고 행동해야 한다.

둘째, 하나님 나라와 그리스도에게 충성하기보다는 교회와 자기 자신에게 더 충성한다. 자신의 안전을 제일 중요하게 여긴다. 그래서 맡겨진 것을 지키는 것이 제일 좋은 것으로 생각한다. 그래서 붙잡고 지키는 보수주의에 떨어진다. 내가 받은 진리와 신앙을 지키고만 있으면, 1달란트 받은 종이 그 달란트를 땅속에 감춰 놓은 것과 같다. 자신을 위해 재물을 쌓는 일은 하나님 나라에서 재물을 잃는 것이다. 자기 가족을 위해 하나님이 준 달란트를 다 허비하는 사람은 하늘 가족을 잃는다.

교리나 전통적 신앙만을 붙잡고 안심하는 그리스도인들은 그것이 위험하다는 것을 알아야 한다. 적어도 책망이나 벌은 면하겠지 하면서 안심하는 그리스도인들은 바로 그렇게 했기 때문에 하나님의 심판을 받게 될 것이다. 그리스도를 따르는 사람의 삶은 그저 지키는 것으로 만족할 수 없다. 자기를 버리고 십자가를 져야 한다. 비록 삶이 고달파지고 위험하게 되더라도 용기 있게 그리스도와 하나님 나라를 향해 일어서야 한다. 그저 자신을 지키고 자신의 주변만을 맴도는 그리스도인은 달란트를 땅에 묻고 안심하는 것과 같다.

셋째, 오늘 그리스도인은 행동 없는 삶에 빠져 있다. 그들은 잘못을 저지르지 않으려 하고, 위험을 피하려 하고, 될 수 있으면 적게 행동하려 한다. 기독교는 행동하는 종교다. 일제시대 어떤 교장이 중학교가 문을 닫게 되어 마지막 훈시를 할 때, '행동하라'는 말만 일곱 번 반복했다고 한다. '은혜만으로' 그리고 '믿음만으로'는 좋은 말이지만, 이것에 행동이 뒤따르지 않으면 은혜·믿음을 꼭꼭 싸서 땅에 묻어 두는 것이 된다. 현실을 악하다고 여기고 외면하면, 손해 볼 것이 두려워 아예 장사를 집어치운 1달란트 받은 종과 같이 된다.

오늘의 교회는 그리스도가 있는 곳으로 나아가야 한다. 버림받은 자들이 있는 곳으로, 무거울 짐 지고 신음하는 사람들에게로 가서 그리스도를 섬기듯 그들을 섬겨야 한다. 그들 속에서 그리스도가 우리를 부르고 있다. 우리가 받은 작은 달란트를 그들에게 내놓을 때 하나님 나라의 영원한 삶이 우리에게 허락된다.

24. 그리스도인의 자유

> 그리스도께서 우리를 해방하여 자유하게 하셨습니다. 그러므로 굳게
> 서서 다시는 종의 멍에를 메지 맙시다. (갈라디아서 5장 1절)

철학자 헤겔은 역사란 자유의 확대 과정이라고 말했다. 한 사람
만 자유롭고 다른 사람들은 예속된 사회에서 모든 사람이 자유롭게
되는 사회로 발전해 가는 것이 역사라고 보았던 것이다. 한마디로 말
하면 성경은 자유에 관한 책이다. 구약성경은 자유를 찾아 헤매는 유
랑민들에 관한 이야기다. 토인비에 의하면 아브라함이 갈대아 우르
를 떠난 것은 수메르 메소포타미아 문명사회가 경직되어서 자유를
잃었기 때문이었다. 아브라함은 자유가 없는 거대한 국가 체제로부
터 탈출했다는 것이다. 출애굽사건도 고대 이집트 왕국에서 신음하
던 노예들의 탈출에 관한 이야기다. 제국의 억압과 수탈로 고통당하
던 인간들이 탈출해 가나안땅에서 자유롭고 평등한 나라를 세우기
위해 몸부림친 것이 바로 이스라엘의 역사였다. 이집트에서 탈출하
여 가나안에서 자신들의 왕국을 세웠으나, 그들의 왕국도 억압하고
수탈하는 체제로 변했기 때문에 예언자들이 나와서 왕과 귀족들의
억압과 수탈을 비판했다. 그런 왕국조차도 군사적이고 폭력적인 아시
리아와 바벨론 제국에 의해 망하게 되었다.

나라를 잃고 바벨론 제국의 포로가 되었다가 50년 만에 해방되
어 고향에 돌아오는 기쁨이 「제2 이사야서」(이사야 40~55장)에 잘 나타
나 있다. 그러나 그런 기쁨도 잠깐, 곧 마케도니아 왕국·시리아 제국·

로마 제국의 억압적인 지배가 이스라엘 백성을 괴롭혔다. 이처럼 천여 년을 두고 자유의 나라를 이루기 위해 몸부림쳐 온 이스라엘 백성은 더 이상 인간들의 통치에 기대를 걸지 못하고 하나님 나라를 대망하게 되었다. 하나님만이 참된 자유의 나라를 이룰 수 있다고 믿었다.

오랫동안 하나님 나라를 갈망하다가 드디어 세례자 요한과 예수는 하나님 나라가 가까이 왔다고 선언하게 되었다. 예수는 하나님 나라 복음을 가난한 자·억눌린 자·갇힌 자들을 해방하는 복음으로 선언했다. 「누가복음」 4장 18절 이하에 보면, 예수는 자신의 사명이 가난한 사람들에게 복음을 전하고, 묶인 사람들에게는 해방을 알려 주고, 눈먼 사람들에게는 보게 하고, 억눌린 사람들에게는 자유를 주며, '주님의 은총의 해', 희년을 선포하는 것이라고 말했다. 주님의 은총의 해 '희년'은 50년 만에 한 번씩 돌아온다. 그 해엔 빚 때문에 뺏긴 땅을 도로 찾고, 종이 되었던 사람들은 종의 신분에서 해방된다. 이처럼 가난하고 억눌리고 소외된 사람들을 해방시키는 것이 예수의 사명이었다.

그런가 하면 바울은 권위와 문자에 매인 율법적 사고를 깨뜨리고 복음의 자유와 영적 자유를 지키기 위해 혼신을 다해 싸웠다. 위에 인용한 성경 구절을 보면 바울은 율법주의자들에 대항하여 싸우면서 "그리스도께서 우리를 해방시켜 주셔서 우리는 자유의 몸이 되었습니다. 그러니 마음을 굳게 먹고 다시는 종의 멍에를 메지 마십시오."라고 말했다.

먼저 그리스도가 우리를 어떤 자유로 해방시켰는지 생각해 보자.

보통 두 가지 자유가 있다고 한다.

첫째, '~에서 벗어나는 자유', 이를테면 굶주림·억압·공포·감옥 같은 데서 벗어나는 자유가 있다. 그런데 이런 자유만으로는 부족하다. 예를 들어 과로에 시달리는 노동자가 과도한 노동에서 벗어나는 것은 좋지만, 아무것도 할 일이 없는 실업자가 된다면 진정한 자유라고 할 수 없다.

둘째, '~을 하기 위한 자유', '~을 할 수 있는 자유'가 있다. 현대의 조직화된 사회에서는 일할 수 있는 자유와 일할 수 있는 권리가 대단히 중요한 자유이자 권리다. 그러면 그리스도가 우리에게 준 그리스도인의 자유는 어떤 것일까? 루터는 그리스도인의 자유를 다음과 같이 표현했다.

그리스도인은 만인에게서 자유롭다.
그러나 그리스도인은 만인의 종이다.

그리스도인은 세상의 어느 누구에 대해서도 자유롭다. 그리스도가 우리를 자유케 하였으므로 우리는 아무에게도 예속되어 있지 않다. 그러나 그리스도인의 자유는 공허한 자유, 홀로 있는 자유가 아니다. 그것은 섬기는 자유이며 사랑하는 자유다. 우리가 그리스도를 만나기 전에는 자신의 죄와 욕심에 사로잡혀서 죄의 종 노릇을 하고 있었다. 그것은 내 멋대로 내 뜻대로 사는 생활이었다. 그것은 나를 위한 삶이었다. 겉보기에 자유로운 것 같지만 결국 나와 다른 사람을 죄와 죽음으로 이끄는 삶이었다. 그리스도는 우리를 죄와 죽음의 세력에서 건져 내서 하나님의 자녀로서 자유로운 삶을 살게 하였다. 하나님 자녀의 삶은 홀로 살지 않고, 내 뜻대로 살지 않고 하나님과 더불어 사는 삶, 이웃과 함께 사는 삶이다.

그리스도는 우리를 '섬기는 사랑을 하는 존재'로 해방하였다. 루터의 말처럼 그리스도인은 만인의 종이 되도록 부름을 받았다. 그리스도인의 자유는 섬기는 사랑 속에서 발견할 수 있다. 하나님은 사랑이라고 「요한 1서」는 말한다. 하나님의 모습대로 인간을 지었으므로 인간은 사랑 속에서만 자기를 실현할 수 있다. 사랑 없는 자유는 공허한 자유요 거짓된 자유다. 하나님이 인간을 지을 때, 사랑을 받을 수 있고 사랑을 할 수 있는 존재로 지었기 때문에 인간의 자유는 사랑을 위한 자유다. 고아가 불쌍한 것은 집이 없고, 옷이 없고, 먹을 것이 없기 때문만은 아니다. 부모의 사랑을 받아 보지 못했기 때문에 사랑을 받을 줄 모르고 사랑을 할 줄 모르는 것이 불쌍한 것이다. 그리스도는 하나님의 큰 사랑을 통해서 우리로 하여금 사랑을 경험하게 하고 사랑을 할 수 있게 한다.

사랑할 수 있는 자유와 모든 사람의 종노릇을 할 수 있는 자유를 우리에게 주기 위해 그리스도는 먼저 우리를 우리 자신으로부터 해방했다. 그리스도인의 자유는 우선 자기 자신으로부터의 자유다. 10여 년 전에 독일의 유명한 여류 소설가 루이제 린저가 우리나라를 찾아온 일이 있었다. 60살이 훨씬 넘은 노파였는데, 어찌나 젊어 보이고 생기발랄했던지 한 사람이 그에게 "나이가 많으면서도 그렇게 젊게 살 수 있는 비결이 무엇이냐?"고 물었다. 그러자 루이제 린저는 "나는 나 자신을 별 게 아니라고 생각한다."고 대답했다. 자신이 별게 아니라고 생각하니까 자유롭고 발랄하게 살 수 있다는 말이다.

성경의 인물들 가운데 자신을 대단하게 여긴 사람은 아무도 없다. 적어도 하나님이 쓴 인물은 하나같이 자신이 보잘것없고 부족한 사람이라고 고백했다. 자신이 보잘것없는 존재고 아무것도 아닌 존재라는 것을 깨달은 사람만이 자신에게서 해방될 수 있다. 이것은 성경이 인간에 대해 가르쳐 주는 중요한 진리 가운데 하나다. 자신을 내세우는 사람이나 자기중심적인 사람은 닫힌 사람이다. 하나님의 말씀을 통해서 깨어지지 않으면 참된 자아를 만날 수 없고, 진정한 이웃을 만날 수 없고, 진정한 하나님을 만날 수 없다. 그리스도의 십자가 앞에서 자신의 벽을 무너뜨릴 때 자신의 참된 모습을 볼 수 있고, 이웃을 참으로 만날 수 있고, 하나님을 볼 수 있다.

또한 그리스도는 우리에게 영적인 자유와 복음의 자유를 주기 위해 율법으로부터 우리를 자유케 하였다. 본래 율법 자체는 선한 것이지만 인간의 죄악과 결합 되면, 인간들을 파멸로 이끌어가는 강한 힘을 갖게 된다. 율법이 나쁜 독재자의 손아귀에 들어가면 악한 권력을 유지하는 힘이 되고, 불의한 사회 구조와 결합하면 불의한 사회 체제를 뒷받침하는 강력한 무기가 된다.

전두환이 군사반란을 일으키고 광주시민을 학살한 다음 체육관에서 대통령으로 선출된 직후였던 1981년도에 나는 기독교 신앙 공동체였던 한울회 사건으로 옥고를 치렀다. 그때 잡혀가 조사를 받고 재판을 받으면서, 절실하게 깨달은 것은 인권을 보호해야 할 법이 나에게 아무 도움도 주지 못하고 오히려 나를 옭아매는 구실밖에 못한다는 것이었다. 수사에 협조해 달라는 형사의 연락을 받고 친구들과 함께 대전으로 내려갔는데, 20여 일 동안의 비밀 수사를 통해 우리들은 결국 터무니없는 죄목으로 구속되고 말았다. 본래의 법 정신에 의하면 당연히 나를 보호해야 할 법이 나를 옭아매는 구실밖에 못 했다.

　나는 2년여에 걸쳐 교도소 생활을 하면서 상습적으로 교도소 생활을 하는 사람들을 많이 보았다. 심지어 교도관들도 상습적으로 교도소에 들어오는 사람들을 가리키며 "저 사람들이 교도소 주인이고 우리는 손님"이라고 말하기도 했다. 교도소에 있는 많은 사람들은 사회에 적응하기 어려운 사람들로서 다시 교도소에 들어올 수밖에 없는 사람들이다. 교도소는 우리 사회를 유지하기 위해 법이 만들어 놓은 강제적인 장치다. 교도소는 우리가 살고 있는 사회의 다른 한 면이며 이 사회의 그림자라고 할 정도로 이 사회와 분리할 수 없는 기관이다.

　우리 사회에 사는 사람들은 교도소와는 거리가 먼 사람들과 교도소에 상습적으로 출입하는 사람들로 나누어 볼 수 있다. 교도소에 자주 드나드는 사람들은 대체로 가난하고 교육받지 못한 사람들이다. 교도소하고 거리가 먼 사람들은 대체로 사회로부터 혜택받은 사람들이나 기득권을 가진 사람들이다. 한쪽 사람들은 법의 보호를 받아 안전하고 자유롭게 사는 사람들이고 다른 사람들은 법에 의해 강제로 교도소에 갇혀서 사는 사람들이다. 어떤 사람들에게는 법이 자유와 안전의 보루가 되고 어떤 사람들에게는 법이 억압과 지배의 사슬이 된다.

　율법으로부터의 자유를 선언하는 그리스도의 복음은 이러한 두

부류의 사람들 사이의 벽을 헐고 서로 화해시켜서 하나가 되게 하는 복음이다. 교도소 생활을 반복해야 하는 악순환을 끊는 힘이 바로 복음의 능력이다. 이 악순환을 끊기 위해서는 먼저 권력자들과 부자들의 기득권과 위계질서가 깨어져야 한다. 율법은 이 기득권과 위계질서를 지켜 주는 구실을 한다. 당시 갈라디아교회에서는 율법주의자들이 교인들에게 할례받을 것을 종용했다. 할례는 이스라엘 사람들의 민족적 특권과 우월성을 나타내는 것이었다. 이스라엘 민족만이 하나님 나라에 들어갈 수 있으므로 이방 그리스도인들도 할례를 받아서 이스라엘 사람이 되어야 하나님 나라에 들어갈 수 있다고 율법주의자들은 주장한다. 바울은 이들의 주장이 복음의 핵심을 해친다는 것을 알고 혼신의 힘을 다해 이들과 싸웠다. 바울에 의하면 할례와 같은 인간적인 기득권이나 우월성을 버리는 데서 바로 그리스도인의 자유가 성립된다. 그런 것을 버린 사람들만이 하나님 나라를 상속받을 수 있다.

끝으로 그리스도는 우리를 자기 자신과 율법적인 사고에서 해방시켜 모든 인간의 종이 되도록 하였다. 그리스도 안에 있는 사람은 어떤 인간에게도 예속되어 있지 않지만, 모든 인간에게 사랑의 빚을 지고 있다. 가족·친구·교인들에게만이 아니라 지금 고통당하고 굶주리고 슬퍼하는 사람들에게 더욱 사랑의 빚을 지고 있다. 지금 강도 만난 사람을 돕지 않고 외면하고 지나가는 사람은 그리스도인의 자유는커녕 인간이기를 포기한 사람이다. 이웃의 아픈 외침에 귀를 기울여야 한다. 이 외침에 귀를 막는 자는 그리스도인의 자유가 없는 사람이다. 일상생활 속에서 고통당하는 이웃들의 소리 없는 외침에 귀를 기울여야 한다. 진실과 정의를 지키려다 고난당하는 사람들의 외침, 공사장 인부들의 신음, 공장 노동자들과 농민들의 아픈 소리에 귀를 열자. 고통당하는 이웃들을 향해 움직이는 교회가 되자.

25. 불의한 권력에 복종할 수 없다

사람은 누구나 다 위에 있는 권세에 복종해야 합니다. 모든 권세는 하나님께로부터 온 것이며 이미 있는 권세들도 하나님께서 세워주신 것이기 때문입니다. 그러므로 권세를 거스르는 사람은 하나님이 정하신 것을 거스르는 것이며 따라서 거스르는 그 사람은 자기에게 내릴 심판을 각오해야 합니다. 선한 일을 행하는 사람들에게는 통치자가 두려울 것이 없고 악을 행하는 자에게만 두려움이 됩니다……… 그는 당신의 유익을 위하여 일하는 하나님의 일꾼입니다. 그러나 당신이 악한 일을 행하면 두려워할 수밖에 없습니다. 그는 공연히 칼을 차고 있는 것이 아닙니다. 그는 하나님의 일꾼으로서 악을 행하는 자에게 하나님의 진노를 집행하는 사람입니다. 그러므로 다만 진노를 두려워해서만이 아니라 또한 양심을 위해서도 복종해야 합니다. ……그들은 하나님을 섬기는 자들로서 이 한 가지 임무에만 종사하고 있습니다. 그러므로 여러분은 그들에게 여러분의 의무를 다해야 합니다. 조공을 바쳐야 할 자에게는 조공을 바치고, 세금을 바쳐야 할 자에게는 세금을 바치고, 두려워할 자를 두려워하고, 존경할 자를 존경해야 합니다. (로마서 13장 1~7절)

지나간 2천 년 동안의 교회사에서 위에 인용된 성경 구절만큼 논란의 대상이 되고 악용되었던 구절도 없을 것이다. 교회사에서 많은 교회 지도자들이 이 구절을 내세워서 교회와 권력의 야합을 정당화하고 어용 교회를 옹호했다. 어떤 교회들은 이 성경 구절에 의거해서 안심하고 군사정권을 비호하며, 군사정권에 대해서 비판하는 교회 지도자들을 정치 목사니, 정치 신부라고 매도해 버린다.

과거에 김종필이 국무총리로 있을 때, 공화당 정권에 비판적인 교회들에 대해서 이 구절을 들이대며 교회는 반정부적인 발언을 해서는 안 되고 정부를 존경해야 한다는 식으로 말한 적이 있다. 그러나 교회사에서 이 구절은 정반대로 정치 권력을 거부하고 부정하는 열광적이고 무정부적인 입장을 정당화하는 것으로 이해되기도 했다. 이처럼 같은 구절을 가지고 서로 전혀 다른 입장이나 서로 반대되는 주장을 내세우는 데 이용해 왔던 것이다.

오늘처럼 정치가 국민의 생활 구석구석까지 침투하고 개인적인 의식이나 생활을 지배하게 된 시대에는 위에 인용된 사도 바울의 말이 더욱 심각한 문제를 일으킨다. 현대사회에서는 경제·사회·문화·종교 등 모든 국면에 정치가 영향을 미치지 않는 부분이 없다. 심지어 학문·예술·영화·스포츠에 이르기까지 정치의 입김이 깊이 스며들어 있다. 쌀값·소값·과일값·농산 물가·노동자 임금·세금이 정부의 정책에 의해 좌우되며, 모든 생활필수품과 상품에는 국가의 세금이 매겨져 있다. 국민의 생활 전체가 정치화된 것이다.

전제 군주 시대나 봉건영주시대에는 정치적인 억압과 경제적인 수탈을 직접 받기는 했지만, 일반 국민의 삶은 정권으로부터 어느 정도 자유로울 수 있었다. 고기 잡는 어부, 농사짓는 농부, 산에서 약초를 캐거나 나무를 해서 사는 사람들의 일상생활은 관리들과 직접 부딪칠 일이 훨씬 적었다. 오늘처럼 산업화가 이루어진 시대에는 국민의 생활이 그물망처럼 서로 연결되어 있고 서로 의존하게 되었다. 옛날에는 아버지가 농사지어서 밥을 먹여 주고 어머니가 길쌈해서 옷을 입혀 주었다. 그러나 오늘에는 농사지어 쌀을 제공하는 것은 아버지가 아니라 농촌에 있는 농부들이고, 옷감을 만들어 옷 입혀 주는 것은 어머니가 아니라 방직 공장 여공들과 제품 공장 미싱사들이다.

이렇게 국민의 생활이 서로 의존하고 서로 얽혀 있기 때문에 국민의 사회생활을 관리하고 계층들 사이의 이해관계를 조절하는 일이 필요하게 되었다. 그래서 행정 조직이 통·반조직에 이르기까지 조직화되고, 국회와 노동조합이 구성되었다. 이렇게 국민의 생활을 관리하는 정부의 기능을 바르게 이해하는가 하는 것이 참으로 중요하다. 정치라는 것 자체가 좋아서가 아니라 우리의 생활을 휘감고 있기 때문에 신앙과 교회의 관점에서 이 문제를 정리하고 밝힐 필요가 있다. 전체적으로 이 성경 구절은 권력에 복종하고 권력에 대한 의무를 충실히 이행하라는 내용을 담고 있다. 정치 권력을 가진 자들을 무시해서는 안되고 존경해야 한다는 것이다. 그러나 이 성경 구절을 일반적인 진리나 영구불변의 교리처럼 생각하는 것은 큰 잘못이다.

우선 이 성경 구절은 바울의 다른 서신들에 나오는 내용과 차이가 있다. 「고린도전서」 6장 1절 이하에서 바울은 교회 내부의 문제는 교인들 사이에서 해결해야지 법정에 호소해서는 안 된다고 말한다. 세상 법정은 이교도의 법정이라고 낮게 평가한다. 마지막 때에는 교회의 성도들이 세상을 심판하게 될 것이라고 함으로써 교회의 성도들이 세상 법정, 즉 정치 권력보다 우위에 있음을 분명히 밝힌다. 더 나아가서 세상의 법관들은 교회가 멸시하는 자들이라고 한다. 교회의 성도들이 세상 법관보다 우위에 있고, 교인들 사이의 분쟁을 세상 법정에 맡겨서는 안 되며, 교회가 세상 법관들을 낮추어 보았다. 더욱이 「사도행전」을 보면 사도 바울은 로마 관헌들에게 모진 매를 맞고 박해를 당하며 감옥에 갇혔다. 로마의 관리들은 뇌물을 좋아하는 부패한 자들이다(사도행전 17장 9절, 24장 26절).

그런데 위에 인용된 성경 구절에서 바울은 권력자들의 어두운 면을 전혀 언급하지 않는다. 권력자들이 권력의 횡포를 저지를 때도 무조건, 무한정 권력자들을 존경해야 하는가? 권력자들이 하나님의 뜻을 거스르고 하나님에게 항거할 수도 있다는 사실에 대해서 바울은 완전히 침묵한다. 따라서 이 구절에서 바울은 특수한 의도를 가지고 있으며, 어떤 구체적인 문제를 염두에 두고 있다고 보아야 한다. 여기서 바울은 세상의 정치 질서를 완전히 무시하고 권력자들을 멸시하는 경솔한 열광주의자들에게 경고하고 있다. 교회 안에서 열광주의자들이 문제를 일으키고 있었던 것이다.

교회는 이 세상 나라들에서 하나님 나라로 부름을 받은 자들의 공동체다. 교회는 이 세상 안에 살지만, 이 세상에 속하지 않고 하나님 나라에 속해 있다(요한복음 17장 16절). 그리스도인들은 하나님 나라 시민권을 가졌다고 주장했다. 그래서 일부 그리스도인들은 하나님 나라 시민권을 너무 내세우다가 이 세상 안에서 살고 있다는 것을 잊고 세상 질서를 무시하고 무정부주의적 언행을 일삼았다. 이 세상 나라는 곧 끝장이 날 것으로 생각한 그들은 로마 체제와 관리들에게 불손한 태도를 취했다.

당시의 정세로 보면, 이런 태도는 지극히 위험한 것이었다. 로마제국은 거대한 세계 제국을 이루었고 군사력은 막강했는데, 당시 그리스도 교회는 그야말로 갓 태어나 강보에 싸인 어린 아기와 같이 미미한 존재였고 수적으로 한 줌도 안 되는 보잘것없는 세력이었다. 더욱이 로마제국의 수도 로마 안에 있는 교회 공동체가 괜히 로마법과 로마 관리를 업신여기고 경멸하는 언동을 한다는 것은 섶을 지고 불 속에 뛰어드는 것처럼 위험한 행동이었다. 더욱이 이제 막 태어난 교회 공동체는 로마제국으로부터 공인을 받지도 못했고, 공인을 받은 합법 종교인 유대교로부터 갖은 모략과 박해를 받고 있었다. 이런 상황에서 하나님 나라 시민권을 가졌다고 하여 세상 권력과 질서를 우습게 여기고 자유방임적 태도를 취하는 자들에게 충고할 필요가 있었다.

바울은 이런 상황을 절실히 깨닫고 주의 깊게 경고한다(이렇게 신중한 바울도 결국 로마 법에 의해 처형되었다). 하나님 나라 시민권을 가졌다고 해도 교회는 이 세상 안에서 살기 때문에 최소한으로 이 세상 질서를 존중해야 한다. 하나님이 태초에 혼돈을 극복하고 창조 질서를 수립했다는 창조 신앙에 비추어 보더라도 무정부주의는 용납될 수 없다. 모든 생명 활동은 최소한의 법칙적 질서를 필요로 한다. 특히 인간의 사회적 활동은 복잡하게 서로 연결되어 있기 때문에 질서와 질서를 관리하는 권력이 필요하다. 더욱이 인간의 이기적 성향 때문에 질서를 유지하는 권력이 요청된다. 이런 여러 가지 이유 때문에 사도 바울은 로마에 있는 교회 공동체에게, 특히 경솔하게 무정부주의적 언동을 하는 열광주의자들에게 권위에 복종해야 한다고 충고한다.

그러나 본문의 내용을 자세히 살펴보면 또 다른 측면이 있음을 알 수 있다.

첫째, 모든 권력은 하나님이 준 것이라는 사실이 강조되었다. 「로마서」 13장 1~2절에는 "모든 권력은 하나님이 세워준 것"이라는 말이 세 차례나 나오고 있다. 이것은 모든 권력이 하나님에게 속해 있고, 하나님에게 봉사하는 것임을 말해 준다. 이점이 강조된다면 이 본문을 가지고 불의한 정권을 비호 할 수 없다.

둘째, 통치자는 자명하게 선이나 양심과 동일시되고 있다. 그러나 어느 사회나 어느 시대에도 통치자를 선이나 양심의 화신이라고 말할 수는 없다. 선하고 양심적인 통치자보다는 악하고 부패한 통치자가 훨씬 더 많다. 바울이 이 사실을 잘 알면서도 통치자를 선과 양심의 수호자처럼 이야기한 것은 이 구절을 무분별하게 악용해서는 안 된다는 점을 말해 주는 것이다. 그의 말은 선과 양심의 수호자 역할을 하는 한에서만 통치자를 존중하라는 것이다. 통치자가 악을 행하고 부정을 저지를 뿐 아니라 악과 부정을 강요할 경우에도 통치자를 존경하고 복종하라는 말은 결코 아니다. 이렇게 왜곡되는 것을 방지하기 위해서 바울은 거듭 "통치자는 여러분의 이익을 위해서 일하는 하나님의 심부름꾼이며……하나님의 벌을 대신 주는 사람"이라고 한다. 통치자가 이런 역할을 하는 한 존경받아야 한다. 그러나 통치자가 국민의 이익을 해칠 뿐 아니라 악마의 심부름꾼 노릇을 할 때는 존경할 게 아니라 항거하고 거부해야 한다.

그리고 오늘 정치 권력에 대한 생각은 바울이 살던 시대와는 근본적으로 달라졌다. 그 당시에는 모든 권력이 형이상학적으로 하늘에 근거한 것이며 신으로부터 부여받은 것으로 생각되었다. 따라서 모든 권력은 신적인 것으로서 백성들 위에 있는 것으로 여겼다. 그러나 민주 사상과 제도가 확립된 오늘에는 모든 권력이 국민에게서 나왔고, 모든 권력은 국민을 위한 것이라는 원칙이 법적으로나 사상적으로 확립되어 있다. 그렇다면 바울의 말을 약간 고쳐서 모든 권력은 국민에게서 나온 것이며, 모든 국민은 하나님에게 속해 있다고 말할 수 있다. 모든 통치자는 하나님의 심부름꾼이기 이전에 국민의 심부름꾼이며 국민의 권익을 위해서 국민의 심부름꾼 노릇을 잘 할 경우에만 하나님의 심부름꾼이 될 수 있다.

그러면 국민의 인권을 유린하고 국민의 권익을 해치는 불의한 정권은 어떻게 해야 할 것인가? 부정부패와 위선으로 가득 찬 정권이나 국민의 권익을 짓밟는 정권은 하나님에게 속한 정권이 아니라 하나님의 적대자가 되는 정권이다. 그리스도인은 마땅히 이런 정권과 싸워야 한다. 「고린도전서」 15장 24절에서 바울은 마지막 날에 그리스도가 모든 권위와 세력과 능력의 천신들을 물리치고, 그 나라를 하나님 아버지에게 바칠 것이라고 말한다. 교회의 머리인 그리스도가 결국 모든 권세를 물리치고 새로운 통치권을 하나님 아버지에게 바친다는 것이다. 예수를 십자가에 못 박은 이 세상의 불의한 통치자들은 하나님의 아들 예수를 십자가에 못 박음으로써 자신들의 통치권을 스스로 부정한 셈이다. 모든 권력은 하나님에게 속한 것인데, 통치자들이 하나님의 아들을 죽였기 때문이다. 예수의 십자가 죽음에서 모든 인간은 모든 정치 권력으로부터 자유로워진다. 그러나 무정부주의로 빠지지 않고 불의한 정치 권력과 싸우며 하나님 나라를 향해 나아갈 수 있는 힘과 용기를 예수의 십자가 죽음과 부활에서 얻는다.

26. 바람직한 교회상

> 그리스도는 많은 지체를 가진 한 몸과 같습니다. 몸은 하나지만 많은 지체가 있고 몸의 지체는 많지만 한 몸인 것같이 우리는 유대사람이든 헬라사람이든 종이든 자유인이든 한 성령으로 세례를 받아 한 몸이 되어 모두 한 성령을 마시게 되었습니다. (고린도전서 12장 12~13절)

해방 후 한국교회는 양적으로 급격히 팽창했다. 교회의 십자가가 서지 않은 곳이 없고, 큰 도시마다 교회당이 구멍가게처럼 흔해졌다. 거대하고 화려한 교회 건물들이 즐비하게 세워지고 있다. 그러면 교회는 제 구실을 하고 있는가? 교회에 대한 신용과 기대는 갈수록 떨어지고 있다. 겉은 요란한데 속은 비어 있다. 해야 할 일을 못하고, 있어야 할 곳에 있지 않은 것이 오늘 한국교회의 현실이다. 그래서 "교회란 본래 무엇이고 무엇을 해야 하는가?"라는 물음을 진지하게 묻게 된다. 교회의 본래적인 자리를 되찾고 맡은 본분을 다하기 위해 먼저 교회가 무엇인지 알아보자.

그리스도는 교회의 머리고, 교회는 그리스도의 몸이다. 교회의 토대는 그리스도다. 교회는 예수 그리스도의 하나님 나라 운동을 이어받은 것이다. 참된 교회가 무엇인지 알려면 예수 그리스도의 삶과 가르침을 살펴보아야 한다. 예수의 삶과 가르침에서 교회를 위한 몇 가지 원칙을 이끌어 낼 수 있다.

첫째, 예수는 죄인들과 사귀었다. 예수는 세리와 창녀가 의로운 하나님 나라에 먼저 들어간다고 선언했다. 생각이 서로 다르고 성격이 서로 다른 사람들, 지위와 신분이 서로 다른 사람들이 함께 사귀고 모두 하나가 되어야 한다는 것이 예수의 가르침이다. 서로 다른 사람들의 사귐, 이것이 예수가 선포한 하나님 나라의 첫째 원칙이며 교회의 첫째 원칙이다.

그러나 세상의 원칙은 비슷한 사람들끼리 사귀는 것이다. 끼리끼리 사귀는 원칙, 유유상종의 원칙에 따라 세상 사람들은 살아간다. 의로운 사람은 의로운 사람끼리, 죄인은 죄인끼리, 자유인은 자유인끼리, 노예는 노예끼리 살아가는 것이 사회생활의 기본 원칙이었다. 그리스 고대 철학의 기본 원칙도 비슷한 것에 의해서 비슷한 것이 인식된다는 것이었다. 즉, 내가 푸른 나무를 볼 수 있는 것은 푸른 나무와 비슷한 요소가 내 눈 속에 있기 때문이라는 것이다.

성경은 이와 전혀 다르게 가르친다. 처절하게 고통스럽고 치욕스러운 십자가를 통해 하나님의 위대한 사랑이 알려진다. 죄가 많은 곳에 은혜가 넘친다. 성경은 거룩한 하나님과 추한 죄인의 만남을 얘기한다. 서로 다른 것을 통한 인식, 서로 다른 이들과의 사귐이 신앙의 원칙이다. 생각이나 성격의 차이를 넘어서서 사귐을 가질 수 있을 때, 지위와 신분의 벽을 넘어서서 친교를 나눌 수 있을 때, 인간의 삶은 더욱 깊고 풍성해진다. 인종과 문화의 차이를 극복하고, 계급과 신분의 차이를 넘어서서 종과 자유인이 한데 모여 한 성령으로 한 몸을 이룬 것이 교회였다.

오늘 교회는 학벌이나 지위가 비슷한 사람들끼리 모여서 친교를 나누는 사교 집단으로 전락할 위험이 있다. 가난하고 무식한 사람들이 편안한 마음으로 교회에 나을 수 없는 것이 오늘의 현실이다. 교회의 문턱이 점점 높아져서 교회는 사회적으로 비슷한 사람들끼리 모이는 장소가 되어 간다. 이것은 교회가 아니다. 교회는 서로 다른 사람을 사랑하고 용납할 수 있는 자리다.

둘째, 예수는 항상 버림받은 자와 소외된 자를 찾아 나선다. 잃은 양의 비유에서 이런 예수의 모습이 잘 나타난다. 양 백 마리 가운데 한 마리를 잃어버리면, 목자는 아흔아홉 마리를 들에 버려두고 한 마리를 찾아 가시밭길·벼랑 길을 찾아 헤맨다. 한 마리를 찾으면 어깨에 메고 돌아와 기쁨에 넘친 잔치를 베푼다. 온 관심이 잃은 양 한 마리에 쏠려 있다. 모든 것이 잃은 양 한 마리에 달려 있다. 잃지 않은 아흔아홉 마리보다 잃은 양 한 마리가 더 소중한 것처럼 목자는 행동한다. 이것은 합리적 계산을 뛰어넘는 초월적인 사랑이다.

자기 개인의 욕심이 채워지면, 자기 가정의 행복만 이뤄지면, 세상이야 어찌 되어도 좋다고 생각하는 사람들이나 대를 위해서는 소를 희생시켜야 한다고 보는 사람들에게는 목자의 행동이 어리석게만 여겨질 것이다. 그렇다. 이것은 어리석은 사랑이다. 이러한 사랑은 어리석지만 조건 없는 초월적인 사랑이다. 예수의 이러한 어리석은 사랑에는 공동체적 생명의 깊은 진리가 담겨 있다. 잃어버린 자를 그대로 버려두고서는 인간이 인간으로 될 수 없다. 상처받고 버림받은 사람을 외면할 때, 나는 인간이기를 포기한 것이며 인간 이하로 된 것이다. 잃어버린 자를 방치할 때, 공동체의 참된 토대도 무너진다. 소외된 자들을 외면하는 공동체는 공동체의 결속과 유대를 포기하는 것이고, 결속과 유대를 포기한 공동체는 해체된다.

한 사람을 버릴 수 있는 공동체는 백 사람도 버릴 수 있다. 한 사람의 아픔에 대해 동정하지 않는 공동체는 죽은 공동체다. 무능한 인간, 소외된 인간을 얼마나 잘 돌보는가에 따라 그 사회의 성숙도를 가늠할 수 있다. 지적 장애인·지체장애인·고통받는 자들을 사랑으로 감싸 줄 때, 그들을 안아주는 이들은 그들을 구원한다기보다 오히려 그들을 통해 구원을 받게 된다. 교회는 고통받고 버림받은 사람들과 함께 사랑과 믿음, 기쁨과 희망, 정의와 평화가 가득한 세상으로 나아갈 수 있다.

이런 의미에서 우리의 사회는 버려진 인간들을 통해 구원받고 완성된다. 버림받은 자들의 고통 속에 그리스도의 십자가가 있고, 이 십자가를 통해 이 세상의 구원은 이루어진다. 교회는 잃은 자에 대한 초월적인 사랑에 근거한 공동체다. 이러한 교회는 사랑을 증거하고 실현하는 공동체다. 언제나 잃은 자를 찾아 나서는 교회, 잃은 자를 찾았을 때 온 세상을 얻은 것처럼 기뻐하는 교회가 되어야 한다. 잃어버린 영혼에 대한 열정이 식은 교회, 자기들 가운데 안주하는 교회는 닫힌 교회며 죽은 교회다.

셋째, 예수는 자신의 뜻을 위해서가 아니라 하나님의 뜻을 위해 살았다. 예수는 처음부터 끝까지 자신의 주장을 관철시키려 한 적이 없고, 언제나 하나님의 뜻을 이루기 위해 헌신했다. 겟세마네 동산에서 죽음을 앞두고 예수는 "내 뜻대로 하지 마시고 하나님의 뜻대로 하시라."고 기도했다.

교회는 자신들의 주장과 관심을 관철시키는 곳이 아니라 하나님의 뜻을 이루기 위해 헌신한 이들의 공동체다. 교회는 하나님의 영광을 드러내는 데서 기쁨과 보람을 얻는 공동체다. 특권을 누리기 위해 주도권을 잡아 볼 속셈으로 교회에 오는 사람은 교회를 근본적으로 파괴하는 자다. 교회는 자기 욕심과 주장을 누르고 하나님에게 자신을 드리는 곳이다. 교회는 우리의 생각과 뜻을 드리고 우리의 몸까지 바치는 곳, 우리의 삶 전체를 바치는 곳이다. 우리 삶의 원천이며 목적인 하나님에게 거룩하게 예배드리는 곳이다.

사도 바울이 "유대 사람이든 헬라 사람이든 종이든 자유인이든 한 성령으로… 한 몸이 되어 모두 한 성령을 마시게 되었다."고 말한 것처럼 초대 교회는 이런 원칙들을 지켰다. 부자와 가난한 자들이 한 덩어리가 되어 한 몸으로 살았다. 로마 제국 시대의 교회는 가난하고 힘없는 사람들을 돕고 받아들이는 거의 유일한 기관이었다. 가난한 사람들이 교회에서 주인 노릇을 할 수 있었다.

중세에 이르기까지 교회는 가난한 자들에게 지대한 관심과 노력을 기울였다. 교황 심플리키우스는 465년부터 교회 수입의 1/4을 가난한 자들에게 쓰도록 규정했다. 교회는 그레고리우스 교황 시대(590~604년)에 이르기까지 빈민층을 보호하기 위해 고리대금 행위에 반대하여 귀족들의 저항을 무릅쓰고 열렬히 투쟁하였다. 결국 7세기에는 고리대금 행위를 금지하는 교회법이 제정되었다. 고대와 중세에는 고리대금 행위가 가장 중요한 수탈 방식의 하나였다.

이런 고리대금 행위를 금지하는 법을 제정함으로써 교회의 영향력은 날로 커 갔다. 교회는 역사적으로 사회적으로 선도적 역할을 했다. 새로 건립된 게르만 국가들도 교회법을 추종해서 시민법을 제정하게 되었다. 박해를 받으면서도 교회가 로마 제국을 정복할 수 있었던 것은 단지 설교를 잘해서가 아니었다. 가난하고 소외된 자들에 대한 실천적인 봉사와 노력이 교회의 선교에서 큰 몫을 차지했던 것이다. 그런데 교회가 세상 권력과 결탁해서 부자 교회로 됨으로써 교회는 가난한 자들과 등지게 되었다.

교회의 이런 세 가지 원칙을 실현하기에 적합한 오늘의 교회 형태는 무엇인가? 우선 기존의 세 가지 교회 형태에 대해 살펴보자.

첫째, 중세 가톨릭의 교권주의적 형태가 있다. 중세 가톨릭교회에서는 교황과 주교들이 절대적인 교권을 가지고 교인들 위에 군림했다. 교인들은 성직자들을 통해서만 하나님과 만날 수 있었다. 성경을 읽고 해석할 수 있는 권한도 성직자들에게만 있었다. 인간의 권력은 타락하기 마련이다. 성직자들의 교권 아래서 가톨릭교회는 말할 수 없이 부패하고 타락하게 되었다.

둘째, 교역자를 인정하는 개신교의 일반적 형태가 있다. 마틴 루터는 대담하게 교권을 거부하고 만인 사제설을 주장했다. 이에 의하면 성직자만이 아니라 모든 교인들이 하나님과 직접 만날 수 있다. 루터는 라틴어로 된 성경을 쉬운 독일어로 번역했으며, 모든 교인들이 자유롭게 성경을 읽고 해석할 수 있다고 했다. 그러나 루터도 설교를 하고 성례전을 거행하고 성경을 가르칠 목사들의 직책까지 부정하지는 않았다. 목사들은 교인들 위에 군림하는 존재가 아니라 교인들과 동등한 존재로서 설교·성례전(세례식), 성경 교육을 담당한 교역자들이다.

셋째, 교역자 없는 평신도 교회가 있다. 우찌무라 간죠는 일본교회의 타락상을 보고 교회 혁신을 주장하면서 무교회주의를 표방했다. 무교회주의는 루터의 종교 개혁 정신을 더 철저히 발전시켜서 교역자나 성례전을 부정하고 오직 개인의 신앙만을 내세웠다. 우찌무라 간죠는 제2차 세계대전 때 일본기독교인들 가운데 유일하게 전쟁을 반대했을 정도로 개인적인 신앙 양심이 훌륭했다. 그러나 그의 개인주의적 교회관은 두 가지 점에서 잘못된 것 같다. 첫째, 구약성경과 신약성경은 개인주의적 사상이 아니라 공동체적 사상을 갖고 있다. 구약성경은 개인을 중요하게 여기지만 어디까지나 이스라엘 백성에게 집중해 있고, 이스라엘 백성과 관련 해서만 개인들이 의미 있다고 본다. 신약성경에서도 교인들은 개인들로서 부름을 받지 않고 그리스도의 몸으로서, 하나님의 백성으로서, 즉 공동체로서 부름을 받는다. 둘째, 복잡하고 거대한 현대 산업 사회에서 개인주의적 교회 형태는 적합하지 않다. 이런 산업 사회에서 효과적으로 선교하기 위해서는 교인들의 집단적이고 공동체적인 결속이 요청된다. 다양한 선교 기관과 단체들이 서로 협력해야 한다.

오늘 한국에서 바람직한 교회 형태를 모색하는 데 몇 가지 지침을 제시하겠다.

①평신도 교회 : 성직자가 교인들 위에 있는 권위주의적 교회 형태도 아니고, 교역자 없는 무교회주의적 교회 형태도 아니다. 교역자

는 교인들 뒤에서 격려하고 조언하는 역할을 하고, 교회 선교와 봉사 활동에서 교인들이 주동이 되는 형태가 바람직한 평신도 교회 형태다. 교회 안에서나 교회 밖에서 교인들이 할 일은 얼마든지 있다. 교회 안팎의 과제를 위해 효율적으로 움직일 수 있는 체제가 모색되어야 한다.

②선교하는 교회 : 한국교회는 처음에 주로 하층민을 중심으로 성장해 왔다. 그런데 60년대·70년대·80년대를 거치면서 한국교회는 중산층화되었고, 빈민 계층과 공장 노동자들은 교회에서 탈락 되었다. 중산층 교회의 성장은 전체적으로 보면 어느 정도 한계에 이른 것 같다. 인류사회가 그렇지만 한국사회도 갈수록 돈이 아주 적은 수의 사람들에게 집중되고 많은 사람이 가난으로 내몰리고 있다. 빈민층과 노동자층의 수가 많은 것을 생각할 때, 이 둘의 선교를 지원하는 일이 중요하다. 교회 예산의 1/4 이상을 소외된 자들을 돕는데 쓸수 있어야 한다.

③에큐메니칼한 교회 : 세계 교회의 정신을 함께 호흡할 수 있는 교회, 이 땅의 다른 교회들과 보조를 맞출 수 있는 교회여야 한다. 민주화와 통일이라는 민족적 사명을 위해 그리고 세계평화와 정의를 실현하기 위해 국내외의 다른 교회들과 연대해야 한다.

④거룩한 예배를 드리는 교회 : 그저 설교나 듣고 마는 교회가 아니라 몸과 마음과 뜻을 다 바쳐 예배드리는 교회여야 한다. 일상적인 생활의 틀을 깨고, 낡은 자아를 벗어버리고, 거룩한 초월을 맛볼 수 있는 예배를 드려야 한다. 자유와 기쁨 넘치는 초월의 시간이 되도록 모두 노력하자. 아무리 세상이 세속화되었다 해도 교회는 하나님의

초월적인 사랑을 맛보는 곳이어야 한다. 하나님과 사랑 속에서 하나로 되고 말씀으로 깨끗해지며 성령에 의해 활력을 얻는 교회가 되어야 한다.

27. 새 인간

그러므로 내가 주 안에서 증거 삼아 말하는 것은 이것입니다. 이제부터 여러분은 이방 사람들처럼 헛된 생각을 가지고 살지 마시오. 그들의 지각은 어두워졌고 하나님이 주시는 생명에서 멀리 떨어졌습니다. 그것은 그들 속에 있는 무지와 그들 마음의 완고 때문입니다. 그들은 감각을 잃고 그들 자신을 방탕에 내맡겨 탐욕을 부리며 온갖 더러운 일을 하고 있습니다. 그러나 여러분은 그리스도를 그렇게 배우지는 않았습니다. 여러분은 확실히 예수에 대하여 들었고 예수 안에 있는 진리 그대로를 예수 안에서 배웠습니다. 그러므로 여러분은 옛 생활을 따르는 낡은 인간성, 곧 정욕에 속아 썩어져가는 옛 인간성을 벗어 버리고 마음의 영이 새로워져서 진리에 근거한 의와 거룩함으로 지으심을 받아 하나님의 형상을 본뜬 새 인간성을 입으시오. (에베소서 4장 17~24절)

자기 안일과 쾌락을 위해서는 수단과 방법을 가리지 않는 사회가 되었다. 내 욕망을 채우기 위해서 내가 편해지기 위해서 예사로 사람을 죽이는 사회가 되었다. 모두 자기를 위해서 산다. 남의 형편이나 처지를 생각할 여유를 갖지 못한다. 내가 앞서기 위해서 남을 가차 없이 짓밟아 버린다. 모두 자기만을 섬기며 산다. 자기 외에는 심각하게 생각할 것이 아무것도 없다. 자기만을 생각하고 남을 생각하지는 않기 때문에 이 세상은 지옥이 돼가고 있는 것이 아닐까?

이 세상에 죄 없는 자는 하나도 없다고 했다. 이 세대의 범죄에 대하여 나는 아무 관련이 없다고 말할 수 있는 사람이 누구인가? 이 세대가 저지르는 추악한 범죄들은 이 세대를 지배하고 있는 구조악에서, 시대정신과 풍조에서 나온 것이다. 아담의 범죄로 온 인류에게 죄가 들어와 인류를 지배하게 됐다고 바울은 말했다. 온 인류는 모두 죄 아래 있다. 이 세대가 저지르는 추악한 모든 범죄들에 대하여 우리는 공범자다.

「에베소서」 4장 17절은 말한다. "여러분은 이방 사람들처럼 헛된 생각을 가지고 살지 말라." 이 세대 사람들은 자신의 허망한 꿈속에서 살고 있다. 돈을 모으기 위해서, 좀 더 높은 지위를 얻기 위해서, 쾌락을 누리기 위해서 그들은 정신없이 헤매고 있다. 그들은 돈이나 지위가 참된 행복을 가져다줄 수 없다는 것을 생각하지 못한다. 그들은 이 허망한 것들 때문에 눈이 멀었다. 그래서 그들은 양심이나 윤리나 체면을 돌볼 여유를 잃고 분별력을 상실했다. 그들은 참된 생명에서 멀리 떠나 버렸다. 서로 물고 뜯고 미워하고 손으로는 피를 흘리는 사람들에게 하나님의 생명이 어떻게 주어질 수 있나? 이런 사람들은 하나님의 기쁨이나 평안을 맛볼 수 없다. 이 세대는 하나님의 진리에 대하여 무지하다. 이들은 마음이 완고하여 허망한 길에서 돌아서지 않고 있다.

「에베소서」 4장 19절에서 말하는 바와 같이 이 세대는 분별력을 잃고 그들 자신을 방탕에 내맡겨 온갖 더러운 일을 하고 있다. 또한 「에베소서」 4장 20절에선 "여러분은 그리스도를 그렇게 배우지는 않았다."라고 말한다. 여러분은 확실히 예수에 대하여 들었고, 예수 안에 있는 진리 그대로를 예수 안에서 배웠다. 그러므로 여러분은 옛 생활을 따르는 낡은 인간성, 곧 정욕에 속아 썩어져 가는 옛 인간성을 벗어 버리고 마음의 영이 새로워져서 의와 거룩함으로 지으심을 받아 하나님의 형상을 본뜬 새 인간성을 입으라고 말한다.

예수 안에서 새 인간성이 나타났다. 그는 세상에 섬김을 받으러 온 것이 아니라 섬기러 왔다. 옛 인간이 증오의 인간이었다면, 예수는 사랑의 인간이었다. 사랑받을 가치가 없다고 여겨지는 인간들을 극진히 끝까지 사랑했다. 십자가는 다른 모든 사람들을 위한 고난의 상징이다. 십자가는 지극한 사랑의 표지다. 여러분은 그리스도를 어떻게 배웠나? 여러분은 예수 안에서 무엇을 배웠는가?

첫째, 사랑을 배웠다. 아무도 돌아보지 않는, 사랑받을 가치가 전혀 없어 보이는 인간들을 예수는 자기 몸처럼 사랑하였다. 이들을 위해서 십자가에 달리는 것도 거절하지 않았다. 마음을 다해서 하나님을 사랑하고 이웃을 자기 몸같이 사랑하라고 가르쳤다. 십자가에서 자신을 욕하고 저주하는 자들을 위해서 기도하였다. 원수까지 사랑했다. 스데반도 돌에 맞아 죽을 때, 무릎을 꿇고 "주님 이 죄를 저 사람들에게 돌리지 마옵소서."라고 기도했다. 칼릴 지브란이 쓴 「인간의 아들 예수」에 보면 예수는 막달라 마리아에게 이렇게 말한다.

**다른 사람들은 자신들을 위해서 너를 사랑하지만,
나는 너를 위해 너를 사랑한다.**

그렇다. 너를 위해 너를 사랑하는 것이 예수의 사랑이다. 그리고 그 사랑만이 우리를 새롭게 할 수 있는 사랑이다. 그 사랑만이 증오를 몰아낼 수 있는 사랑이다. 증오로는 증오를 몰아낼 수 없다. 나의 어설픈 사랑으로도 세상의 증오는 물러가지 않는다. 그리스도의 사랑이 내 속에서 불붙을 때 증오의 힘은 극복된다. 십자가의 사랑이 증오의 세력을 이겼다는 것을 믿어라.

둘째, 예수 안에서 평화를 배웠다. 예수가 탄생했을 때, 많은 천군·천사들이 "지극히 높은 곳에서는 하나님께 영광이요, 땅에서는 주께서 기뻐하시는 사람들에게 평화로다."고 노래했다. 예수는 처음부터 평화의 왕으로 났다. 산상수훈에 따르면, 평화를 위하여 일하는 사람은 하나님의 자녀다. 예루살렘에 입성할 때 예수는 평화의 상징인 나귀 새끼를 탔다. 나귀 새끼를 타고는 전쟁을 할 수 없다. 예수는 평화의 복음을 선포하였다. 지금 세계에서 무기를 만드는데 1년에 수천억 달러가 소모되고, 1년에 굶거나 영양실조로 죽는 사람은 수만 명에 달하고 있다. 우리는 예수가 가르쳐 준 평화를 세상에 전해야 하겠다.

셋째, 예수는 온 생애를 남을 위해서 살았다. 말하자면 예수는 남을 위한 존재였다. 옛 인간은 자기만을 위한 존재였다. 옛 인간을 벗고 예수의 존재에 참여하자.

넷째, 예수는 우리를 빛의 자녀라고 했다. 어둠으로는 어둠을 몰아내지 못한다. 어둠을 몰아내는 것은 빛이다. 이 어두운 세대에 길을 밝히는 횃불이 돼야 한다. 어둠을 밝히기 위해 횃불은 자신을 태운다. 어둠을 사르는 횃불이 되자. 여러분은 빛의 자녀다. 빛은 무엇인가? 빛은 깨끗하다. 빛은 아름답다. 빛은 정의롭다. 왜냐하면 불의한 것을 밝혀 주기 때문이다.

다섯째, 그리스도가 고통당하는 자들을 위해 살았듯이 이제는 우리도 그리스도와 함께 고통당하는 자들을 위해 살아야 한다. 나의 도움이 필요한 사람들에게 항상 마음을 열어 놓고 있어야 한다.

여섯째, 무슨 일을 만나든지 감사하고 늘 기뻐하고 쉬지 말고 기도하라. 사도 바울이 감옥에서 쓴 「빌립보서」는 기쁨의 서신이다. 2장 15~18절, 4장 4절, 4장 10~13절에는 감옥에 갇힌 바울의 기쁨이 잘 나타나 있다. 불행이 닥치거나 행운이 닥쳐도 흔들리지 말자. 불행이 닥쳤다고 절망에 빠지고 행운이 왔다고 오만해지는 것은 하나님을 믿지 않고 자신을 믿기 때문이다. 절망은 오만의 뒷면에 불과한 것이다. 그리스도 안에 있는 자에게는 절망도 오만도 없다. 원죄는 하나님을 믿지 않고 자신을 믿는 데서 성립된다. 절망이나 오만은 원죄 다시 말해서 자신에 대한 믿음에서 싹터 오른 줄기다. 자기 밖의 실재를 믿을 때 감사와 기쁨과 기도가 나온다.

어떻게 하면 옛 인간성을 벗어 버리고 새 인간성을 입을 수 있을까? 새 인간이 되기 위해서는, 새로 태어나기 위해서는 회개해야 한다. 회개한다는 것은 돌아선다는 말이다. 허망한 욕심에 눈이 멀어서, 정욕에 속아서 쫓아갔던 길에서 돌아서야 한다. 그 길은 사망으로 이끄는 길이요, 허무한 데 이르는 죄의 길이다. 이 세대는 폭포를 향해 흘러가는 배 안에서 허무한 잠에 빠진 사람과 같다. 아니면 이 세대는 주변의 경치에 흘려서 천 길 되는 죽음의 폭포가 앞에 있는 것을 모르는 사람과 같다. 우리 사회의 위선과 불의, 부패와 구조악 속에서 자기 안일에 빠져 사는 길은 필경 자신도 파멸에 이를 뿐 아니라 사회도 파국으로 치닫는 길이다.

증오와 죽음에 이르는 길에서 돌아서자. 나 자신의 죄와 이 세대의 죄를 통회의 눈물로 회개하자. 피 묻은 손을 가슴속에 흐르는 통회의 눈물로 씻고 평화의 악수를 나누자. 굳게 닫았던 마음의 문을 활짝 열고 그리스도를 영접하자. 내 마음의 보좌는 그리스도가 차지해야 한다. 그리스도가 내 마음의 보좌에 앉으면, 내 마음은 새로워진다. 그리스도는 증오를 몰아내고 사랑으로 다스린다. 그리스도의 사랑의 지배를 받아들이면 우리는 사랑의 백성이 되는 것이다. 그러면 더 이상 자신을 위해 살지 않고 그리스도와 함께 남을 섬기는 사람이 된다. 그리스도가 내 마음에 오면 나는 새 인간성을 입게 된다. 그리스도가 십자가에 달렸을 때, 옛 인간성은 십자가에 못 박힌 것이다. 그리고 그리스도의 부활과 더불어 정욕에 속아 썩어져 가는 옛 인간성은 죽고 새 인간성을 입게 되는 것이다.

혼자 힘으로는 새 인간이 될 수 없다, 마치 늪에 빠진 사람이 자신을 건질 수 없듯이. 나의 절망과 오만은 낡은 인간인 나 자신의 그림자다. 내가 내 그림자를 뛰어넘을 수 없듯이 나는 내 절망과 오만을 뛰어넘을 수 없다. 우리의 마음은 닫힌 무덤과 같다. 큰 바위로 굳게 닫힌 무덤처럼 우리 마음은 열릴 줄 모른다. 그리스도는 닫힌 우리의 마음속에 머물지 않는다. 그리스도가 우리의 마음 문을 열고 고통받는 민중의 현장으로 우리를 부른다. 편견과 욕심 때문에 멀었던 눈을 열어 민중의 고통을 보게 하고, 아집과 무관심 때문에 막혔던 귀를 열어 민중의 소리를 듣게 한다. 그리스도는 우리와 민중 사이에 막힌 벽을 헐어 서로 만나게 한다. 이 만남 속에서 우리는 그리스도인으로, 새 인간으로 태어난다

28. 산 제물

그러므로 형제들이여, 나는 하나님의 자비를 힘입어 여러분에게 권합니다. 여러분의 몸을 하나님이 기뻐하실 거룩한 산 제물로 드리시오. 이것이 여러분이 드릴 영적 예배입니다. 여러분은 이 세대의 풍조를 따르지 말고 오히려 마음을 새롭게 함으로 변화를 받아 하나님의 선하시고 기뻐하시고 온전하신 뜻이 무엇인지를 분별하도록 하시오. (로마서 12장 1~2절)

사도 바울은 율법에 충실한 바리새파였다. 그는 유대교 전통에 충실했기 때문에 성전과 율법을 무시하는 그리스도인들을 박해하는 데 앞장섰다. 그는 스데반을 처형하는 데 가담했을 뿐 아니라, 다메섹에 있는 그리스도인들을 체포할 수 있는 권한을 받았다. 그리스도인을 체포하려고 다메섹으로 가다가 바울은 그리스도 예수를 만나 율법주의에서 벗어났고 자유로운 은총의 세계를 알게 되었다. 바울은 철저한 유대교인에서 철저한 그리스도인이 되었다. 그처럼 열심

히 그리스도인을 박해하던 사람이 이제 박해받는 그리스도인이 된 것이다.

인생의 방향에 일대 전환을 일으킨 바울은 동지였던 유대인들로부터 끝없는 박해를 받게 되었다. 바울이 전도 여행을 하는 곳마다 유대인들이 방해했다. 유대인들이 로마 당국에 바울을 모함해서 바울은 매도 많이 맞았고 감옥살이도 많이 했다. 바울은 마음이 아팠다. 자기를 박해하고 못살게 구는 유대인들이 미워서 마음이 아픈 게 아니라, 유대인들과 적대 관계에 있게 된 것이 괴로웠다. 이전에 동지였고 지금도 같은 겨레인 유대인들로부터 버림받고 박해받는 것은 참으로 슬픈 일이었다. 그러나 그보다 더 가슴 아픈 일은 유대인들이 그리스도와 그리스도의 복음을 적대하고, 그들이 하나님의 구원에 동참하지 못하게 되는 것이었다. 이스라엘 백성이 구원받을 수 있다면, 바울은 자신이 그리스도에게서 끊어져도 좋다고 말했다.

바울은 이스라엘의 구원에 대해 말했다. 하나님이 이스라엘 백성을 택해 구원의 역사를 시작했는데, 지금 이스라엘 백성은 구원받지 못하고 이방인이 구원받게 된 것은 어떤 일일까? 이방인 그리스도인이 구원받게 된 것은 이스라엘의 구원 역사에 접붙임을 받은 것이니 이스라엘 백성에게 감사하라고 그는 말한다. 비록 불순종했기 때문에 이스라엘 백성이 구원의 역사에서 끊어졌지만, 언젠가는 이스라엘 백성이 회복되어 하나님의 구원에 참여하게 될 것이라고 말한다.

바울에 따르면 하나님이 모든 사람을 불순종에 가둔 것은 그들에게 긍휼을 베풀기 위한 것이다. 불순종에 빠진 사람을 정죄하지 않고, 그들을 하나님의 은혜와 긍휼에 맡긴다. 죄 많은 사람에게 더 큰 은혜가 내리고 불순종에 빠진 이스라엘 백성을 결국 구원으로 이끄는 하나님의 역사 경륜을 바울은 찬양한다.

오, 하나님의 부요와 지혜의 깊음이여.

하나님의 깊은 뜻과 경륜을 찬양한 후 다음과 같은 말이 뒤따른다.

**그러므로 형제들이여, 나는 하나님의
자비를 힘입어 여러분에게 권합니다.**

'형제들이여'는 좋은 부름 말이다. 바울은 '형제들'이란 부름말을 자주 사용한다. 사도로서, 가르치는 자로서, 많은 교회를 설립한 자로서 바울은 거들먹거리지도 않고 지나치게 자기를 비하하지도 않는다. '형제들'이라고 부름으로써 신분적인 차이나 상하 관계는 부정된다. 나는 당신과 대등한 사람이라는 것을 나타낸다. 왕과 신하, 장군과 졸병, 주인과 노예의 신분 질서가 엄격했던 시대에, 모든 교인들에게 '형제들'이라고 부른 것은 혁신적인 일이다. '형제들'이란 말속에는 인간은 모두 평등하다는 진리가 담겨 있다.

우리 말에는 지나치게 신분 차이를 강조하는 말들이 많다. 자기를 가리키는 말에도 나·저·소인이 있고, 상대를 가리키는 말에도 너·자네·그대·당신·어르신 등이 있다. 상대의 신분에 따라 말꼬리도 다르다. 예를 들면 ~해라·~하게·~하오·~하소서 등이 있다. 기독교가 우리나라에 들어와서 신분 차이를 넘어서서 서로 형제라 부르고 남녀가 평등하다는 것을 밝힌 것은 큰 공로라고 생각된다. 말은 생각과 정신을 담는 그릇이다. 신분 차이를 나타내는 말들을 쓰면 생각과 정신도 그렇게 된다. 기독교가 이 땅에 전파되어 지위가 높고 낮은 것을 가리지 않고 형제라고 부른 것은 이 나라에 새 역사를 펼친 것이다. 그리스도인은 서로 형제라고 부름으로써 인간 위에 인간 없고 인간 아래 인간 없는 나라를 이루어 나가야 한다.

그리고 형제들이란 말속에는 하나 됨의 의미가 있다. 형제는 혈연으로 굳게 결속되어 있음을 나타낸다. 형제는 같이 먹고 같이 사는 공동 운명체. 형제 관계는 핏줄로 이어진 관계이므로 끊을 수 없다. 그리스도인들은 서로 형제라고 불렀다. 피로 맺어진 형제가 아니라, 그리스도 안에서 하나님의 사랑으로 맺어진 형제다. 바울은 만나 본 일 없는 로마의 그리스도인들을 형제라고 부른다. "만나본 일은 없지만 우리는 서로 하나입니다."라고 바울은 말한 것이다.

우리는 서로 동등하고 서로 하나라는 뜻을 담은 부름 말은 얼마나 좋은 부름 말인가! 세상 사람들은 세도를 부리고 몰인정하지만, 그리스도인은 그래서는 안 된다는 뜻이 '형제들이여'란 말 속에 담겨 있다. 이렇게 좋은 말이기 때문에 나쁜 사람들도 이 말을 쓴다. 사람들을 강제로 가둬 놓고 짐승처럼 학대하며 죽이는 생지옥을 만들어 놓고도 이름은 '형제 복지원'이라고 한다. 말은 '형제 복지원'이라니 얼마나 좋은 말인가? 말이 진실하지 않으면 영혼에 상처를 주고 사회의 신뢰 관계를 무너뜨린다.

로마 교회의 교인들에게 바울은 하나님의 자비를 힘입어 권면한다. 사람이란 누구나 상처받기 쉽고 자존심이 강하다. 사람이 사람과 직접 부딪쳤다가 상처받으면 마음을 굳게 닫아 버린다. 자존심을 잘못 건드리면 관계가 완전히 깨질 수 있다. 그래서 그리스도인은 기도하는 마음으로 사람을 대해야 한다. 가까운 사람일수록 상대방을 하나님에게 맡기고 기다릴 수 있어야 한다. 내가 상대방을 좌우하려고 할 때, 나는 상대를 잃게 된다. 상대를 하나님에게 맡기는 것은 상대를 존중하는 것이다. 세상 사람들은 직접 명령하고 직접 복종한다.

그러나 그리스도 안에서는 직접 명령하고 직접 복종하는 일이 없다. 그래서 바울은 하나님의 자비에 힘입어 권면한다. 상처받은 죄인을 더욱 사랑하는 하나님의 자비, 상한 갈대도 꺾지 않고 꺼져 가는 심지도 끄지 않는 하나님의 자비에 힘입어 권면한다. 불순종에 빠져 하나님의 구원 사업을 훼방하고 박해하는 이스라엘 백성에게까지 긍휼을 베푸는 하나님의 자비에 힘입어 바울은 권면한다. 권면을 받는 이들도 하나님의 자비에 힘입어 권면을 받아들인다. 바울은 위에 인용된 성경 본문 첫째 절에서

여러분의 몸을 하나님이 기뻐하실 거룩한 산 제물로 드리시오. 이것이 여러분이 드릴 영적 예배입니다.

라고 권면한다.

몸은 흙으로 빚어졌으며, 흙에서 나온 곡식과 푸성귀를 먹고 산다. 그러나 몸은 단순한 흙이 아니다. 그것은 영혼을 담는 그릇이며, 영혼과 하나로 결합 된 것이다. 죽으면 다시 흙이 되지만, 살아 있는 동안에 몸은 영혼과 하나로 결합 된다. 몸과 정신이 따로 있는 게 아

니다. 정신과 영혼만을 하나님에게 바치면 되는 게 아니다. 몸과 영혼을 갈라놓을 수도 없지만, 하나님은 우리의 몸과 영혼을 모두 원한다. 생각만 투철하고 정신만 온전하면 된다는 주장은 잘못이다. 신앙생활도 그렇다. 마음속에 좋은 신앙을 가지고 있으면, 몸이야 어떻게 해도 좋다는 말도 잘못이다. 마음이 있는 곳에 몸이 있고, 몸이 있는 곳에 마음이 있다. 그래서 바울은 몸을 산 제물로 드리는 것이 영적 예배라고 한다. 하나님에게 몸을 드리는 것이 영적 예배다.

몸을 산 제물로 드린다는 것은 무슨 뜻인가? 옛날에는 짐승을 제물로 바쳤다. 인간의 죄와 허물을 씻기 위해서, 민족공동체의 속량을 위해서 양이나 소를 희생 제물로 바쳤다. 그러나 이제 그리스도가 십자가에 달림으로써 예수 자신이 모든 사람을 위한 희생 제물이 되었으므로 성전 종교는 폐지되었다. 희생 제물을 통하지 않고 직접 하나님과 관계하게 되었다. 이제 하나님께 무엇을 드려야 할까? 만물의 근원이며 지순한 사랑의 원천인 하나님에게 가장 크고 소중한 것을 드려야 한다. 바울이 몸을 제물로 바치라고 한 것은 생활 전체를 바치라고 한 것이다. 일부는 바치고 일부는 자신을 위해 남겨 놓는 것이 아니라, 내가 가진 모든 것, 아니 나의 생활 자체를 바치는 것이다. 어떻게 하는 것이 하나님이 기뻐할 거룩한 산 제물을 드리는 것인가? 둘째 절에서 바울은 대답을 주고 있다.

여러분은 이 세대의 풍조를 따르지 말고 오히려 마음을 새롭게 함으로 변화를 받아 하나님의 선하시고 기뻐하시고 온전하신 뜻이 무엇인지를 분별하도록 하시오.

히브리 말로 '거룩하다'는 말은 '구별된다'는 의미를 지닌다. 어떻게 무엇과 구별되는가? 성경에 의하면 하나님만이 거룩하며, 피조물은 거룩한 하나님과 관련될 때 거룩하다. 인간이 하나님을 떠나 살 때, 인간은 죄인이며 인간의 삶은 거룩하지 않다. 하나님을 떠나 사는 삶은 방향도 없이 목적도 없이 제 욕심대로 사는 삶, 하나님의 말씀은 듣지 않고 제 고집 제 주장대로 사는 삶이다. 이것은 세상의 풍조를 따라 사는 삶이다.

세상 사람과 함께 흘러가는 삶은 속된 삶이요, 세상과 아무 구별도 되지 않는 삶이다. 하나님의 뜻을 거스르고 하나님을 떠나 사는 속된 세상에서 그리스도인은 세상 풍조를 거슬러서 하나님을 향해 가야 한다. 오늘의 삶 속에서 하나님의 말씀을 듣고 하나님을 맞아들여야 한다. 하나님과 함께하는 삶이 거룩한 삶이다. 그것은 항상 하나님에게 돌아가는 삶이며 우리를 찾아오는 하나님을 맞아들이는 삶이다. 하나님과 함께하는 삶은 고독하고 힘들지만, 은혜가 넘치는 삶이요, 축복 가득한 삶이다.

하나님과 함께하는 삶은 무엇인가? 봉사하고 섬기는 삶이다. 교회를 섬기고 이웃을 섬기는 삶이다. 남을 기쁘게 하고 편케 해주는 삶이다. 외로운 사람을 격려하고 상처받은 사람을 돌보는 삶이다. 그것은 나를 초월하는 삶이요, 나에게서 자유로워지는 삶이다. 바울은 "마음을 새롭게 함으로 변화를 받아라."고 한다. 마음을 새롭게 할 수 있을까? 프로이트에 따르면 사람의 성격이 3~4세에 확립되면 바뀌지 않는다. 우리 속담에도 세 살 버릇 여든 간다는 말이 있다. 마음을 새롭게 한다는 것은 어려운 일이다. 불교에서는 새사람이 되기 위해 가족 관계까지 끊고 산에 들어가 평생 자신과 싸운다. 마음의 집착을 끊고 새사람이 되기 위해 온갖 고행을 다 한다.

마음을 새롭게 하는 일이 이처럼 어려운 일인데, 어떻게 보통 사람이 마음을 새롭게 해서 변화를 받을 수 있을까? 그리스도교에서는 자신과 싸워서 새사람이 될 수 있다고 하지 않는다. 오히려 혼자 힘으로 새사람이 되려고 하는 것은 불신앙이라고 신학자 칼 바르트는 말한다. 하나님의 능력으로만 그리스도의 은혜에 힘입어서만 새사람이 될 수 있다. 하나님과의 관계 속에서 새사람이 되고 마음의 변화가 일어난다. 그리스도 안에서 그리스도와 함께 죽고 그리스도와 함께 살아나서 새사람이 되는 것이다. 하나님의 말씀을 듣고 그 말씀이 내 속에서 살아 움직일 때 나는 변화된다. 그리스도인은 그리스도와의 관계 속에서 끊임없이 새로워져야 한다. 그리스도인은 깊어지고 성숙해지기는 해도 늙지는 않는다. 몸은 낡아지더라도 마음은 갈수록 새로워진다. 그리스도 안에서 늘 새로워지는 삶이 그리스도인의 축복이다. 말씀으로, 복음의 빛으로 늘 푸른 삶을 살자.

바울은 하나님의 선하고 기뻐하고 온전한 뜻을 분별하며 살라고 한다. 하나님의 뜻이 언제나 분명한 것은 아니다. 사람마다 하나님의 뜻을 다르게 주장하기도 한다. 나 자신도 하나님의 뜻이 어떤 것인지 분간하기 어려울 때가 많다. 그러나 개인적이고 세부적인 일들에서는 혼동이 있을 수 있어도, 역사와 사회의 근본 문제에 관한 하나님의 뜻은 분명하다. 억눌린 자를 풀어 주고, 굶주린 자를 배부르게 하고, 하나님의 정의가 강같이 흘러 억울한 사람이 없게 하는 것이 하나님의 뜻이다. 이 세상에 하나님의 뜻이 이루어지도록 우리의 몸을 산 제물로 바치자. 우리 손으로 봉사하고, 우리 입으로 사람들 사이에 평화가 오게 하고, 우리 발로 어려운 사람들을 찾아가자.

29. 생명을 살리는 새 사람, 새 문명

> 누구든지 그리스도 안에 있으면, 그는 새로운 피조물입니다. 옛것은 지나갔습니다. 보십시오, 새것이 되었습니다. (고린도후서 5장 17절)

코로나바이러스로 온 세계가 몸살을 앓았다. 현대 인간의 문명 때문에 자연생태계는 파괴되고 죽어간다. 코로나 전염병은 인간에 의해 파괴되고 죽어가는 자연생태계에서 나온 것이다. 코로나 전염병은 파괴되고 죽어가는 자연 생명 세계가 인간과 인간 문명에게 주는 경고이고 호소다. 죽어가는 자연생명세계의 앓는 소리, 비명소리가 들린다. 인간과 자연생명세계는 병들어 죽어가고 있다. 자연생명세계가 인간에게 이렇게 호소하는 것 같다. "인간아 너는 우리를 죽일 뿐 아니라 너 자신을 죽이고 있다. 너는 죽고 있다. 너 자신을 보아라. 생명을 죽이는 이 문명을 바꿔라. 자연생명세계를 살리고 너 자신을 살리려면 너의 삶을 바꿔라, 삶의 길과 방향을 바꿔라. 인간아, 너 자신을 바꿔라!"

기독교 신앙은 나를 새롭게 바꾸는 신앙이다. 기독교 신앙의 핵심은 예수와 함께 죽고 예수와 함께 다시 사는 것이다. 그리스도 안에 있으면 새로운 피조물이다. 내가 새롭게 창조되는 것이다. 예수께서는 마가복음 1장 15절에서 이렇게 말씀하셨다. "때가 찼고 하나님의 나라가 가까이 왔으니 회개하고 복음을 믿으라." 회개하고 새 사람이 되어서 새 나라로 들어가라는 것이다. 기독교는 회개하고 새 사람이 되어서 생명을 살리는 새 시대, 새 문명을 열어가는 종교다.

오늘의 문명은 한 마디로 영혼이 없는 문명이다. 본래 서양문명의 뿌리는 기독교와 헬레니즘이다. 기독교는 하나님과 영혼을 높이는 종교이고 헬레니즘은 존재와 가치의 고결한 이념을 추구하는 형이 상학이다. 서양문명의 사명은 영혼을 살리는 기독교 신앙과 과학적이면서 고결한 이상을 추구한 그리스의 형이상학을 통합하는 데 있었다. 기독교의 영성신앙과 그리스의 이성철학을 통합해야 이성과 영성을 통합하는 온전한 인간에 이르고 온전한 생활문명을 형성할 수 있었다.

그러나 서양문명은 그리스의 이성철학과 기독교의 영성신앙을 통합하지 못했다. 중세는 이성을 가지고 기독교 교리를 정당화하는 데 그쳤다. 근현대는 과학기술과 이성 철학이 기독교 신앙을 학문의 세계에서 추방하였다. 영혼을 살리는 하나님 신앙도 진선미의 고결한 이념을 추구하는 형이상학도 제거되었다. 그래서 서구 문명의 철학은 물질론과 기계론으로 쪼그라들었다. 서양의 대표적 철학자 들뢰즈는 생명체를 '욕망하는 기계'라 하고 인간을 '생각하는 기계'라 했다. 생명과 인간을 기계로 본 것이다. 물질은 죽은 것이고 기계는 영혼이 없는 것이다. 물질론과 기계론에 사로잡힌 사람들은 우주와 생명과 인간을 죽은 물질로, 영혼 없는 기계로 본다. 인간과 생명을 물질과 기계로만 보면 얼마든지 파괴하고 죽일 수 있다. 생명과 역사를 연구하는 학자들조차도 물질론과 기계론에 사로잡혀서 영혼과 하나님, 의미와 목적을 말하지 못하게 되었다.

고결한 이념과 목적을 잃어버리고 영혼이 없는 현대문명은 부국강병과 약육강식의 국가주의 문명을 낳았다. 부유하고 강한 나라를 추구한 국가주의 문명은 인간을 생명과 영혼으로 보지 않고 나라의 주인과 주체로 보지 않았다. 국민을 그저 노동자와 군인으로 보고 인간을 국가의 자원으로 쓰고 버렸다. 부유하고 강한 국가가 되기 위해서 식민지쟁탈전을 벌이고 1~2차 세계대전을 벌였다. 약한 나라, 약한 민족을 정복하고 수탈했다. 이러한 국가주의 문명은 입시경쟁 교육에 의해 강화되고 지탱된다. 입시경쟁 교육을 받은 사람들은 서로가 서로에게 경쟁자가 되고 적이 되었다. 여성은 남성을 혐오하고 남성은 여성을 혐오한다. 학생이 선생을 때리고 희롱하고 모독한다. 쉽게 자살하고 쉽게 살인을 한다. 형제를 죽이고 자기도 죽는 죽음의 문명이 되었다.

일제의 식민통치 아래 살던 한민족이 일으킨 삼일 독립운동은 단순한 정치적 독립을 넘어서 생명을 살리는 새 인간, 새 문명을 선언한 운동이다. 삼일운동은 부국강병의 국가주의 문명에 맞서 도의와 평화의 새 시대를 선언하고 창의적이고 고결한 문화의 삶을 선언했다. 삼일독립선언서는 이렇게 말한다.

아! 새 하늘 새 땅이 눈앞에 펼쳐졌다. 위력의 시대가 가고 도의의 시대가 왔다. 과거 한 세기 내 갈고닦아 키우고 기른 인도적 정신이 이제 막 새 문명의 밝아오는 빛을 인류 역사에 쏘아 비추기 시작하였다. 새봄이 온 세계에 돌아와 만물의 소생을 재촉하는구나....우리의 본디부터 지녀온 권리를 지켜 온전히 하여 생명의 왕성한 번영을 실컷 누릴 것이며, 우리의 풍부한 독창력을 발휘하여 봄기운 가득한 천지에 순수하고 빛나는 민족문화를 맺게 할 것이다.

온 민족이 일어나 나라의 독립과 새 시대, 새 문명의 도래를 선언했다. 중국혁명의 지도자 진독수는 삼일운동이 "위대하고 간절하며 비장하고 명확한 관념이 있으며 민의(民意)로 무력을 사용하지 않았고 세계 혁명의 신기원(新紀元)을 열었다."고 말했다. 독립운동가 박은식은 삼일운동이 전쟁과 폭력의 국가주의를 넘어서 상생과 평화의 세계 문명을 시작하는 인류문명의 신기원이라고 했다. 삼일운동은 신분과 특권의 낡은 전통과 굴레를 깨트리고 자유와 평등을 실현하는 민주 혁명운동이다.

삼일운동은 위대한 운동이었다. 그러나 삼일운동이 새사람이 되어 새 생활을 하는 운동으로 이어지지 않으면 과거의 운동으로 끝나고 만다. 촛불시위도 장엄하게 일어났지만 새 인간 새 생활 운동으로 이어지지 않으면 지나간 일이 되고 만다. 삼일운동은 갑자기 우연히 나온 것이 아니다. 삼일운동은 20여 년의 새 문명 운동, 새사람 운동, 새 민족운동 끝에 나왔다. 삼일운동에 앞서 독립협회와 신민회의 운동이 있었다. 독립협회와 신민회는 국민을 나라의 주인으로 깨워 일으키는 국민교육 운동을 일으켰다. 특히 안창호가 이끈 신민회는 인간을 새롭게 하고 민족을 새롭게 하는 운동을 일으켰다.

안창호는 미국에서 한인 동포들을 조직하고 교육하여 공립협회를 만들었다. 공립협회의 강령과 목적은 '민이 서로 단합하고 보호하자'는 것이다. 안창호는 민이 깨어 일어나서 서로 단합하고 보호하는 것이 부국강병, 새 문명의 뿌리와 씨라고 하였다. 이것은 국가주의 문명을 뿌리채 뒤집고 민주 공화의 나라를 위한 새 문명, 새 국가의 이념과 토대를 놓은 것이다. 안창호는 인간을 새롭게 하고 환경을 새롭게 하는 새 생활 운동을 일으켰다. 민이 서로 단합하고 보호하기 위하여 새사람이 되는 공부, 새 민족이 되는 공부, 서로 사랑하는 공부를 하자고 하였다.

안창호는 새 인간 새 생활 운동의 원리와 방법을 제시하고 실천하였다. 삼일운동은 안창호의 신민(新民) 운동에서 나왔다. 안창호와 이승훈의 신민 교육운동을 비롯하여 많은 교육자들이 민족교육운동을 줄기차게 벌였다. 이러한 민족 교육 운동의 결과로 10대 후반에서 30대 초반에 이르는 6~70만 명의 젊은이들이 새로운 교육을 받았다. 새 교육을 받은 이들이 삼일운동의 주역이 되었다. 삼일운동의 정신적 배경이 되는 신민 운동은 민족을 새롭게 하고 나를 새롭게 하는 운동이다. 안창호는 내가 나 자신을 바꾸는 공부, 내가 새롭게 되는 공부, 서로 사랑하는 공부를 해야 한다고 하였다. 새사람이 되고, 새 나라를 만드는 공부 끝에 삼일운동이 나왔다. 생명을 살리는 문명을 지으려면 새 사람, 새 문명이 되는 공부를 해야 한다.

우리 민족은 생명을 살리는 새 사람이 되어 새 문명을 이룰 수 있는 민족이다. 우리 민족은 아프리카에서 밝고 따뜻한 삶을 찾아서 아시아 대륙의 해 뜨는 동쪽 끝까지 온 민족이다. 이 길고 험한 여정에서 한민족은 하늘을 우러르고 그리워하는 마음, 강인한 생명력과 생명 사랑의 마음을 지니게 되었다. 해 뜨는 아름다운 아침의 나라를 꿈꾼 우리 겨레는 하늘의 높은 이념을 지녔다. 한국의 전통 종교 유교, 불교, 도교는 몸과 맘을 갈고 닦는 수행종교이고 생활을 알뜰하고 정성스럽게 하는 생활 종교다. 한 마디로 한국의 전통 종교들은 몸을 공부하고 맘을 공부하는 종교, 삶을 공부하는 종교다.

우리는 공부하는 종교의 전통을 물려받았다. 아시아 한국의 이런 마음 밭을 가지고 우리는 영혼을 살리는 기독교의 하나님 신앙과 진선미의 고결한 이념을 추구하는 그리스의 형이상학을 통합할 수 있다. 이성과 영성을 통합해야 감성과 이성과 영성을 온전히 실현하고 발휘하는 문명을 만들 수 있다. 고결한 이념과 고귀한 영혼을 가져야 민주 공화의 나라를 이룰 수 있다. 이미 안창호, 이승훈, 유영모, 함석헌의 사상과 철학을 통해서 삼일운동과 촛불시위를 통해서 우리는 감성과 이성과 영성이 통합된 새로운 사람이 되어서 생명을 살리는 새로운 문명을 지을 수 있는 힘과 자격을 확인하였다.

하나님은 우주와 생명과 인간을 왜 창조했을까? 물질, 생명, 정신을 공부하여 그 진리와 가치를 깨달아 알고 참되게 살라고 창조한 것이다. 햇빛, 공기, 물, 흙이 소중하고 아름다운 것은 생명이 되어야 알수 있다. 이 우주에 생명이 없다면 햇빛, 공기, 물, 흙은 아무 가치도 쓸모도 없이 떠도는 물질에 지나지 않는다. 생명에게 햇빛, 공기, 물, 흙은 얼마나 필요하고 값지고 아름답고 고마운 것인가! 생명이 소중한 것은 욕망과 감정을 가져봐야 알 수 있다. 감정이 소중한 것은 생각과 뜻에 이르러야 안다. 생각과 이념은 영의 세계, 하늘에 비추어야 알 수 있다. 결국 하나님께 나아가서 하나님을 알게 되어야 모든 것을 알고 느끼고 깨닫고 이룰 수 있다.

하나님을 아는 지식이 모든 지식의 근원이고 목적이다. 믿지만 말고 알고 깨닫고 체험하고 이루는 신앙과 철학에 이르러야 한다. 인생은 공부하러 나온 것이다. 하나님이 생명 진화와 인류 역사를 통해서 인간의 몸과 맘속에 땅의 물질에서 하나님께 이르는 사다리, 무지개를 놓아주었다. 우리의 몸과 맘속에 하나님께 이르는 사다리가 있다. 공부하면서 이 사다리를 타고 땅의 물질에서 하늘의 하나님께로 올라가야 한다. 영혼을 살리고 높이는 공부, 하나님께 이르는 공부를 하자. 새사람이 되어 생명을 살리는 새 문명을 이루자.

30. 배에서 생수가 강물처럼 흐를 것이다

> 명절의 가장 중요한 날인 마지막 날에, 예수께서 일어서서, 큰 소리로 말씀하셨다. "목마른 사람은 다 나에게로 와서 마셔라. 나를 믿는 사람은, 성경이 말한 바와 같이, 그의 배에서 생수가 강물처럼 흘러나올 것이다." 이것은, 예수를 믿은 사람이 받게 될 성령을 가리켜서 하신 말씀이다. 예수께서 아직 영광을 받지 않으셨으므로, 성령이 아직 사람들에게 오시지 않았다. (요한복음 7장 37~39절)

사람의 몸은 7~80%가 물이다. 몸의 물질구성으로 말하면 '나'는 물이다. 인류문명의 젖줄은 강물이다. 생명은 물과 직결되어 있다. 예수는 배에서 생수가 강물처럼 흘러나올 것이라고 했다. 생수는 성령을 뜻한다. 물이 생명에 꼭 필요하듯이 성령은 인간의 삶에 꼭 필요한 것이다. 물이 있어야 살듯이, 성령이 있어야 인간의 정신, 영혼이 산다.

예수는 초막절에 이 말씀을 했다. 먼 옛날 이스라엘 선조들은 이집트를 탈출한 다음 한 동안 들에서 생활했다. 초막절은 선조들이 들에서 했던 생활을 기념하는 절기다. 초막절에 유대인들은 빈들에서 초막을 짓고 지냈다. 빈들에서 초막을 치고 사는 것은 소유, 권력, 지위를 떠나서 관념과 사상을 떠나서 몸과 자연의 삶으로 돌아가는 것이다. 빈들에는 아무 막힘도 없고 유혹도 없다. 확 뚫려 있고 두루 통한다. 거기서 몸과 맘만 가지고 하나님과 직접 만난다. 빈들에서 하늘바람이 불어오고 생기가 넘치고 말씀이 들려온다. 예수는 젊은 농부 목수다. 예수는 지위, 소유, 권력이 없고, 가정도 집도 없는 들 사람이었다. 자연과 이웃의 생명과 직통하고 하나님과 직통하는 들 사람이었다. 그에게는 영의 생수가 넘치고 생기가 가득하고 말씀이 충만했다.

왜 예수는 배에서 생수가 강물처럼 흐른다고 했을까? 배로 번역된 그리스어 κοιλία는 배, 내장, 창자를 뜻한다. 말씀도 영도 배까지 내려와야 내 몸과 맘을 움직이는 힘이 있다. 배는 몸 전체를 나타낸다. 머리에 있는 말은 관념에 그친다. 관념의 말로는 납득을 시킬 수 있으나 감동을 주지는 못한다. 사람을 감동시켜 움직이려면 내가 먼저 가슴에서 감동하고 움직여야 한다. 그러나 가슴에서 움직이는 말로는 오래 가지 못한다. 가슴의 감정은 일시적이다. 감동을 해도 실천에 이르지 못하는 경우가 많다. 오래 가고 실천에 이르려면 배까지

가야 한다. 몸과 삶에서 우러나는 말이어야 몸을 움직이고 맘을 움직여서 손과 발로 행동하게 할 수 있다.

공자도 군자의 배움(君子之學)과 소인의 배움(小人之學)을 구별했다. 소인배의 배움은 귀로 들어가서 입으로 바로 나오는데 귀와 입 사이는 사촌(四寸) 10cm밖에 안 된다. 군자의 배움은 귀로 들어가서 온몸에 퍼져 손과 발로 나온다. 참된 공부는 몸에 배는 공부, 몸에 통하는 공부다. 특히 신학공부는 몸에 배고 맘에 통하는 공부가 되어야 한다.

한신대학의 설립을 주도한 장공 김재준 목사는 나이 80에 이르러 "우리 혈맥에 뿌리박은 신학"을 구상하고, "한국 민족과 역사에 토착화한 종교"로서 기독교가 우리 민족의 모든 생활의 활력소가 되기를 염원하였다. 기독교 복음과 신앙이 우리 몸과 맘에 배어들고 녹아들어야 한다. 생활신앙이 되어야 한다. 김재준은 사변적인 머리와 논리만의 신학자가 아니라 삶과 혼이 녹아든 실천적인 신학자였다. 그는 평생 글쓰기를 했다. 지칠 줄 모르는 그의 글쓰기는 "쓰지 않고서는 배겨낼 수 없는 뜨거움이 내 뼛속에 숯불을 피우고 있었기 때문"이다. 그의 글은 삶과 믿음의 체험적 깨달음에서 우러난 것이다.

김재준도 말씀을 몸으로 받아들일 것을 강조한다. '말씀을 색인다'는 글에서 김재준은 말씀을 먹어서 소화하여, "내 생각, 내 감정, 내 생활, 내 행동으로 되게 해야 한다."고 말했다. "하나님의 말씀이 내 말로 되어 내 몸, 내 삶으로 고백되어야 한다...말씀을 먹는다는 말은 예수를 먹는다는 말이 된다." 김경재는 장공의 이런 말이 혁명적인 발언이라고 높이 평가한다. 김경재는 장공의 발언을 이렇게 풀이한다. "예수의 생명은...각자(예수를 믿는 자들)의 생명체 안에서 다시 한

번 육화되며 점차로 신자들의 삶 속에 형상화되어야 한다."

　밥도 지식도 말씀도 막히면 체한다. 막히면 죽는다. 숨이 막히면 죽는다. 식도나 창자가 막혀도 죽는다. 핏줄이 막혀도 죽는다. 숨이 코와 목에서 허파를 거쳐 배까지 잘 통해야 생기가 나온다. 밥이 식도에서 밑까지 잘 내려가고 피가 잘 돌아야 몸이 편하고 몸에 힘이 난다. 지식과 생각도 머리서 발끝까지 잘 통하고 뚫려야 정신에 힘이 난다. 성경 말씀이 머릿속에만 머물지 않고 머리서 발끝까지, 손끝까지 통해야 한다. 머리서 발끝까지 막힘없이 확 뚫려야 시원한 바람이 불고 생수가 강물처럼 솟는다.

　예수 안에서 말씀이 육신이 되었다. 육화되지 않은 말씀은 참 말씀이 아니다. 육체와 말씀이 일체가 되어야 참 말씀이고 생명을 살리는 말씀이다. 예수는 말씀이 몸이 되고 몸이 말씀을 이룬 분이었다. 하늘 말씀이 머리끝에서 발끝까지 통했고 말씀으로 머리끝에서 발끝까지 확 뚫렸다. 예수는 몸과 맘, 하늘과 땅, 너와 나가 뚫린 이다. 말씀과 삶, 믿음과 행함이 하나로 뚫린 이다. 예수에게서 말씀이 개념이 아니고 감정이 아니고 생명이 되었다. 개념도 잊혀지고 감정도 지나가지만, 몸을 입은 말씀은 영원하다. 예수에게서 말씀이 행동으로 삶으로 피어났다. 손과 발로 표현되었다. 예수의 몸에서 생기가 말씀이, 성령이 강물처럼 솟구쳐 흘렀다.

　생수는 성령이며 성령은 하늘 바람이다. 바람과 영과 생기는 서로 통하는 말이다. 프뉴마, 프쉬케, 스피리투스, 루아흐, 아트만 등은 모두 바람, 영, 숨을 함께 나타낸다. 생기(生氣)는 하나님이 태초에 사람의 코에 넣어주신 숨이다. 숨은 삶에 대한 그리움, 염원을 담고 있다. 숨은 안과 밖의 소통이다. 숨은 타자에 대한 그리움을 품고 있다. 숨이 생명의 근본이다. 숨이 몸과 맘의 기본이다. 숨을 잘 쉬어야 몸과 맘이 편안해진다. 숨을 깊고 편안하게 쉬면 생기가 몸에 넘치며 생기가 배에 단전에 쌓인다. 숨에서 생기가 나온다.

유영모는 세 가지 숨, 목숨, 말숨, 우숨을 말한다. 우숨은 위 하늘을 숨쉬는 것인데 초월과 무한을 숨 쉬는 얼의 숨이다. 우숨은 웃음과 통한다. 웃는다는 것은 초월적인 행위인지 모른다. 목숨은 코로 쉬는 숨이고 말숨은 말(생각, 말씀)로 쉬는 숨이며 우숨은 얼로 쉬는 숨이다. 말씀으로 숨 쉬는 말 숨이 있어야 목숨에 생기가 있다. 우숨, 초월과 무한의 하늘 바람(하나님의 말씀)을 통해야 말숨에서 영의 생수가 넘친다.

기가 아무리 배에 쌓여도 생기가 가득해서 힘이 넘쳐도 영혼을 살리는 생수가 솟아나지 않는다. 배에서 생기가 솟아나려면 배로 하나님의 말씀을 받아들여야 한다. 하나님의 말씀을 받아들이는 것은 내 욕심과 집착을 버리고, 하나님의 뜻에 나를 복종시키는 것이다. 말씀이 나를 지배하게 하는 것이다. 배로 하나님의 말씀을 받아들인다는 것은 무엇을 뜻하는가? 나를 위해 인류를 위해 십자가에서 상처 입고 깨어진 예수의 몸을 온몸으로 받아들이는 것이다. 십자가의 사랑에서, 예수의 상처받고 부서진 몸에서 생수가 솟는다. 그리스도의 몸이, 십자가의 사랑이 뱃속에 살아 있으면 내 속에서 생수가 강물처럼 흐른다.

하나님을 말씀을 머리로만 받아서도 안 되고 가슴으로만 받아들여서도 안 된다. 배로 하나님의 말씀을 받아들이고 하나님의 은총을 받아들여야 한다. 히브리어, 그리스어, 한국어를 보면 창자와 내장들은 감정을 느끼고 인식할 수 있는 자리다. 배로 느끼고 인식하고 생각할 수 있다. 인간은 머리로만 생각하지 않는다. 인정과 연민, 슬픔과 자비를 창자로 느낀다. 손발을 움직이려면 배로 느끼고 배로 말씀을 체험해야 한다. 말씀이 생기와 만날 때 말씀이 힘 있게 실행된다. 말씀이 몸과 만나야 한다. 몸은 하나님의 영이 거하는 신령한 집이다. 몸에는 우주 생명의 무궁한 신비와 힘과 지혜가 담겨 있다. 수십억 년 생명 진화의 역사가 몸속에 새겨져 있고, 5천 년 민족사가 몸에 들어 있다. 몸은 신령한 것이다.

그리스도의 십자가 말씀으로 내 속에서 내 욕심, 나를 섬기려는 죄악을 뿌리 뽑으면 영의 생수가 강물처럼 솟아난다. '나'에 대한 욕심과 집착만 버릴 수 있으면 모든 일이 쉬워질 것이고 생기가 넘치고 생명 바람이 불어올 것이다. 사랑할 수 있고 진실과 정의에 이를 수 있다. 십자가의 말씀을 배로 몸으로 받아들여야 말씀이 우리의 인격과 삶, 마음과 행동을 새롭게 바꾼다. 기독교 신앙이 한국 기독교인의 삶을 규정하는가? 머리나 가슴에만 머물러 있지 않은가? 삶은 여전히 유교적이고 무속적이며 불교적이지 않은가? 정말 기독교인이 되려면 말씀을 몸으로 배로 받아들여야 한다.

1997년에 인도에 가서 불가촉천민을 보았다. 인도의 2억 5천만 명이 불가촉천민이다. 이들은 절대빈곤과 절망 속에 살아간다. 불가촉천민 장애인 청소년 교육센터에서 하룻밤 묵은 일이 있다. 굶주린 장애인 청소년들의 빠싹 마른 몸에서 찬송 소리가 힘 있고 은혜로웠다. 찬송 소리에 쇳소리가 났다. 굶주린 창자에서 영감 넘치는 은혜로운 소리가 나온다. 창자가 비어야 몸과 맘이 절실하고 하나님의 사랑과 은총을 간절히 사모하게 된다. 몸의 울림, 간절함, 절실함이 찬송 소리에 담겨 있다. 배가 비어야 몸의 삶이 절실하고 몸의 삶이 절실해야 말씀을 받아들인다. 그래야 몸이 신령해진다. 몸이 신령해져야 생기가 솟고 남의 몸과 맘을 움직인다.

한국의 소리꾼들은 몸과 맘을 울리는 깊은 소리를 내는데 그 소리는 목이나 가슴에서가 아니라 배에서 나온다. 한신대 신학대학원 예배당에서 40여 년 전에 박동진 명창의 판소리 예수전을 한 시간 들었다. 복음서 예수 이야기를 창으로 했는데 다 아는 내용인데도 그 이야기가 내 몸과 맘에 큰 충격과 감동을 주었다. 나는 한 시간 동안 전기에 감전되듯 큰 감동을 받았다. 박동진의 배에서 나온 소리가 내 배를 진동시키고 깊이 파고들었다. 몸에서 나는 소리가 감동을 준다.

박동진 명창이 많은 국악인을 기독교로 이끌었다. 소리꾼이 깊은 소리를 내려면 영감을 받아야 하는데 기독교 신앙에서 예수의 영, 하나님의 영을 받으면 영감어린 소리를 낼 수 있다고 한다. 소리꾼과 기독교 신앙이 잘 맞는다고 했다. 박동진이 죽기 전에 텔레비전에서 인터뷰를 했는데 "언제 득음했느냐?"고 묻자 "나 득음 안 했어." 했다. "선생님이 득음 안 하셨으면 누가 득음했겠습니까? 겸손하게 말씀하시는 거지요." "아니 나 득음 안 했어. 내 선생님은 득음하셨지." 박동진이 득음했는지 안 했는지 나는 모른다. 그 자신은 득음하지 못했다고 여긴다. 그러나 나는 그의 소리에 깊은 감동을 받았다.

문익환 목사도 예수의 복음을 온몸으로 받아들이고 몸으로 표현했다. 문익환은 그의 생애 마지막 20년을 민주화운동에 헌신했다.

12년을 감옥에서 지내면서 온몸으로 복음을 깨닫고 실천했다. 감옥에서 시들어가는 민들레꽃을 살리고 죽어가는 잠자리에 생기를 불어넣어 살렸다. 자신의 몸의 경락과 혈을 연구해서 파스 요법을 창안하여 병든 사람들을 치유하고 살렸다.

1987년 6월 항쟁 때 이한열이 죽었을 때 연세대에서 10만 명이 모였다. 그때 문익환은 20여 명의 열사 이름을 목 놓아 온몸을 다해서 불렀다. 그 소리는 문익환의 몸과 맘과 영혼을 하나로 꿰뚫고 나는 소리였다. 나는 그의 부름을 텔레비전을 통해서 보았는데 그 부름이 10만 청중의 몸과 맘을 온통 울리고 텔레비전을 보는 나의 몸과 맘도 크게 진동시켰다. 그의 소리는 온전히 하늘과 땅을 울렸다. 나는 그의 소리가 득음의 경지에 이르렀다고 느꼈다.

문익환은 오직 믿음으로 구원받는다는 복음의 진리가 생명과 평화의 대통합 논리이며 원리라고 갈파했다. 율법의 행위로 구원받는다는 가르침은 차별과 당파를 짓는 흑백논리, 당파논리라고 보았다. 누구나 인정하고 받아들이는 조건 없는 복음의 진리, 십자가 사랑의 진리는 영과 육, 자연과 역사, 내재와 초월, 인류, 세계, 문명을 통합하는 평화의 원리였다. 문익환의 이런 신학적 통찰이 종교개혁자 루터의 인의론 해석보다 더 깊고 넓다. 루터의 인의론은 가톨릭에 저항하는 투쟁의 원리였고, 배타적 신앙의 원리였다. 이런 인의론에 기초한 개신교는 분열과 논쟁에 빠졌다. 나는 문익환의 인의론 해석이 예수와 바울의 가르침을 루터보다 더 정확하게 온전하게 풀이한 것이라고 확신한다.

십자가를 통해서 화해와 통합의 길이 활짝 열렸다. 문익환은 십자가 복음의 사랑과 진리를 온몸으로 받아들이고 화해와 통합의 길로 서슴없이 거리낌 없이 갔다. 50년 분단의 벽을 넘어 남한 사회의 원수로 낙인찍힌 김일성을 끌어안은 것은 예수의 십자가 복음을 실천한 것이다. 그는 단순한 민족주의자가 아니다. 민족을 넘어 인류문명을 넘어 우주 생명을 끌어안는 사랑과 평화의 사람, 예수 복음의 사람이었다. 문익환은 몸으로 말씀을 받은 이였고, 배에서 생수가 강물처럼 솟아난 이였다. 그의 손과 발로 말씀이 피어났고, 그를 통해 생명의 바람이 한반도에 시원하게 불었다.

십자가는 생명 나무다. 십자가에서 하나님 나라의 문이 열리고 아름다운 낙원에 이르는 길이 열린다.(디트리히 본회퍼) 지금도 십자가에 달린 예수의 상처받은 몸에서 생수가 강물처럼 흐른다. 우리도 예수를 믿고 예수 안에 살면 생수가 강물처럼 배에서 흐를 것이다. 하나님의 말씀을, 십자가를, 예수의 몸을 우리 몸에, 우리 창자에 받아들이자. 예수의 몸 된 말씀이 우리 몸속에 창자 속에 살아 있으면 우리 손과 발에서 생기가 넘치고 말씀이 피어나고 생수가 솟아 날 것이다. 성경의 맨 마지막 장인 요한계시록 22장에 따르면 생명수의 강이 "하나님과 어린양의 옥좌로부터 나와 그 도성의 넓은 거리 한가운데를 흐른다." 이 세상 한복판에 생명수 강물이 흐를 때 새 역사가 시작된다. 한반도와 동북아시아와 세계에 생수가 흐르게 하여 새 역사를 지어가자.

예수 이어 살기와 예수의 다시 옴

4부 예수 이어 살기와 예수의 다시 옴

　예수는 땅에 떨어지는 씨올처럼 스스로 깨지고 죽어서 하나님 나라의 길을 열었다. 예수는 씨올이 되고 희생양이 되었다. 생명의 참된 씨올로서, 생명과 역사의 죄악을 씻어내는 희생양이 된 예수가 승리자와 패배자, 강자와 약자, 나와 남을 함께 구원하는 구원자가 되었다. 예수에게서 희생양이 구원자가 된 것이다. 이제까지 역사에서는 강하고 힘 있는 자들이 약하고 패배한 사람을 희생시키고 살았다. 지배자, 정복자와 억압받으며 희생당하는 자가 분리되었다. 그러나 예수에게서 비로소 억압받는 희생자가 우리 모든 사람의 죄악을 씻고 구원하는 해방자가 되었다.

31. 예수 이어 살기와 참된 생명

십자가에 달려 죽은 예수가 부활하고 하늘에 올라가서 하나님의 오른편에 앉았다는 것은 무슨 말인가? 지금 우리는 부활한 예수를 만날 수 없고 하늘로 올라갔다는 예수를 하늘 어디서도 찾을 수 없다. 그것은 하늘에 영적이고 신적인 세계가 있다고 생각했던 고대인들의 신화적 세계관에 맞추어 초대 기독교인들의 신앙을 표현한 것이다. 그것은 기독교 신앙의 껍질이지 알맹이, 핵심이 아니다.

기독교 신앙의 핵심, 알맹이는 예수가 하나님 나라 그 자체이며 참되고 영원한 생명이라는 깨달음과 고백이다. 요한복음서에서 말하듯이 예수는 하나님의 말씀 그 자체이고 영원한 생명이며 '길과 진리와 생명'이다. 예수를 믿고 따르는 것은 예수와 함께 하나님 나라가 되고 말씀을 이루고 영원한 생명을 살고 길과 진리와 생명이 되는 것이다.

1) 세례와 성만찬: 예수 이어 살기

억눌린 희생자가 구원자와 해방자가 되는 일은 예수에게서 그치지 않고 사람들의 일상생활에서 계속 일어나는 일이 되어야 한다. 기독교의 핵심 의식은 세례와 성만찬이다. 세례와 성만찬은 모두 희생자 예수가 믿는 사람들의 몸과 맘에서, 일상생활에서 구원자와 해방자가 되는 과정이고 사건이다.

본래 세례는 십자가에 달려 죽고 다시 살아난 예수가 믿는 사람들과 함께 살아있음을 확인하는 예식이다. 물 속에 머리까지 잠겼다가 나오는 세례 예식은 예수와 함께 죽고 예수와 함께 살아난다는 것을 상징하였다. 예수가 십자가에 달려 죽었듯이 '나'도 예수와 함께 죽고, 예수가 십자가의 죽음을 이기고 다시 살아났듯이 '나'도 예수와 함께 살아난다는 것을 세례 의식을 통해 확인하고, 몸과 맘으로 체험하는 것이다. 예수를 믿고 세례를 받은 사람의 몸과 맘속에는 예수가 살아 있다. 바울이 고백했듯이 예수를 믿는 사람은 살아도 예수를 위해 살고 죽어도 예수를 위해 죽는다.

성만찬은 밥과 포도주를 예수의 살과 피로 알고 먹고 마시는 예식이다. 복음서에서 예수는 죽음을 앞두고 제자들과 유월절 만찬을 하면서 밥을 나누어줄 때 "이것은 나의 살이다."고 말했고 포도주를 나눌 때는 "이것은 나의 피다."고 말했다. 그러면서 이것을 먹고 마실 때마다 '나'를 기억하라고 하였다. 유월절은 이스라엘 백성이 이집트의 종살이에서 해방될 때 문설주에 어린양의 피를 발랐다는 역사적 전통을 기억하고 기념하는 절기다. 예수와 제자들이 행한 유월절 만찬에서 예수의 살과 피는 어린양의 살과 피로 여겨졌다. 예수의 살과 피는 인간을 해방하고 구원하는 희생양의 살과 피다.

예수는 밥 먹을 때마다 "내 살을 먹고 내 피를 마시라."고 했다. 예수는 자신을 생명의 밥이라고 했다. 그는 자신을 인간의 밥으로 내어 주었다. 그는 우리의 밥이 되었다. 짐승들은 약육강식의 원칙으로 살아간다. 약한 짐승은 강한 짐승의 먹이(밥)가 된다. 강자가 약자를 정복하고 지배하는 국가주의 문명시대에도 강한 국가는 약한 국가를 먹이로 알고 식민지로 만들어 억압하고 수탈하였다. 강한 인간은 약한 인간을 노예로 삼고 부려 먹었다. 스스로 희생양이 되고 밥이 된 예수는 서로 먹고 먹히는 죄악에서 세상과 인간을 해방하고 구원하였다.

지배와 정복, 억압과 수탈의 죄악에서 벗어나 상생과 공존, 정의와 사랑의 나라를 만들려면 예수와 예수 운동이 살아나야 한다. 예수와 예수 운동이 살아나게 하는 예식과 과정이 성만찬이다. 예수는 성만찬을 제정하여 밥을 먹고 물을 마실 때마다 나의 살과 피를 먹고 마시라고 분부하였다. 성만찬은 특별한 종교의식이 아니다. 그것은 예수와 예수 운동이 일상생활에서 살아나게 하는 의식이고 과정이다.

그러므로 예수와 예수 운동이 자신의 삶 속에서 일어나게 하려는 사람들은 일상생활의 식사에서 예수의 살과 피를 먹어야 한다. 예수를 믿는 이들이 날마다 먹고 마시는 밥과 국을 예수의 살과 피로 알고 먹고 마신다면 예수의 살과 피는 사람들의 몸과 맘속에 그들의 일상생활 속에 살아 있는 것이다. 예수는 모든 사람을 먹이고 살리는 밥이 되었다.

성만찬을 통한 예수 살기

성만찬은 십자가에서 죽음을 이긴 예수의 공동체적 삶에 참여하는 행위다. 예수의 아픔과 자기희생을 밥상공동체로 재연하는 성만찬은 더불어 사는 우주적 생명의 신비를 드러내고, 죽은 자와 산 자의 연대를 확인한다. 성만찬은 밥과 말씀, 우주적 물질과 신적인 영,

인간과 하나님의 일치를 나타낸다. 또한 성만찬은 공동체를 창조하는 힘이며 고난 속에서 싸우는 민중을 위한 공동체적 삶의 잔치다.

그러므로 성만찬은 단순히 기독교 예식의 종교적 상징이 아니다. 그것은 독점과 고립의 사슬을 깨트리고 정의와 평화의 새 세상을 여는 사건이다. 그리고 그것은 나의 몸 안에서 예수와 나의 하나 됨이다. 예수는 성만찬을 통하여 내 몸 안에서 부활한다. 그러므로 나는 내 안에서 예수 그리스도의 피와 몸을 느낄 수 있다.

기억하라, 오늘 예수 그리스도는 밥상공동체를 빼앗기고 고난받으며 죽어가는 모든 사람들 사이에 있다. 그는 억눌린 사람들과 함께 고난당하며 죽어가고 있고, 이 세상에서 정의와 평화를 위해 피를 흘리는 사람들과 함께 자신의 피를 흘리고 있다. 그러므로 우리는 성만찬에서 그리스도의 몸과 피를 먹을 때 지금 피를 흘리고 있는 의인들의 몸과 피를 생각해야 한다. 성만찬을 할 때 우리는 우리의 몸 안에서 그들의 절규를 들을 수 있다.

예수의 몸은 생명을 나누는 힘을 가지고 있다. 그것은 정치적 억압, 경제적 수탈, 성차별, 인종차별의 벽을 무너트리는 힘을 가지고 있다. 그것은 자본주의와 전체주의를 극복하고 새 세상을 창조하는 힘을 가지고 있다. 그러므로 예수의 몸을 받을 때 우리는 더불어 사는 능력을 받는다. 그리고 성만찬에서 그 몸을 받을 때, 예수 그리스도 안에서 우리는 고난당하는 사람들과 하나로 된다.[1]

---

1) 1990년 가을에 뉴욕 유니온 신학교 예배당에서 저자가 했던 짧은 '성만찬 설교'다. 이 설교를 들었던 톰 드라이버(Tom F. Driver) 교수가 자신의 책 『우리의 삶과 공동체를 해방하는 예배의식의 마법』(The Magic of Ritual: Our Need for Liberating Rites that Transform Our Lives and Our Communities)에 수록했다.

2) 참된 생명에 이르는 회개

참된 삶의 진실에 이르는 회개

깨달음, 해탈, 구원이 뭔가? 지금, 이 순간 삶의 진실에 들어가는 것이다. 삶은 언제나 이 순간의 삶으로 살아 있다. 순간순간, 찰라찰라의 삶을 떠나서 삶은 없다. 이 순간에 살아 있는 삶의 진실을 보기도 어렵고 알기도 어렵고 있는 그대로 살기도 어렵다.

삶의 진실을 알기 어려운 까닭을 두 가지로 말할 수 있다.

첫째 삶 자체가 여러 차원, 여러 겹으로 되어 있다. 인간의 삶은 몸, 맘, 얼의 세 겹, 세 차원으로 되어 있다. 이러한 세 겹을 뚫고 또 이 세 차원을 통합하여 삶을 깊이 그리고 전체로 파악하기 어렵다. 사회·역사의 삶은 법과 제도, 낡은 전통과 관행 속에 뒤얽혀 있다. 정치·군사적 힘, 산업·경제적 힘, 종교·문화적 힘의 지배를 받는 삶은 자유롭고 순전하고 온전한 형태가 아니라 억제나 왜곡되고 변질된 형태로 드러난다.

둘째 나의 생각, 감정, 의식, 관계들이 삶의 진실을 왜곡하고 은폐한다. 욕심과 어리석음과 분노가 진실을 가린다. 사회적 인간적 관계, 전통과 관습, 이론과 학설과 주의·주장들이 순간의 진실을 못 보게 한다. 예수나 하나님에 대한 나와 우리의 생각도 순간의 진실을 가리고 왜곡한다.

세상의 모든 문제는 내가 나를 보지 못하는 데서 나온다. 내 눈으로 세상을 보는데 눈에 이미 때가 끼고 눈 자체가 잘못되어 있다. 세상을 있는 그대로 못 보고 욕심과 편견으로 보니 바라보는 것 자체가 큰 문제다. 욕심은 내게서 나온 것이다. 편견은 나의 욕심과 다른 사람의 생각과 주장에서 나온 것이다. 욕심과 편견이 내 눈을 물들이므로 내 눈 자체가 진실을 왜곡한다. '바라봄'이 곧 왜곡이고 변질이다. 바라보는 시선 속에 이미 나의 탐욕과 편견, 미움과 분노가 들어 있다. 탐욕과 편견이 가득 찬 눈으로 바라보는 것 자체가 폭력이다. 그래서 '바라봄의 폭력'이라는 말이 나온다.

삶의 진실에 이르기 위해서 기독교는 회개를 말한다. 죄와 악에 빠져 있으면 삶의 진실을 모르고 왜곡하고 짓밟는다. 삶의 진실을 보고 그 진실을 살기 위해서는 나의 눈, 나의 존재 자체가 새로워져야 한다. 회개는 나의 존재가 새로워지는 것이다. 회개를 뜻하는 '메타노이아'는 희랍어인데 문자적으로는 새로운 인식, 깨달음을 의미한다. 노이아는 지식, 인식을 뜻하고 메타는 '초월, 뒤, 다시'를 뜻한다. 메타노이아, 회개는 나의 지식, 인식, 앎에 대한 비판적이고 반성적인 자각과 성찰을 뜻한다. 그것은 우연적이고 현상적인 현실을 넘어선 깊은 초월적 인식을 뜻한다. 메타노이아, 회개는 삶의 진실을 깊이 그리고 전체로 보는 것이다.

히브리 신앙과 복음서의 문맥에서 보면 메타노이아는 마음과 생각, 삶과 행실의 전환, 돌이킴을 뜻한다. 개인과 사회역사의 죄악에 사로잡힌 '나', '우리'의 삶에서 하나님께로 돌이키는 것이다. 죄악에 사로잡힌 '나', 내 존재의 뿌리인 탐욕과 편견과 미움, 죄를 버리고, 불의한 제도와 관행에서 벗어나 하나님의 사랑과 정의로 돌아가는 것이다.

예언자들은 죄악에 빠진 이스라엘 백성에게 하나님께로 돌아오라고 호소했다. 하나님께로 돌아가는 것이 회개다. 예수는 거듭남, 새로 남을 강조했다. 내가 죽고 다시 사는 것이다. 낡은 나, 죄의 나에서 새로운 나, 하나님의 자녀인 나로 새로 태어나는 것이다. 새로 태어난 사람만이 지금 살아가는 삶의 진실, 이 순간의 진실을 알고 그 진실을 살 수 있다.

영원한 생명의 곳간

기독교에서 십자가는 이 순간 생명의 진실이 드러나는 자리다. 생명의 진실 속에 그 뒤에 그 위에 하나님이 있다. 하나님이 내 생명의 창조적 근원이고 나의 참되고 영원한 생명이다. 하나님이 참된 나이고 참된 전체이며 참된 변화와 혁신이다. 지금 여기에서 내 생명의 진실은 하나님께로 솟아올라 가는 것이다. 이 순간 진실하게 살기 위해서 내 목숨과 생각과 얼이 하나님을 향해 솟아올라 앞으로 나가는 것이다. 하나님께로 가는 길은 사랑과 정의밖에 없다. 내가 사랑과 정의의 나라를 향해 솟아올라 앞으로 나가는 것밖에 진실은 없다.

세례자 요한은 예수가 불과 성령으로 세례를 주며 "알곡은 곳간에 모아들이고, 쭉정이는 꺼지지 않는 불에 태우실 것"(마태 3,12)이라고 하였다. 이것은 인간의 삶에 대한 하나님의 심판을 나타낸다. 생명의 알곡, 알맹이는 영원한 생명의 곳간(하나님 나라)에 모아들이고 생명의 쭉정이는 꺼지지 않는 불에 태운다는 것이다. 생명의 쭉정이는 소멸하고 알맹이는 영원함을 말해준다. 인간이 자신의 인생을 다 살고 나면 죽음을 통해서 그리고 역사의 과정을 통해서 하나님이 그 인생의 알곡, 알맹이는 영원한 생명의 곳간에 모아두고 쭉정이는 꺼지지 않는 불로 태워버린다.

생명의 알맹이가 무엇인가? 생명의 알맹이는 하나님 나라를 이루는 사랑과 정의다. 사랑과 정의가 하나님의 말씀의 핵심이고 하나님의 본성과 형상이다. 사랑과 정의는 하나님의 형상에 따라 지어진 인간의 본성과 목적, 사명과 보람이다. 인생에서 하나님의 사랑과 정의를 꽃으로 열매로 씨앗으로 피워낸 사람은 알곡을 많이 지은 사람이고 그렇지 못한 사람은 쭉정이만 남긴 것이다.

내가 맘을 쓸 때 내 맘 속에 사랑과 정의가 있는가? 한 가닥 생각과 한 마디 말 속에 사랑과 정의가 담겨 있는가? 나의 웃음과 눈빛이 사랑과 정의를 드러냈는가? 나의 행동과 관계를 통해서 사랑과 정의가 실현되었는가? 나의 몸짓, 손짓에서 사랑과 정의가 드러나고 표현되었는가? 나의 욕망과 감정과 뜻이 사랑과 정의를 품고 있는가? 내 생명이 사랑과 정의를 드러내고 표현하고 이루었다면, 내가 죽고 이 시대가 지나간 다음에도 내 생명은 알곡이 되어 하나님의 영원한 생명의 곳간인 하나님 나라에 들어갈 것이다.

32. 예수를 이어 살았던 바울의 장엄한 우주관

낡은 자아, 개인의 이기적 자아는 죽고 예수의 생명과 정신으로 살자는 것이 기독교 신앙이다. 나는 죽고 예수의 생명과 정신이 살아야 한다고 바울은 생각했다. 바울은 예수를 이어서 예수처럼 치열하게 살았다. 그는 기독교 신앙과 정신, 교회와 신학을 정립했다. 그는 예수의 삶과 죽음, 가르침과 뜻을 세상에 널리 알리고 펼쳤다. 바울은 예수가 뿌린 참된 생명의 씨앗을 온 세상에 심고 자라게 했다.

예수의 생명과 정신은 사람들의 삶과 정신 속에 참되고 영원한 생명의 씨앗으로 뿌려졌다. 사랑과 정의를 이루는 생명의 씨앗이 싹터야 한다. 기독교는 예수가 뿌린 생명의 씨앗을 싹틔우고 가지와 잎을 자라게 하고 꽃과 열매를 맺어 생명과 정신이 풍성하게 하고 생명과 정신을 깊고 높게, 크고 넓게 하자는 것이다.

1) 회개의 전형을 보인 바울

기독교에서 회개의 전형은 바울이다. 바울은 예수와 그 제자들을 박해하고 죽이려고 다메섹으로 가는 길에서 예수를 만났다. 바울은 당시 의회인 산헤드린을 장악한 바리새파 가운데 바리새파, 다시 말해 골수 바리새파 사람이었다. 그는 대제사장의 명을 받고 민중 가운데 민중인 예수와 그 제자들을 박해하고 죽이러 가던 길이었다. 그러나 죽은 예수를 만난 바울은 지배 엘리트에서 민중 예수의 종이 되고, 박해자에서 박해받는 자로 되었다. 권력을 가지고 반대자들을 죽이는 사람에서 사랑으로 섬기고 희생하는 복음 전도자가 되었다.(사도행전 9,1~19)

예수와 그의 하나님 나라 복음은 인생과 역사의 진실이다. 바울은 이 진실을 짓밟고 파괴하는 적대자였다. 진실의 적대자가 진실의 일꾼으로 된 것이다. 그는 참 생명인 예수의 빛을 보고 눈이 멀어 쓰러졌다가 예수의 제자와 종으로 다시 태어났다. 예수는 '나'(우리)의 길이고 진리고 생명이다. 나의 길과 진리와 생명인 예수를 본 것은 '참나'를 본 것이다.

눈은 나의 생명과 정신을 드러낸다. 눈은 바깥 세계를 내다보는 맘의 창문과 같은 것이다. 사람은 눈으로 제 생각과 뜻을 드러내고 바깥 세계를 볼 뿐 자신의 눈을 보지는 못한다. 눈은 나 자신을 나타낸다. 참 나인 예수의 빛을 본 것은 제 눈을 본 것이고 제 눈을 보니까 제 눈 속에 탐욕과 편견이 가득한 것을 알고 눈이 멀고 쓰러져 죽은 것이다. 제가 제 눈을 보고 새 눈을 얻은 것이다. 제 눈을 제가 보고 쓰러졌고 새 눈을 얻고 일어난 것이다. 이것이 바울의 회심, 회개이다.

2) 기독교 신학과 교회의 터를 놓은 사람

예수와 바울은 유럽문명의 토대와 기둥을 세운 이들이다. 서구정신사에서 예수와 바울처럼 창조적이고 혁신적이며 진취적인 인물은 없다. 예수와 바울은 창의적이며 심오한 깊이를 가진 정신과 사상을 낳았다. 생명과 하나님의 진리를 드러내고 실현했다는 점에서 예수가 태양이라면 바울은 예수의 존재와 가르침을 비추고 드러내고 널리 알린 달과 같다. 갈릴리 나사렛의 산골 청년 예수가 1~3년의 짧은 기간에 하나님 나라를 하늘의 별처럼 아름답고 빛나게 드러내 보였다. 바울은 헬레니즘 세계의 빼어난 지식인으로서 예수의 하나님 나라를 지중해 세계에 널리 펼쳤다.

기독교사에서 바울은 신학과 교회의 터를 놓은 이다. 예리하고 열정적인 유대교인이었다. 히브리 성경의 율법에 대한 열정에 사무쳐 기독교인을 박해하는 데 앞장섰다. 기독교인들을 잡아 죽이려고 다마스커스로 가다가 환상 가운데 예수를 만나 기독교인이 되었다. 그는 누구보다 열정적인 기독교인이었다. 결혼도 하지 않고 스스로 일해서 먹고 살면서 하나님 나라의 복음을 알리는 선교에 헌신했다. 몸에 찌르는 가시 같은 병을 안고 살면서도 험한 산길과 물길을 헤매며 전도하고 하나님 나라의 공동체를 세웠다. 끝내는 로마당국에 잡혀 순교했다. 바울은 예수를 본받아 예수처럼 치열하게 살았다.

바울은 기독교 신앙의 깊이와 높이, 사랑의 크기와 넓이를 온전히 드러냈다. 그의 몸과 마음은 온전히 예수의 것이었고 예수의 생명이 그의 속에서 살았다. 예수가 그랬듯이 그는 삶과 죽음을 넘어선 자유인이었고, 온 인류와 온 피조세계를 살리려는 사랑과 열정에 불탔고, 온 몸과 마음을 다해서 하나님의 사랑을 전했다. 몸과 맘이 다 닳도록 하나님께 헌신하고 사람들을 사랑했다. 자유로우면서 겸허했고, 담대하면서도 온유했다. 누구나 알 수 있게 쉬운 말로 믿음과 사랑의 깊은 진리를 펼쳤다.

3) 바울의 '믿음만으로'와 장엄한 우주관[2]

예수가 전한 하나님 나라의 진리는 구체적(주체적)이면서 보편적(공

---

2) 이 글은 『바닥에서 하나님을 만난 사람』(박재순, 나눔사 2022)의 부록에 실린 글의 일부다.

동체적)이다. 하나님은 '나'를 눈동자처럼 사랑하는 분이고 나의 머리털까지 헤아리는 자상한 어버이 같은 분이면서 인류 전체와 자연만물, 우주 전체를 심판하고 구원하는 분이다. 예수가 전한 초월적 하나님의 은총과 사랑을 바울은 잘 이해하고 깨달았다. 바울이 밝힌 '믿음만'과 '은혜만'의 원칙은 인간의 영혼과 하나님에 대해 예수가 가르친 초월적이고 생명 철학적인 이해를 함축한다.

믿음만으로 구원에 이른다는 바울의 선언은 율법의 행위로 구원받는다는 율법학자들의 주장과 상반된다. 율법의 행위로 구원받는다는 주장은 차별과 정죄의 논리이며 분열과 갈등의 논리다. 믿음과 은총만으로 구원받는다는 바울의 주장은 인간의 영혼과 하나님에 대한 초월적 진리를 드러낸다. 이 초월적 진리는 국가문명의 한계와 제약을 돌파하여 인생과 역사, 사회와 국가를 심판하고 새롭게 창조하고 혁신하는 해방과 구원의 진리다.

'믿음만'을 내세우는 바울의 주장은 모든 사람을 있는 그대로 존중하고 세워주는 주체적 창발적인 진리이면서 모든 차이와 벽을 넘어서는 공동체적 전체적 통합의 진리다. 이것은 흑백논리와 진영논리를 깨트리는 생명 평화 통일의 철학이다. 그러므로 바울은 그리스도(하나님 나라) 안에서 유대인과 그리스인, 주인과 종, 남자와 여자가 모두 한 몸을 이루었으며 모두 자유롭고 평등하다고 선언하였다. "유다인이나 그리이스인이나 종이나 자유인이나 남자나 여자나 아무런 차별이 없습니다. 그리스도 예수 안에서 여러분은 모두 한 몸을 이루었기 때문입니다."(갈라 3. 28)

로마서에서 바울은 우주와 인간과 하나님에 대한 심오하고 장엄하고 숭고한 통찰을 보여준다. 하나님의 아들 예수가 하나님이 창조한 세계의 구원자와 상속자이듯이, 예수를 믿고 따르는 사람들도 세계의 구원자와 상속자다. 모든 피조물 다시 말해 우주 만물은 "하나님의 자녀가 나타나기를 간절히 기다리고" 있다. 하나님의 자녀들이 나타나면 "허무에 굴복한" 우주 만물이 "멸망의 사슬", "썩어짐의 종노릇", "사멸의 종살이"에서 해방되어 하나님의 자녀가 누리는 영광스러운 자유에 참여할 수 있다. 하나님의 자녀들이 나타나기를 기다리며 "모든 피조물이 오늘날까지 다 함께 신음하며 진통을 겪고 있다." "우리 자신도 하나님의 자녀가 되는 날과 우리의 몸이 해방될 날을 고대하면서 속으로 신음하고 있다." "성령께서도 연약한 우리를 도와주신다. 어떻게 기도해야 할지도 모르는 우리를 대신해서 말로 다 할 수 없을 만큼 깊이 탄식하시며 하나님께 간구해 주신다..마음속까지도 꿰뚫어 보시는 하나님께서는 그러한 성령의 생각을 잘 아신다."(8장 18~28절 요약)

여기서 인간은 하나님의 자녀로서 우주 전체를 해방과 구원으로 이끄는 위대한 존재다. 우주 만물은 하나님의 자녀인 인간의 삶을 통해 사멸과 죽음의 운명에서 벗어나 영원한 생명과 영광스러운 자유에 참여할 수 있다. 우주와 인간과 하나님의 거룩한 영이 함께 신음하고 탄식하며 하나님의 자녀들이 태어나기를 고대한다.

이제까지 인류가 생각해 낸 어떤 인간관도 이처럼 위대하지 못하고 어떤 우주관도 이처럼 장엄하지 못하며 어떤 신관도 이처럼 사무치는 친밀함과 아름다운 감동을 담아내지 못했다. 어떤 생태학적 이론이나 공동체 사상도 바울이 제시한 심오하고 장엄하며 절절한 인간관과 우주관에 미치지 못한다.

　최근의 우주물리학과 생명진화론과 정신심리학은 바울의 위대한 인간관과 우주관을 뒷받침한다. 우주 물리학자들에 따르면 인간의 몸을 이루는 원소들은 하늘의 별들을 구성하는 원소들과 일치한다. 따라서 인간의 몸에는 우주의 나이테가 새겨져 있다고 한다. 생명진화론자들에 따르면 인간의 몸과 맘에 수억 년 생명진화의 과정과 역사가 압축되어 있다. 정신 심리학자들에 따르면 인간의 정신과 혼에는 인류 역사가 압축되어 있다. 인간의 몸과 맘과 얼에는 우주, 생명, 정신의 역사가 압축되어 있고, 살아 있다. 인간이 하나님의 자녀가 되어 하나님의 영원한 생명과 자유에 참여하면 인간과 함께 인간의 몸, 맘, 얼 속에 살아 있는 우주와 자연생명과 인류가 허무와 무의미, 죽음과 소멸의 사슬에서 벗어나 영원한 생명과 영광스러운 자유에 참여할 수 있다.

33. 예수는 어떻게 다시 오는가?

1) 예수는 살아 있는가?

　유럽교회는 20세기 후반에 급격히 쇠퇴했다. 이유는 단 하나, 예수 이름을 내세우면서 교회 안에 예수가 없기 때문이다. 교회에 예수가 살아 있지 않고, 교인들에게서 예수를 느낄 수 없고 예수의 흔적과 냄새가 없는데 누가 교회에 갈까? 예수를 삶 속에 모시지도 않고,

예수의 삶을 따라 살려고 하지도 않고 예수의 말에 귀를 기울이지도 않는 그런 교회에 누가 갈까? 예수의 삶에서 멀리 떨어졌다는 것을 느끼지도 못하고 고민하지도 않는 교회는 땅 위에 존재할 이유가 없다.

오늘 한국교회는 미국이나 유럽의 교회에 비교하면 사람들이 많이 모이는 편이다. 그러나 한국의 기독교도 한국의 다른 종교들과 마찬가지로 급격히 영적 힘과 영향력을 잃고 쇠퇴의 길로 접어들고 있다. 더욱이 예수에 대한 신앙적 열정, 신학적이고 영적인 성찰과 깊이, 실천적 노력은 한참 부족하다. 예수의 생명과 존재를 느낄 수 없는 교회가 많다. 예수의 냄새가 나지 않는 교회가 오래 갈까? 예수하고는 너무 다르게 생각하고 행동하면서 전도가 될까?

아이고! 예수 썩는 냄새야!

젊은 시절에 김구는 황해도에서 동학의 접주로 있다가 기독교인이 되어 교육활동에 힘썼다. 해방 후 개성의 한 교회에서 개신교 연합으로 김구 환영회를 열었다. 단상에 오른 김구는 "아이고! 예수 썩는 냄새야!" 하고 소리를 질렀다. 그때도 예수는 교회에서 썩고 있었나 보다. 교회는 예수 그리스도의 몸이라고 하지만 현실의 교회는 예수와는 거리가 멀다. 그런데도 교회는 예수와 일치한다고 착각하거나 거짓말을 하기 쉽다. 예수의 생명력이 살아 있는 교회가 산 교회다. 예수 썩는 냄새가 난다고 말해주는 사람이라도 있어야 교회가 정신을 차리고 예수에게로 다가가게 될 것이다. 그런 의미에서 교회는 비판을 받고 욕을 먹는 것이 건강에 좋다.

부활한 예수는 지금 어디 있는가?

　나사렛 청년 예수는 십자가에 달려 죽었다. 그런데 예수을 따르
는 무리는 예수가 죽은 지 사흘 만에 살아났다고 선언했다. 부활한
예수는 지금 어디 있는가? 예수는 어떻게 어디로 부활했는가? 예수
는 믿는 사람의 몸과 혼과 삶 속으로 부활했다. 마지막 만찬에서 '밥
은 내 몸이고 포도주는 내 피'로 알고 먹으라고 한 것은 예수가 나의
밥으로, 몸으로 삶과 혼으로 살아난 것을 뜻한다. 예수는 예수를 믿
고 따르는 내 안으로 부활했다. 이제 내 속에 예수가 산다. 사나 죽으
나 예수를 위한 삶이다. 예수가 내 삶의 중심이고 내 삶의 목숨 줄이
다.
　부활한 예수는 새 하늘과 새 땅이 되었다. 내가 살아갈 삶의 터전
이 되었고 새 나라가 되었다. 이제 나는 예수 안에서 산다. 이제 내가
그리스도 안에, 그리스도가 내 안에 산다. 성경에 따르면 부활한 예
수는 하나님의 보좌 오른편으로 올라갔다. 하나님의 보좌 오른편은
하나님의 능력, 통치권을 뜻한다. 예수는 하나님 나라를 세우는 능력
으로 부활했다. 하나님 나라의 능력인 예수는 오늘 세상에서 고통당
하는 작은 사람들 속에 살아 있다. 목마르고 굶주리며 외로움과 허
무 속에 괴로워하는 사람들, 무기력과 무의미 속에서 허우적거리는
사람들 속에서 예수는 이들과 함께 굶주리고 목말라하며 하나님 아
버지의 생명과 영, 사랑과 자비를 기다리며 살아 있다. 서로 밥을 나

누고 삶과 희망과 뜻을 나누는 곳에 예수는 살아 있다.

2) 예수가 벌인 생명 잔치

예수는 가장 깊은 내면에서 그리고 가장 높은 경지에서 생명의 진리 체험을 하였다. 그의 생명 체험은 생명의 창조적 근원과 목적인 하나님 체험이었다. 그의 하나님 체험은 그의 몸, 맘, 얼에 사무쳤고 치열했다. 그래서 그의 삶은 하나님과 분리될 수 없었다. 그는 하나님 안에서 살았고 그의 몸, 맘, 얼 속에 하나님이 살아 계셨다. 그는 하나님의 심정과 처지, 뜻과 섭리를 사무치게 체험하고 깨달았다. 그리하여 그에게는 기도가 삶이고 삶이 기도였다. 예수가 하나님과 하나로 되었을 때 예수의 생명 속에서 거룩한 영의 힘이 가득 찼다. 예수는 영의 힘으로 하나님 나라를 이루었다.

아버지 하나님의 사랑과 정의를 이루는 것이 곧 하나님 나라를 이루는 것이고 그것이 하나님의 뜻을 이루는 것이었다. 하나님의 아들 예수는 몸, 맘, 얼을 다하여 힘과 뜻과 정성을 다하여 세상을 구원하라는 하나님의 뜻을 이루었다. 그는 하나님의 나라를 땅 위에서 가난하고 병든 사람들 사이에 이루었다. 예수를 통해 하나님 나라는 사회와 역사의 가장 낮은 자리에서 버림받은 이스라엘 백성, 세리와 창녀, 가난하고 병든 사람들 사이에 그들의 몸과 생활 속에서 이루어졌다.

예수는 몸과 맘에 병든 사람들을 고쳐 주었고 가난하고 소외된 사람들과 술과 밥을 나누어 먹으며 밥상공동체의 생명 잔치를 벌였다. 하나님과 하나님 나라는 예수를 통해서 땅의 물질세계로 몸으로 밥과 술을 먹는 일상생활 속으로 물화(物化)되고 육화되었다. 그러므로 요한 1서는 "이 생명의 말씀은 태초부터 계신 것이요, 우리가 들은 것이요, 우리가 눈으로 본 것이요, 우리가 지켜본 것이요, 우리가 손으로 만져본 것"(요한1서 1장 1절)이라고 하였다.

산상설교에서 드러나듯이 예수의 하나님 나라는 생명과 영혼의 가장 깊고 높은 자리에서 드러나고 밝혀지고 실현되었다. 산상설교는 하나님 나라의 헌법이다. 이 헌법에서 하나님의 나라와 하나님의 뜻이 가장 깊고 높게 온전하게 드러나고 구현되었다. 생명과 얼의 가장 깊은 내면에서 그리고 맘과 몸, 생각과 행동의 일치 속에서 하나님의 사랑과 정의가 실현되었다. 예수는 '죄인'들의 멍에, 낙인을 벗기고, 몸과 맘의 병을 고치고, 함께 먹고 마시는 생명의 잔치를 벌이며 가난하고 병든 '죄인'들을 하나님의 자녀로 하나님 나라의 주인으로 해방하였다.

예수와 더불어 가난하고 병들고 소외된 죄인들이 하나님의 자녀로서 하나님의 품 속으로 사랑과 정의, 평화와 기쁨 속으로 들어갔다. 가난하고 병든 사람, 죄인으로 낙인찍힌 세리와 창녀는 예수와 함께 그리고 예수를 통해서 생명의 진리와 보람을 체험하고 깨닫고 누릴 수 있었다. 그들은 예수와 함께 그리고 예수를 통해서 생명을 회복하고 실현하며 생명의 본성과 진리를 깨닫고 생명 잔치를 벌였다. 그렇게 그들은 하나님 나라로 들어갈 수 있었고 하나님의 자녀로서 하나님의 품 안에서 살 수 있었다. 그러므로 그들은 예수와 하나님 나라를 분리할 수 없었다.

3) 예수가 보여준 하나님의 나라

예수는 오늘 여기의 삶에서 하나님 나라와 생명의 진리를 배우고 깨달았다. 그는 하나님께 배우고 하나님의 심정과 뜻으로, 하나님 아버지의 사랑과 정의로 살았다. 예수는 하나님을 아버지로 깊이 만나고 체험하여 자신을 하나님의 아들로 자각하였다. 그는 자신의 생명을 깊이 체험하고 생명의 진리를 깨달았다. 그는 자신의 생명에서 생의 진리를 배우고 깨달았다. 그는 자신의 생명에서 생명의 창조적 근원과 주인이고 본질과 목적, 뜻과 사명인 하나님을 만나고 하나님께 배웠다. 예수가 자신의 생명에서 배운 것은 생명 그 자체인 하나님께 배운 것이다. 하나님께 배워 하나님을 아버지로 자신을 아들로 자각한 그는 하나님 안에서 자기를 보았고 자기 안에서 하나님을 보았다. 따라서 그는 하나님 아버지의 심정과 처지에서 하나님의 뜻을 헤아리고 이루려 했다.

하나님이 계신 곳이 하나님 나라다. 하나님은 생명 속에 있으므로 하나님 나라는 생명 속에 있다. 생의 가장 깊고 높은 곳에 하나님이 있고 하나님 나라가 있다. 인간의 생명은 몸, 맘, 얼을 아우른 것이고, 얼에서 생의 주체와 전체가 일치하며 하나님을 만난다. 예수가 선포하고 실현한 하나님 나라는 생명 속에서 생명의 가장 깊고 높은 얼에서, 생명과 얼의 만남과 사귐에서 늘 만나고 드러내고 실현하고 참여하고 들어갈 수 있는 나라다. 그 나라는 시공간의 영역이 아니라 시공간을 넘어서 새롭게 열리고 참여할 수 있는 '얼과 영과 신'의 나라다. 그것은 우리의 몸, 맘, 얼을 온전히 실현하고 완성하며 구원하고 해방하는 나라다.

하나님, 하나님 나라는 어둡고 혼미한 인류 역사 속에서 예수를 통해서 온전히 환하게 보이고 알려졌다. 예수가 보인 하나님 나라는 생과 역사의 가장 깊고 높고 큰 자리에서 보인 것이다. 예수가 보인 하나님 나라는 몸, 맘, 얼을 통합하는 자리, 주체와 전체의 일치가 이루어지는 나라다. 그것은 인간과 사회역사의 변화와 혁신, 창조와 개벽의 사건이 일어나는 나라다. 그 나라는 생명의 몸, 물질, 육체 속으로 들어왔고 인간의 욕망과 감정을 진실하고 아름답고 거룩하게 만들었고, 집착과 편견을 깨트리고 생명의 진리를 보게 했다. 그 나라는 절망과 죽음을 삼키고 사회와 역사의 바닥, 지옥의 밑바닥까지 뚫어버리고 생명과 영의 참되고 아름답고 거룩한 기쁨과 보람을 누리게 하였다. 그때 많은 사람이 예수를 통해 예수와 함께 하나님 나라로 들어가서, 생의 진리와 영의 거룩함, 기쁨과 사랑, 아름다움과 보람, 정의와 평화를 온전히 보고 누렸다.

4) 예수는 어떻게 다시 오는가?

예수가 십자가에 달려 죽은 다음 이 세상에는 더 이상 예수처럼 하나님 나라를 드러내고 실현할 사람이 없었다. 당시에 예수는 살아 있을 때나 죽은 다음이나 온전히 이해되지 못했고 온전히 받아들여지지 못했다. 우선 제자들부터 예수를 제대로 이해하지 못했다. 복음서들에서 늘 잘못을 저질러서 예수에게 꾸중을 듣는 이들이 제자들이었다. 유대교와 율법학자들은 끝내 예수와 그의 복음을 외면하고 비난하고 대적하였다.

시간이 지나면서 기독교의 정신 자체가 쇠퇴하고 강직되었다. 로마제국과 유착된 다음에는 기독교 자체가 예수의 하나님 나라와 생명의 복음을 버리고 제국의 국가주의 종교로 전락하였다. 과학기술과 산업 문명이 발달한 다음에는 육체의 본능과 쾌락, 물질과 돈, 기계와 계산, 정보와 통계자료에 매몰되어 생명과 영혼의 복음과 초월적 하나님 신앙을 잃어버렸다. 산업 기술사회는 과학주의와 기업친화적 가치를 강요하고, 학력과 능력주의, 경쟁주의로 내몰았다. 많은 신자들이 여전히 문자주의 신앙, 신화적 종말론 신앙에 머물러 있다. 지금 여기의 삶 속에서 하나님, 예수, 하나님 나라를 만나지 못하게 되었다. 그리하여 오늘의 기독교는 예수의 하나님 나라와 생명의 복음에서 멀어졌다.

오늘 우리와 하나님 나라 사이에는 생의 껍질들과 사회·역사의 장벽이 있다. 교리와 신학, 교회의 제도와 체제, 편견과 주장, 역사와 사회의 온갖 전통과 습관, 관행들이 모두 하나님 나라와 참된 생명을 둘러싼 껍질들이며 우리와 하나님 나라 사이에 가로 놓인 장벽들이다. 하나님 나라는 이 껍질들을 깨트리고 장벽들을 무너트리며 늘 새롭게 오는 것이고 새롭게 열리는 것이며 새롭게 실현하는 것이다. 하나님 나라의 중심과 화신인 예수가 다시 온다는 것은 온갖 껍데기와 장벽을 넘어서 그것들을 깨트리고 오는 것이다.

바울은 예수의 다시 오심을 종말론적으로 신화적으로 표현하였다. 그는 데살로니가 4장 16절에서 "주님께서 호령과 천사장의 소리와 하나님의 나팔 소리와 함께 친히 하늘로부터 내려오실 것이니, 그리스도 안에서 죽은 사람들이 먼저 일어나고" 말하였다. 하늘에서 천사들과 함께 나팔을 불며 구름을 타고 예수가 올 것이라고, 지성인 바울이 신화적으로 말한 까닭은 무엇인가? 인자(人子), 사람의 아들이 마지막 날에 구름을 타고 올 것이라는 생각은 구약의 묵시록인 다니엘서 7장 13절에 나온 것이다.

　이것은 절망적인 위기의 상황에서 두려워하는 사람들을 격려하고 위로하려고 지어낸 종교·문학적 상상력의 산물이다. 고대인들은 세상의 권력자들을 지배하고 결정하는 하늘의 영적 세력들이 있다고 생각했다. 그러므로 초대 기독교인들 가운데 어떤 사람들은 고대인들의 신화적 세계관에 맞추어 세상의 권력자들을 굴복시키기 전에 예수는 먼저 하늘의 영적 세력을 굴복시켜야 한다고 생각했다. 예수가 하늘 구름을 타고 온다는 생각은 고대인들의 신화적 세계관에 근거한 생각이고 표현이었다.

　다니엘서가 마주했던 마카비 독립 전쟁의 절박한 시대 상황과 예수가 십자가에 달려 죽은 다음 초대 기독교인들이 마주했던 시대상황이 비슷했다. 예수가 십자가에 달려 죽은 후 맨 처음 예수를 믿고 모였던 사람들의 상황을 생각해 보자. 초기의 그리스도인들은 유대교와 로마제국의 박해와 위협을 당했다. 예수를 십자가에 매달아 죽인 불의하고 무지한 세력이 예수를 따라 하나님 나라를 믿고 기다리는 사람들을 박해하고 죽였다. 땅 위의 세상에서 하나님 나라의 흔적과 자취를 찾지 못하고 힘없이 죽어가는 믿음의 사람들을 위로하고 격려하기 위해 초대 교회의 지도자들은 하늘로 올라갔던 예수가 하늘에서 다시 올 것이라고 말했다. 하늘에서 예수가 구름을 타고 온다는 생각은 초대 교회의 신앙과 열정, 종교적 상상과 환상에 대한 문학적 시적 신화적 표현이다.

예수가 하늘에서 구름을 타고 온다는 재림신앙을 문자적으로 믿고 받아들이는 것은 옛날의 유치한 신화와 종교적 표현에 매여 사는 것이다. 그것은 예수와 성경이 가르친 하나님 나라와 생명의 진리를 제대로 보지 못하고 그 진리의 껍데기의 껍데기에 매여 사는 것이다. 생명과 영의 진리와 신앙을 알맹이로 받아들이지 못하고 그 껍데기의 껍데기에 붙잡혀 살면 그 인생은 꽃과 열매를 맺는 알곡이 되지 못하고 쭉정이가 되고 말 것이다. 하나님은 생명과 영의 알곡은 영원한 생명의 곳간에 모아들이고 쭉정이들은 꺼지지 않는 불로 태워버릴 것이다.

하늘에서 구름을 타고 온다는 예수는 영원히 오지 않을 것이다. 십자가에 달려 죽은 후 영원한 생명의 하나님께로 올라간 예수는 하나님과 함께 생명과 역사의 속의 속으로 이미 왔고 지금도 오고 있고 앞으로도 올 것이다. 생명과 영의 영원한 님 예수는 하나님과 함께 나의 몸과 맘과 얼 속으로, 생명과 역사의 속으로 그리고 사람과 사람 사이로 오고 있고 또 영원히 올 것이다.